U0677053

YIMINHUIKUAN YU JINGJIFAZHAN

移民汇款与经济发展
—— 基于地区与国别的考察

张 洁 ◎ 著

世界图书出版公司
广州·上海·西安·北京

图书在版编目（CIP）数据

移民汇款与经济发展：基于地区与国别的考察 / 张洁著. —广州：
世界图书出版广东有限公司，2021.12
ISBN 978-7-5192-9248-5

Ⅰ. ①移… Ⅱ. ①张… Ⅲ. ①移民－汇款－研究－世界
Ⅳ. ① F832.63

中国版本图书馆 CIP 数据核字（2021）第 248164 号

书　　　名　移民汇款与经济发展：基于地区与国别的考察
　　　　　　YIMIN HUIKUAN YU JINGJI FAZHAN: JIYU DIQU YU GUOBIE DE KAOCHA

著　者　张　洁
责任编辑　程　静
装帧设计　书亦歆
责任技编　刘上锦
出版发行　世界图书出版有限公司　世界图书出版广东有限公司
地　　址　广州市新港西路大江冲 25 号
邮　　编　510300
电　　话　020-84453623　84184026
网　　址　http://www.gdst.com.cn
邮　　箱　wpc_gdst@163.com
经　　销　各地新华书店
印　　刷　广州今人彩色印刷有限公司
开　　本　787 mm×1 092 mm　1/16
印　　张　14
字　　数　273 千字
版　　次　2021 年 12 月第 1 版　2021 年 12 月第 1 次印刷
国际书号　ISBN 978-7-5192-9248-5
定　　价　68.00 元

版权所有　侵权必究
咨询、投稿：020-84451258　gdstchj@126.com

目 录
contents

第一章 非洲移民汇款及其对经济发展的影响

第一节 非洲国际移民概况

一、基本特点

进入 21 世纪，非洲大陆仍然面临贫困、疾病、死亡、文盲等严重问题，以及国际边缘化和普遍不发达的窘境，经济增长和发展前景堪忧。[1] 撒哈拉以南非洲（SSA）超过 40% 的人生活在每天 1 美元的国际贫困线以下。[2] 非洲占世界贸易的份额已经大幅下降，不到 2%；超过 1.4 亿的非洲年轻人是文盲。[3] 非洲各国政府一直在找寻各种解决方案。过去非洲的发展政策和干预措施都是从别国引进来的，并没有完全适合本土经济发展的解决方案。这些方案缺乏本地内容、本地经验和本土的利益相关者，不可能真正实现非洲可持续发展目标。因此，为非洲发展寻求可持续的解决方案的努力到今天也没有停止。国际移民是非洲大陆（尤其是撒哈拉以南非洲）突出的本土特色和优势，是非洲欠发达国家可利用的潜在优势资源。科学、合理利用国际移民及其汇款（为行文方便，全书统一使用"移民汇款"）促进非洲发展正是一条适合非洲实际的有效发展途径。基于此，非洲

---

① Fayissa, Nsiah, "The Impact of Remittances on Economic Growth and Development in Africa", *American Economist*, Vol.14, No.4, 2010, pp. 807–818.

② Dilip Ratha, Sanket Mohapatra, Caglar Ozden, Sonia Plaza, William Shaw & Abebe Shimeles, *Leveraging Migration for Africa: Remittances, Skills, and Investments*, World Bank, 2011. http://www.elpoderdelaetica.com/spip/IMG/LeveragingMigrationForAfrica–Report.pdf.

③ Sonia Plaza, Dilip Ratha, "Harnessing Diaspora Resources for Africa", in Sonia Plaza and Dilip Ratha(ed.), *Diaspora for Development in Africa*, World Bank, 2011, p.31.

联盟（非盟）和非洲各国政府呼吁非洲各国与海外侨民及其东道国建立并加强合作，共同参与非洲大陆的发展事业。

根据世界银行数据，2010 年约有 3 000 万非洲人生活在出生地以外的国家，但官方远远低估了非洲移民的实际数量，真实人数要多得多。[①] 过去几十年非洲国际移民大幅增加，但平均而言移民率（移民占总人口比例）并不高。[②] 生活在非洲以外的非洲移民（尤其是北非移民）大都居住在西半球。第一代非洲移民已经不多了，多数都是在海外出生的非洲移民后裔。他们在海外生活了数代，与非洲的联系已很少。近几十年来，得益于全球化和通信技术的进步，非洲新移民大量涌现。与老一代移民及其后裔相比，新移民往往与母国保持着更加密切的经济、社会和政治关系，是非洲移民汇款的主要来源。[③] 未来数十年人口因素将继续致使非洲移民数量迅速增长，千千万万的非洲人将因汇款而受到深刻影响。

历史上的宗主国—殖民地关系严重影响北非各国移民对目的国的选择。北非国际移民最青睐的目的国（非洲以外）是其前宗主国。撒哈拉以南非洲国家的移民目的国主要是非洲其他国家，是世界上洲内移民同时也是南—南移民规模最大的区域。对贫困的非洲人民来说，贫困生活的"推力"和发达国家优越生活条件的"引力"同样重要。非洲国际移民的发展，尤其是非正规移民、非法移民和贩卖人口现象的出现，可以归因于贫困以及不断恶化的社会环境和就业形势。人口的快速增长和高失业率严重阻碍了非洲的发展进程，从而引发国际移民。一些国家社会政治和经济环境迅速恶化，前景黯淡，导致人们纷纷向国外迁移。国内冲突、政变、叛乱、独裁、战争和自然灾害是造成当今非洲移民的重要原因。遍布世界各地的非洲非法移民，特别是来自周边国家的非法移民，以及那些与目的国属于同一族群的非法移民，对目的国的社会稳定构成了严重威胁。

非盟的数据显示，由于文化、宗教和历史因素，中东地区是非洲移民劳工的第二大目的地，因为越来越多的非盟成员国已经与包括约旦、卡塔尔、沙特阿拉伯在内的中东地区国家就提供家政劳务签署了双边劳资协议。埃及、埃塞俄比亚、肯尼亚、苏丹、南非和乌干达是中东地区非洲移民劳工的主要来源国。世界银行的数据显示，2017 年，阿联酋成为第一大面向非洲的汇款输出国，其次是

---

① The World Bank, *Migration and Remittances Fact Book*, 2011.

② The World Bank, *Migration and Remittances Fact Book*, 2011, p.32.

③ Fayissa, Nsiah, "The Impact of Remittances on Economic Growth and Development in Africa", *American Economist*, Vol.14, No.4, 2010, pp. 807–818.

沙特阿拉伯。2018 年，埃及和尼日利亚是非洲国家中 2 个最大的汇款接收（简称"收款"）国，其移民汇款总额分别为 2 890 万美元和 2 430 万美元。[①]

二、主要分布

（一）北非移民 90% 以上选择非洲以外国家

撒哈拉以南非洲前往发展中国家的移民占移民总数的 72%，2/3 的移民选择移居其他非洲国家，而北非超过 90% 的移民选择移居非洲以外的国家。[②] 迁移到非洲以外国家的移民在东非比例为 41%，在西非为 24%，在非洲中部为 39%，在非洲南部为 28%。[③] 来自中等收入国家的移民绝大部分都移民到非洲以外的国家。这也说明来自中等收入国家的移民有能力支付到经济合作与发展组织（简称"经合组织"）国家的交通和安家费用，也拥有更多教育和其他技术资源，更容易在当地找到工作。这些数据表明，与非洲其他地区相比，北非（一定程度上也包括东非）移民在经合组织和中东地区更容易获得就业机会。

就移民目的国而言，法国是非洲移民数量最多的国家，占非洲全球移民总量的 9%；其次分别为科特迪瓦（8%）、南非（6%）、沙特阿拉伯（5%）以及美国和英国（合计 4%）。[④] 在大多数经合组织国家中，非洲移民还不到其移民总量的 3%。西欧、美国、加拿大、澳大利亚的非洲移民加在一起仅占非洲移民总量的 37%（如果不将非洲内部移民计算在非洲移民总量内，这个比例将上升到 65%）。[⑤] 上述情况表明，殖民纽带关系在影响目的国选择方面持续发挥着重

[①]　"Experts urge effective labor migration policies to protect African migrant workers", www.xinhuanet.com, 2019–11–01, http://www.xinhuanet.com/english/2019–11/01/c_138519093.htm.

[②]　Fayissa, Nsiah, "The Impact of Remittances on Economic Growth and Development in Africa", *American Economist*, Vol.14, No.4, 2010, pp. 807–818.

[③]　Dilip Ratha, Sanket Mohapatra, Caglar Ozden, Sonia Plaza, William Shaw & Abebe Shimeles, *Leveraging Migration for Africa: Remittances, Skills, and Investments*, World Bank, 2011. http://www.elpoderdelaetica.com/spip/IMG/LeveragingMigrationForAfrica–Report.pdf.

[④]　Dilip Ratha, Sanket Mohapatra, Caglar Ozden, Sonia Plaza, William Shaw & Abebe Shimeles, *Leveraging Migration for Africa: Remittances, Skills, and Investments*, World Bank, 2011. http://www.elpoderdelaetica.com/spip/IMG/LeveragingMigrationForAfrica–Report.pdf.

[⑤]　Sonia Plaza, Dilip Ratha, "Harnessing Diaspora Resources for Africa", in Sonia Plaza and Dilip Ratha(ed.), *Diaspora for Development in Africa*, World Bank, 2011, p.32.

要作用。不少非洲国家与其前宗主国至今都保持着密切的经济、政治和文化的联系。特别是法国、比利时、英国与其在非洲的前殖民地保持着特殊关系，包括为非洲人提供旅游、学习和经商的机会。语言也是一种重要的联系：来自法语区的非洲人更倾向于移民法国和比利时，而那些来自英语区的非洲人则更倾向于移民英国。

预计到 2050 年，欧洲和美国的劳动人口将继续减少，而撒哈拉以南非洲地区的劳动人口则将增加一倍。[1] 虽然人口下降对工业化国家劳动力需求的影响尚不能确定，但是人口老龄化必将增加个人服务和医疗服务需求。同时，非洲自身的就业增长不可能吸收非洲所有新增的劳动力。因此，未来移民需求和供给都可能会增加。即使非洲实现快速增长，在可预见的未来与发达国家之间的收入差距仍然不小。这是非洲人继续移民欧美发达国家以及中东地区的重要原因。

（二）撒哈拉以南非洲移民主要在非洲内部流动

撒哈拉以南非洲国家和北非国家的国际移民目的国各不相同。如果只考虑非洲以外的移民，殖民关系纽带对目的国选择的影响十分重要，但前宗主国并不总是非洲移民最青睐的目的国。如前所述，前殖民地和非洲移民最集中的目的国之间存在密切的移民关系，撒哈拉以南非洲移民的大部分却是在非洲内部流动。[2] 来自贫困国家的移民倾向于在非洲内部流动，往往是在邻国之间流动。国家形成历史的复杂性、语言和种族相同或相似，以及国内冲突和跨境冲突，等等，都是造成非洲内部移民的重要原因。非洲内部移民大多都到邻国避难或寻找就业机会。因为较贫困的家庭既没有钱前往太远的国家，又没有富裕国家劳动力市场生存所必需的教育水平和技术能力，所以邻近国家便成为他们移民的最佳选择。因此，撒哈拉以南非洲国家移民目的国主要是非洲内部其他国家，贫困国家这种倾向更加明显。撒哈拉以南非洲区域内部移民占其总移民近 65%，[3] 是世界上内部

① Sonia Plaza, Dilip Ratha, "Harnessing Diaspora Resources for Africa", in Sonia Plaza and Dilip Ratha(ed.), *Diaspora for Development in Africa*, World Bank, 2011, p.32.

② Dilip Ratha, Sanket Mohapatra, Caglar Ozden, Sonia Plaza, William Shaw & Abebe Shimeles, *Leveraging Migration for Africa: Remittances, Skills, and Investments*, World Bank, 2011. http://www.elpoderdelaetica.com/spip/IMG/LeveragingMigrationForAfrica-Report.pdf.

③ Sonia Plaza, Dilip Ratha, "Harnessing Diaspora Resources for Africa", in Sonia Plaza and Dilip Ratha(ed.), *Diaspora for Development in Africa*, World Bank, 2011, p.32.

移民（也是南—南移民）规模最大的区域。

　　非洲各区域都包含一两个移民迁入中心。共同的语言和历史根源为非洲内部跨国移民提供了便利条件。例如，因为彼此间拥有共同的边界和密切的种族、宗教、语言联系，大量来自吉布提、厄立特里亚、埃塞俄比亚和索马里的移民都集中在同一地区。肯尼亚是坦桑尼亚和乌干达移民的共同目的国。苏丹是乍得、厄立特里亚和埃塞俄比亚移民的主要目的国。地区性经济组织的建立也常常会造成劳动力流动。例如，西非的科特迪瓦和尼日利亚吸引着来自撒哈拉以南非洲国家的移民；在非洲南部，博茨瓦纳和南非也是移民迁入中心。①

表 1–1　2010 年世界主要地区移民量及占总人口的比例

地区	移民总量（百万）	总人口（百万）	移民占总人口的比例（%）
北非	8.7	170	5.1
撒哈拉以南非洲	21.9	862	2.5
东亚和太平洋	21.7	1 974	1.1
欧洲和中亚	43.0	404	10.7
拉丁美洲（拉美）	30.2	581	5.2
南亚	26.7	1 644	1.6
全球	215.8	6 909	3.1

资料来源：World Bank, *Migration and Remittances Fact Book*, 2011.
注：以上数字包括地区内部移民。

表 1–2　在非洲内部和向非洲以外移民占移民总人口的比例

（单位：%）

来源地（次区域）	目的地（次区域）					
	非洲中部	非洲东部	非洲北部	非洲南部	非洲西部	非洲以外地区
非洲中部	22	26	0	9	3	40
非洲东部	1	52	3	3	0	41
非洲北部	0	0	6	0	0	94
非洲南部	0	6	0	66	0	28
非洲西部	5	0	0	0	71	24
其他地区	0	0	0	0	0	100

资料来源：World Bank, *Migration and Remittances Fact Book*, 2011.

① World Bank, *Migration and Remittances Fact Book*, 2011.

表 1-3　2005—2050 年全球主要地区劳动力人口变化趋势预估

（单位：百万人）

年龄分组	撒哈拉以南非洲	中东和北非	南亚	东亚和太平洋	东欧和中亚	欧盟及其他欧洲国家	北美洲
15—24	163	10	27	78	26	18	7
25—39	262	53	178	65	14	37	6
40—64	274	124	450	72	15	33	1
劳动力总量（15—64）	699	187	655	215	55	88	14

资料来源：World Bank, *Migration and Remittances Fact Book*, 2011.

第二节　非洲移民汇款概况

一、汇款数据

20 世纪 80 年代初，非洲的移民汇款大约有 50 亿美元，90 年代增加到 100 多亿美元，2000 年前后增加到 112 亿美元，到 2008 年曾经多达 409 亿美元，随后小幅下跌至 2009 年的 378 亿美元。[1] 这是 2008 年以来的全球金融危机导致的结果。2010 年非洲吸收的移民汇款总量已经超过 400 亿美元（北非和撒哈拉以南非洲国家大致各占一半），几乎是 2005 年的 2 倍，是 1990 年的 4 倍多。2009 年非洲吸收的移民汇款总量占整个非洲大陆国民生产总值（GDP）的 2.6%，高于发展中国家 1.9% 的平均水平。[2]

---

[1]　Adebayo Adedokun, "Forecasting Remittances as a Major Source of Foreign Income to Nigeria: Evidence from ARIMA Model", *European Journal of Humanities and Social Sciences,* Vol. 24, No.1, 2013, pp.1256–1257.

[2]　Adebayo Adedokun, "Forecasting Remittances as a Major Source of Foreign Income to Nigeria: Evidence from ARIMA Model", *European Journal of Humanities and Social Sciences,* Vol. 24, No.1, 2013, pp.1256–1257.

表 1-4　2006—2010 年非洲国家吸收的移民汇款

国家	汇款总额（百万美元）					增长率（%）		占 GDP %
	2006	2007	2008	2009	2010	2008—2009	2009—2010	2009
尼日利亚	5 435	9 221	9 980	9 585	9 975	−4.0	4.1	5.5
苏丹	1 179	1 769	3 100	2 993	3 178	−3.5	6.2	5.5
肯尼亚	1 128	1 588	1 692	1 686	1 758	−0.3	4.3	5.7
塞内加尔	925	1 192	1 288	1 191	1 164	−7.5	−2.3	9.3
南非	734	834	823	902	1 008	9.7	11.8	0.3
乌干达	411	452	724	694	773	−4.1	11.3	4.3
莱索托	361	451	439	450	525	2.6	16.7	28.5
马里	212	344	431	405	385	−6.1	−4.8	4.5
埃塞俄比亚	172	358	387	353	387	−8.8	9.7	1.2
多哥	232	284	337	307	302	−9.0	−1.7	10.7
埃及	5 330	7 656	8 694	7 150	7 681	−17.8	7.4	3.8
摩洛哥	5 451	6 730	6 895	6 271	6 447	−9.0	2.8	6.9
阿尔及利亚	1 610	2 120	2 202	2 059	2 031	−6.5	−1.3	1.5
突尼斯	1 510	1 716	1 977	1 966	1 960	−0.5	−0.3	5.0
吉布提	28	29	30	28	28	−6.8	0	2.7
利比亚	16	16	16	14	16	−12.5	14.3	0
全非洲	26 613	36 851	41 174	38 063	39 652	−7.6	4.2	2.6
所有发展中国家	226 707	278 456	324 832	307 088	325 466	−5.5	6.0	1.9

资料来源：World Bank, *Migration and Remittances Fact Book*, 2011.
注：利比亚 2009 年 GDP 为 630.28 亿美元，故其汇款占 GDP 的比例几乎为 0。

有关非洲移民汇款数据的来源有几点需要说明。

第一，以国际货币基金组织（IMF）国际收支统计数据为基础估算出来的移民汇款，可能远远低于其实际规模。例如：2009 年加纳中央银行（简称"央行"）报告的移民汇款总量有 16 亿美元，是 IMF 统计报告估计数 1.14 亿美元的十几倍；埃塞俄比亚央行报告的移民汇款超过 7 亿美元，是 IMF 估计数 3.53 亿美元的 2 倍。①造成这些巨大差异的原因，部分在于各国政府数据报表将其他转账项目，如对非政府组织、大使馆的转账和一些小额贸易交易汇款等，也作为移民汇款误报。此外，撒哈拉以南非洲只有约一半国家定期提供移民汇款数据报表，同时，中非共和国、刚果民主共和国、索马里和津巴布韦等国家虽然每年都有大量移民汇款流入，但是从未出具过任何数据报告。

第二，由于国际汇款公司独立运作的汇款数额无法获得，就只能依靠间接估计来统计这一渠道的移民汇款总量，如通过与汇款公司合作的银行出具的报告进行估算。然而，在撒哈拉以南非洲地区，那些通过邮局、储蓄合作社、小额信贷机构和手机等途径转账的移民汇款总量基本上是无法统计的。

第三，撒哈拉以南非洲的非正规汇款数额是全球最高的，而经过非正规渠道的国际汇款大多无法计入 IMF 的移民汇款估计数，其数额可能相当于（甚至超过）官方统计的那部分移民汇款的总额。部分非洲国家，如乌干达的央行，正在设法估算通过非正规渠道移民汇款的数额，如通过外汇交易数据和移民家庭调查等。②

二、汇款特点

（一）北非和撒哈拉以南非洲移民之间存在显著差异

北非为欧洲提供了大量的移民工人。撒哈拉以南非洲在最近这些年才开始越来越多地出现不同方向（包括欧洲、美国和中东地区等地）的大量移民。很多北非人向意大利、西班牙、北美洲和中东地区移民，同时不少移民进入了前宗主国，如法国和英国。由于主要移民到欧洲（如上所述），再加上植根于 20 世纪 60 年代和 70 年代的"客工计划"的历史联系，北非，特别是摩洛哥更能从移民当中受益。

撒哈拉以南非洲在非洲地区内部的移民更普遍，约 2/3 移民都在本地区内部

---

① Adebayo Adedokun, "Forecasting Remittances as a Major Source of Foreign Income to Nigeria: Evidence from ARIMA Model", *European Journal of Humanities and Social Sciences,* Vol. 24, No.1, 2013, pp.1256–1257.

② World Bank, *Global Economic Prospects 2006: Economic Implications of Remittances and Migration*, 2006.

流动，① 但来自区域内的移民汇款数额却远远不如区域外的移民汇款，这主要是因为非洲内部移民的收入水平远远低于欧洲、美国和海湾国家② 非洲移民的收入水平。

因此，流入北非国家的移民汇款对西欧国家（54%）和海湾国家（27%）的依赖更大，来自美国的移民汇款只占 5%。流入撒哈拉以南非洲的移民汇款最大的来源国是欧盟 15 国（41%）和美国（28%）；其余则来源于非洲的发展中国家（13%）、海湾国家（9%）和其他高收入国家（8%）。③

（二）汇款流向极不平衡

在过去 10 多年里，流入非洲的移民汇款中占比最多的是北非（75%），其次是东非（13%），最后是非洲南部和西部，分别占 7% 和 5%。④ 据统计，流向非洲中部的移民汇款还不到 1%。北非移民主要迁入欧洲和中东地区。这种移民模式可以解释为什么北非会有数额巨大且持续不断的移民汇款。

非洲移民汇款的整体格局是绝大部分移民汇款集中在极少数的国家。无论是撒哈拉以南非洲还是北非，移民汇款流向都高度集中在少数几个国家。在北非，埃及和摩洛哥是 2 个最大的收款国，两国移民汇款总和就占了北非移民汇款总额的 3/4；其次是阿尔及利亚和突尼斯。而在撒哈拉以南非洲，2010 年仅尼日利亚一个国家就吸收了当年撒哈拉以南非洲汇款总额的一半。除尼日利亚以外，本地区其他移民汇款大国还有苏丹、肯尼亚、塞内加尔、南非和乌干达。然而，移民汇款占 GDP 的比例最大的是莱索托（28.5%），其后依次为多哥（10.7%）、佛得角（9.4%）、塞内加尔（9.3%）、冈比亚（8.2%）。⑤

---

① Dilip Ratha, Sanket Mohapatra, Caglar Ozden, Sonia Plaza, William Shaw & Abebe Shimeles, *Leveraging Migration for Africa: Remittances, Skills, and Investments*, World Bank, 2011. http://www.elpoderdelaetica.com/spip/IMG/LeveragingMigrationForAfrica-Report.pdf.

② 指波斯湾沿岸的 8 个国家：伊朗、伊拉克、科威特、沙特阿拉伯、巴林、卡塔尔、阿联酋和阿曼。

③ Dilip Ratha, Sanket Mohapatra, Caglar Ozden, Sonia Plaza, William Shaw & Abebe Shimeles, *Leveraging Migration for Africa: Remittances, Skills, and Investments*, World Bank, 2011. http://www.elpoderdelaetica.com/spip/IMG/LeveragingMigrationForAfrica-Report.pdf. 此处数据相加为 99%，原文如此。

④ Yohanna Cerna, "Do Remittances Improve the Standard of Living in African Countries？", *Discovery* (Georgia State Honors College Undergraduate Research Journal),Vol.1, No.1, 2013, pp.65–66.

⑤ Yohanna Cerna, "Do Remittances Improve the Standard of Living in African Countries？", *Discovery* (Georgia State Honors College Undergraduate Research Journal),Vol.1, No.1, 2013, pp.65–66.

第三节 移民汇款对非洲经济发展的影响

一、积极作用

（一）增加外汇收入，促进经济增长

对非洲而言，移民汇款是重要的外国资本来源，在促进非洲经济发展方面发挥着重要作用。许多非洲国家的移民汇款都已超过了私人资本流入，如外国直接投资（FDI）。非洲移民汇款与其接受的官方发展援助（ODA）规模基本相当（见表1-5）。具体来说，北非移民汇款是其ODA的5倍多，移民汇款占其GDP的3.3%，ODA占0.6%；撒哈拉以南非洲移民汇款只有ODA的2/3，移民汇款占其GDP的2.2%，ODA占3.7%（见表1-5）。世界银行的经济学家Sonia Plaza和Dilip Ratha等于2011年发表题为 *Harnessing Diaspora Resources for Africa* 的报告指出，2010年非洲移民汇款总额达400亿美元，使每年250亿美元的ODA相形见绌。[①]

在莱索托，移民汇款占GDP的近30%；在佛得角、塞内加尔和多哥，移民汇款均占GDP的10%以上。在埃及，移民汇款比苏伊士运河的收入还要多，在摩洛哥则超过了当地的旅游收入。[②]移民汇款在降低贫困、改善教育、投资、经营管理和健康方面更是起到了重大作用。联合国2012年的一份报告显示，索马里的索马里兰就一直依靠移民汇款创建高等院校。[③]

表1-5 1990—2010年非洲吸收国际汇款与其外来资本比较

（单位：十亿美元）

资本	1990	1995	2000	2005	2007	2008	2009	2010	占GDP
撒哈拉以南非洲									
移民汇款	1.9	3.2	4.6	9.4	18.6	21.4	20.6	21.5	2.2%
ODA	16.9	17.8	12.1	30.8	32.6	36.0	..	..	3.7%

---

① Sonia Plaza, Dilip Ratha, "Harnessing Diaspora Resources for Africa", in Sonia Plaza and Dilip Ratha(ed.), *Diaspora for Development in Africa*, World Bank, 2011, p.7.

② World Bank, *Migration and Remittances Fact Book*, 2011.

③ 范基荣：《侨民已成非洲发展重要力量》，人民网，2012年5月28日，http://cpc.people.com.cn/GB/64093/82429/83083/17996925.html.

（续表）

资本	1990	1995	2000	2005	2007	2008	2009	2010	占 GDP
外商投资	1.2	4.4	6.7	18.1	28.7	37.0	30.2	..	3.2%
私人债务和股票投资	0.6	2.5	4.9	10.6	15.6	6.5	12.3	..	1.3%
北非									
移民汇款	7.2	7.0	6.6	13.1	18.3	19.8	17.5	18.2	3.3%
ODA	7.2	3.0	2.2	2.5	3.0	3.5	..	..	0.6%
外商投资	1.1	0.9	2.8	9.9	22.5	21.6	14.9		2.9%
私人债务和股票投资	0.1	0.0	1.2	1.7	3.6	0.4	0.5		0.1%
全非洲									
移民汇款	9.1	10.2	11.3	22.5	36.9	41.2	38.1	39.7	2.6%
ODA	24.1	20.7	14.3	33.2	35.6	39.5	..		2.6%
外商投资	2.4	5.3	9.5	28.0	51.1	58.6	45.1	..	3.1%
私人债务和股票投资	0.5	2.5	6.2	12.3	12.0	−6.8	11.8	..	0.8%

资料来源：以 World Development Indicators（《世界发展指标》）（2010 年 12 月）数据库的数据为基础计算。

注：.. 表示忽略。ODA 占 GDP 的比例为 2008 年的数据，其余各项为 2009 年的数据。

此外，非洲国际移民偏爱母国商品和服务的特性也支持了具有民族特色商品的"乡愁贸易"，有力推动了母国和居住国的双边贸易和投资流动，促进母国资本市场的形成。目前非洲国际移民已成为非洲大陆最大的投资者。

（二）抵御金融危机和自然灾害

1. 撒哈拉以南非洲移民汇款在金融危机期间表现出了较强的逆周期性，有助于抵御金融危机的冲击

北非移民汇款在金融危机期间下降更为严重。如在 2009 年北非移民汇款减少了 11.1%。[①]埃及是北非最大的收款国，2009 年流入该国的移民汇款减少了

---

① World Bank, *Cape Verde: Initial Assessment of the Formal Labor Market,World Bank Other Operational Studies 2986*, 2010.

18%；同年第二大收款国摩洛哥的移民汇款下降了9%。[1] 部分原因是多数北非移民都移居到了欧洲，而2009年欧洲GDP下跌十分厉害。[2] 相比北非，流入撒哈拉以南非洲的移民汇款受金融危机影响较小。在撒哈拉以南非洲，私人资本每年的流动波动很大，移民汇款比FDI、私人债务和股权流动都更稳定。[3]2009年流入撒哈拉以南非洲的移民汇款减少了3.7%。[4] 这可能是因为本地区移民汇款来源更加多元化。2009年流入肯尼亚的移民汇款维持不变，流入佛得角的移民汇款减少了6%，流入埃塞俄比亚的移民汇款减少了9%。[5]

2010年上半年，部分非洲国家的移民汇款已有所复苏。2010年全年非洲移民汇款上涨了4%。[6]2012年撒哈拉以南非洲的汇款收入基本没有变化，2013年则增长了3.5%，总量达到了320亿美元。[7] 本地区的移民和汇款数据仍然十分缺乏。根据现有的官方数据，尼日利亚仍然是本地区迄今为止最大的收款国，2013年其汇款收入约为210亿美元。[8] 由于受到全球金融危机的影响，非洲的移民汇款增长一度减少或有所放缓，但随着全球经济的复苏，已经逐渐恢复其增长势头，在非洲的重要地位依然没有改变。

非洲（特别是撒哈拉以南非洲）的国际移民多数都是地区内部移民。[9] 言下

---

[1] Wim Naudé, Henri Bezuidenhout,"Remittances provide resilience against disasters in Africa", UNU–MERIT Working Papers intend to disseminate preliminary results of research carried out at UNU–MERIT and MGSoG to stimulate discussion on the issues raised, 2012.

[2] World Bank, *Cape Verde: Initial Assessment of the Formal Labor Market,World Bank Other Operational Studies 2 986*, 2010.

[3] Wim Naudé, Henri Bezuidenhout, "Remittances provide resilience against disasters in Africa", UNU–MERIT Working Papers intend to disseminate preliminary results of research carried out at UNU–MERIT and MGSoG to stimulate discussion on the issues raised, 2012.

[4] Wim Naudé, Henri Bezuidenhout, "Remittances provide resilience against disasters in Africa", UNU–MERIT Working Papers intend to disseminate preliminary results of research carried out at UNU–MERIT and MGSoG to stimulate discussion on the issues raised, 2012.

[5] World Bank, *Migration and Remittances Fact Book*, 2011.

[6] World Bank, *Migration and Remittances Fact Book*, 2011.

[7] World Bank, Migration & Remittances: Recent Developments and Outlook, April 11, 2014, http://www.worldbank.org/migration.

[8] World Bank, Migration & Remittances: Recent Developments and Outlook, April 11, 2014, http://www.worldbank.org/migration.

[9] Barajas, Adolfo, Ralph Chami, Connel Fullenkamp, Michael Gapen, and Peter J. Montiel, "Do Workers' Remittances Promote Economic Growth?", *IMF Working Paper 09/153*, International Monetary Fund, 2009.

之意是，相比那些大多数移民都集中在美国或欧洲的国家，非洲国家受到金融危机影响的可能性更小。因此，金融危机期间全球移民汇款减少对非洲国家 GDP 增长的影响相当温和。[1]非洲的移民汇款比组合投资、FDI 或外国援助资金更有弹性。同时，即使他们所在国的经济状况恶化，移民也往往持续坚持汇款。[2]因此，由于撒哈拉以南非洲国家的移民主要集中于非洲地区内部，全球性的国际移民相对较少，相对于自然灾害和武装冲突而言，移民汇款受全球金融危机影响而减少的风险更小一些。

2. 移民汇款抵御自然灾害的作用在撒哈拉以南非洲表现尤为显著

非洲（特别是撒哈拉以南非洲）自然灾害非常频繁。1974—2003 年，本地区是全球遭受旱灾次数最多的地区，移民汇款收入是本地区面临各种灾害时一个重要的援助来源。[3]移民汇款使家庭收入来源多样化，增强了抵御干旱、饥荒和其他自然灾害风险以及金融危机冲击的能力，是一种有效的保险方式。

2011 年饥荒期间，索马里国际移民短短数周内就迅速募集到数百万美元用于赈灾。[4]干旱期间，博茨瓦纳许多依靠农作物来维持生计的农村移民家庭面临失去牲畜的风险，此时他们收到的移民汇款往往超过其他家庭。[5]灾害期间，埃塞俄比亚移民家庭不必像其他非移民家庭一样通过出售生产性资产（如牲畜）的方式以应付粮食短缺危机，因为他们有移民汇款可以用来购买粮食。[6]在加纳，

---

[1] Barajas, Adolfo, Ralph Chami, Connel Fullenkamp, Michael Gapen, and Peter J. Montiel, "Do Workers' Remittances Promote Economic Growth?", *IMF Working Paper 09/153*, International Monetary Fund, 2009.

[2] Ratha, Dilip, Sanket Mohapatra, Sonia Plaza, "Beyond Aid: New Sources and Innovative Mechanisms for Financing Development in Sub-Saharan Africa", Forthcoming as a Policy Research Working Paper and a chapter in *Africa at a Turning Point*, edited by John Page and Delfin Go.

[3] Wim Naudé, Henri Bezuidenhout, "Remittances provide resilience against disasters in Africa", UNU-MERIT Working Papers intend to disseminate preliminary results of research carried out at UNU-MERIT and MGSoG to stimulate discussion on the issues raised, 2012.

[4] Dilip Ratha, Sanket Mohapatra, Caglar Ozden, Sonia Plaza, William Shaw & Abebe Shimeles, *Leveraging Migration for Africa: Remittances, Skills, and Investments*, World Bank, 2011. http://www.elpoderdelaetica.com/spip/IMG/LeveragingMigrationForAfrica-Report.pdf.

[5] Lucas, Robert E. B. Oded Stark, "Motivations to Remit: Evidence from Botswana", *Journal of Political Economy*, Vol.93, No.5, 1985, pp. 901–918.

[6] Mohapatra, Sanket, George Joseph, Dilip Ratha, "Remittances and Natural Disasters: Expost Response and Contribution to Ex-Ante Preparedness", *Policy Research Working Paper 4972*, World Bank, 2009.

移民汇款曾经在灾害时期帮助农民家庭维持消费水平。[1] 在马里，移民汇款对农村地区受灾的家庭提供了及时的救助。[2] 对塞内加尔河流域的调查表明，移民是家庭内部风险多元化的重要战略，移民汇款在家庭遭遇困难时往往都能提供及时的支持。[3]

（三）提升非洲国家主权信用评级

移民汇款的这些积极效应有助于提升非洲国家主权信用评级，推动其外债的可持续发展。如表 1-6 所示，2009 年撒哈拉以南非洲的移民汇款证券化潜力达到了 41 亿美元，超过了旅游收入的证券化潜力。[4] 远期移民汇款的证券化可以增加非洲银行和企业进入国际资本市场的机会，也可以用于资助诸如基础设施建设和低收入者保障房建设等长期发展项目。为使移民汇款充分发挥上述积极效应，非洲国家政府应采取审慎的债务管理措施，以确保外债的可持续发展。

移民汇款能够通过增加外汇收入水平和提高其稳定性以提升收款国的主权信用评级，但只有不到一半的非洲国家有世界三大评级机构的主权信用评级记录。[5] 一些非洲国家拥有移民汇款数据报告，获得并提升其主权信用评级，改善了其次主权实体的市场准入，如银行和企业的外汇借贷通常可以达到该国的"主权上限"。但许多非洲国家移民汇款数据往往存在这样或那样的缺陷，使得移民汇款提升主权信用评级的作用难以准确评估。

---

[1] Quartey, Peter,Theresa Blankson, "Do Migrant Remittances Minimize the Impact of Macro-volatility on the Poor in Ghana", *Report prepared for the Global Development Network*, University of Ghana, Legon. Rajan, 2004,

[2] Jean-Paul Azam, Flore Gubert, *Migrant Remittances and Economic Development in Africa: A Review of Evidence*, University of Toulouse (ARQADE and IDEI) and Institut Universitaire de France. DIAL, IRD, Paris. 17 May, 2005.

[3] Wim Naudé, Henri Bezuidenhout, "Remittances provide resilience against disasters in Africa", UNU-MERIT Working Papers intend to disseminate preliminary results of research carried out at UNU-MERIT and MGSoG to stimulate discussion on the issues raised, 2012.

[4] World Bank, *Cape Verde: Initial Assessment of the Formal Labor Market,World Bank Other Operational Studies 2986*, 2010.

[5] Dilip Ratha, "Leveraging Remittances for Development", James F. Hollifield, Pia M. Orrenius and Thomas Osang(eds.), *Migration, Trade and Development*, Texas Federal Reserve Bank of Dallas, 2007, pp.173-185. Avendaño, Rolando, Norbert Gaillard, Sebastián Nieto-Parra, "Are Workers' Remittances Relevant for Credit Rating Agencies?", *OECD Development Centre Working Paper 282*, Organization for Economic Cooperation and Development, 2009.

表 1-6 2009 年撒哈拉以南非洲国家移民汇款证券化潜力估计

（单位：十亿美元）

抵押品类型	应收账款	证券化潜力
燃料出口	91.1	18.2
农产品原料出口	6.7	1.3
矿石和金属出口	37.7	7.5
旅游服务	19.0	3.8
汇款	20.6	4.1
总计	175.1	34.9

资料来源：以 World Development Indicators（《世界发展指标》）（2010 年 12 月）数据库的数据为基础计算。

（四）改善非洲生活水平

就流入非洲家庭的移民汇款平均数额而言，来自非洲以外的移民汇款要大于来自本地区内部的移民汇款和国内汇款。移民汇款更多就意味着收款家庭成员有能力购买更多的食品和医疗保健服务，以及获得更多有关健康的知识和信息。因此，移民汇款对于改善生活水平和健康状况有一定的积极作用（见表 1-7）。移民汇款很大一部分用于基本生活消费、买地、建房、改善农场和农业设备以及其他用途，如投资人力资源（教育）、改善福利（健康）、提升信息和通信技术等。在部分国家，如布基纳法索、肯尼亚、尼日利亚、乌干达等，来自其他非洲国家的移民汇款也主要用于上述用途（见表 1-7）。

表 1-7 部分非洲国家移民汇款的用途（占家庭移民汇款总量的比例）

（单位：%）

用途	布基纳法索			肯尼亚			尼日利亚			塞内加尔			乌干达		
	非洲以外汇款	非洲内部汇款	国内汇款	非洲以外汇款	非洲内部汇款	国内汇款	非洲以外汇款	非洲内部汇款	国内汇款	非洲以外汇款	非洲内部汇款	国内汇款	非洲以外汇款	非洲内部汇款	国内汇款
食物	23.5	34.9	48.7	12.8	14.5	29.7	10.1	20.1	1.0	52.6	72.6	81.9	7.6	9.7	12.4
教育	12.4	5.9	9.4	9.6	22.9	20.5	22.1	19.6	4.5	3.6	2.3	4.6	12.7	14.5	20.2
医疗保健	11.3	10.1	12.5	7.3	5.8	7.0	5.1	12.0	10.6	10.7	7.3	2.9	6.3	14.5	24.8
衣物	5.0	0.7	0.7	...	...	...	...	...	...	...	...	...	...	...	...
房租和地租	1.4	0.6	1.7	5.7	0.4	7.4	4.4	4.9	0.8	1.0	0.0	2.2	5.1	8.1	4.5
校车/卡车	0.1	0.0	0.1	1.3	1.0	1.0	0.0	0.0	0.5	0.2	0.7	0.1	2.5	3.2	0.0
婚送嫁娶	2.1	3.9	3.1	0.9	1.7	2.0	0.4	1.0	0.7	2.9	2.4	1.1	7.6	6.5	1.7
建房	25.7	10.1	2.6	11.2	27.5	1.3	5.8	0.0	0.1	7.0	0.7	0.0	2.5	1.6	0.4
房屋修缮	0.3	1.0	1.2	5.3	3.1	1.3	4.7	3.2	7.0	4.2	0.7	0.0	6.3	3.2	2.1
购买土地	0.0	0.0	0.1	8.4	7.0	1.3	24.8	16.6	18.2	3.0	0.0	0.0	3.8	4.8	2.1
农场改建	0.0	3.9	1.1	2.3	0.4	4.4	...	...	...	...	...	...	0.0	2.1	2.1
经商	10.4	2.6	2.4	3.9	8.4	13.0	21.7	20.1	11.1	1.3	5.7	0.3	7.6	9.7	2.1
投资	...	...	...	24.1	0.7	4.8	...	...	...	...	...	...	...	...	...
其他	7.8	24.9	16.4	7.2	6.6	6.9	0.9	2.5	3.5	13.5	8.3	6.9	38.0	27.4	29.7

资料来源：World Bank, Migration and Remittances Fact Book, 2011.

注：尼日利亚的国内汇款数据不全，相加不足 100%，请参见原文。

布基纳法索有非洲以外国际汇款的家庭拥有家用电器的比例也比没有汇款的家庭更高：拥有移动电话的比例分别是 65.5% 与 39.3%，拥有电视机的比例分别为 41.4% 与 8.7%，拥有电脑的比例分别为 13.8% 与 1.8%（见表 1-8）。加纳、尼日利亚、塞内加尔和乌干达也一样，有国际汇款收入的家庭拥有移动电话、收音机、电视机和电脑的比例也更高（见表 1-8）。此外，如表 1-9 所示，移民汇款还关系到非洲（如埃塞俄比亚）一些家庭的食物安全。

表 1-8 非洲部分国家家庭收款与通讯设备的关系

（单位：%）

设备	国内汇款家庭	国际汇款（非洲内部）家庭	国际汇款（非洲以外）家庭	没有汇款的家庭
布基纳法索				
移动电话	40.1	40.6	65.5	39.3
收音机	65.4	64.1	69.0	61.5
电视机	7.8	6.9	41.4	8.7
电脑	1.0	1.6	13.8	1.8
观测数（户）	422	507	29	1 145
加纳				
移动电话	9.1	14.6	45.4	19.6
收音机	48.2	31.4	47.3	49.9
电视机	18.7	16.9	52.7	33.6
电脑	0.5	0.0	3.3	2.4
观测数（户）	367	33	133	8 105
肯尼亚				
移动电话	79.5	82.3	87.0	77.3
收音机	84.8	86.7	88.9	82.7
电视机	50.4	56.6	76.2	52.2
电脑	7.1	17.7	30.4	20.6
观测数（户）	395	113	369	1 065
尼日利亚				
移动电话	70.4	87.3	95.5	57.3
收音机	86.9	94.3	93.8	82.5
电视机	54.2	75.8	93.8	48.8
电脑	7.2	15.1	22.6	10.7

（续表）

设备	国内汇款家庭	国际汇款（非洲内部）家庭	国际汇款（非洲以外）家庭	没有汇款的家庭
观测数（户）	573	77	328	1 272
塞内加尔				
移动电话	72.8	82.3	97.5	75.2
收音机	76.3	66.9	95.1	75.9
电视机	40.3	37.9	79.7	49.1
电脑	1.6	0.9	9.6	6.6
观测数（户）	320	163	460	1 010
乌干达				
移动电话	58.3	76.2	85.4	50.4
收音机	78.1	81.0	90.2	73.4
电视机	19.4	28.6	59.8	25.7
电脑	4.1	3.2	28.1	7.1
观测数（户）	242	63	82	1 528

资料来源：World Bank, *Migration and Remittances Fact Book*, 2011.

表 1-9　埃塞俄比亚的食物安全与移民汇款的关系

（单位：%）

灾难时应对策略	没有汇款的家庭	国内汇款家庭	国际汇款（非洲以外）家庭
食物援助	42.3	55.9	0.0
出售牲畜及其产品	40.5	3.9	0.0
出售其他农产品	18.2	3.7	0.0
拥有现金	10.3	5.3	31.3
出售房产	4.1	4.6	11.5
拥有其他资产	15.6	33	48.9

资料来源：World Bank, *Migration and Remittances Fact Book*, 2011.

表 1-10　2007 年撒哈拉以南非洲国际汇款相关数据

国家	人口（百万）	国民总收入（百万美元）	人均国民总收入（美元）	汇款（百万美元）	移民（千人）
安哥拉	16	39	1 980	—	−522 964
贝宁	8.7	4.7	540	173	508 640
博茨瓦纳	1.8	9.7	5 900	118	37 840
布基纳法索	14	6.2	460	50	1 121 758

（续表）

国家	人口（百万）	国民总收入（百万美元）	人均国民总收入（美元）	汇款（百万美元）	移民（千人）
布隆迪	7.8	785	100	—	315 477
喀麦隆	17	18	1 080	103	231 169
佛得角	0.518	1.1	2 130	143	181 193
中非共和国	4.1	1.5	360	—	146 557
乍得	10	5.2	480	—	181 442
科摩罗	0.614	401	660	12	38 433
刚果民主共和国	59	8.1	130	—	571 625
刚果	4.1	4.5	950	11	194 079
科特迪瓦	18	16	870	176	1 517 625
吉布提	0.87	838	1 060	28	13 031
赤道几内亚	0.51	5.3	8 250	—	92 893
厄立特里亚	4.5	1.1	200	—	848 815
埃塞俄比亚	73	13	180	169	445 925
加蓬	1.4	7.5	5 000	—	27 330
冈比亚	1.6	499	310	64	56 762
加纳	23	13	520	105	906 698
几内亚	9.2	3.3	410	42	520 835
几内亚比绍	1.6	295	190	29	116 124
肯尼亚	35	21	580	570	427 324
莱索托	1.8	1.8	1 030	371	258 589
利比里亚	3.4	494	140		−89 075
马达加斯加	19	5.4	280	11	151 364
马拉维	13	2.2	170	1	93 223
马里	14	6.1	440	192	1 213 042
毛里塔尼亚	3.2	2.8	740	2	105 315
毛里求斯	1.3	6.5	5 450	215	119 424
莫桑比克	20	6.9	340	80	803 261
纳米比亚	2.1	6.3	3 230	17	15 101
尼日尔	14	3.6	260	67	437 844
尼日利亚	145	103	640	3 329	836 832
卢旺达	9.2	2.5	250	21	196 104
圣多美和普林西比	0.16	120	780	1	21 264
塞内加尔	1.2	8.9	750	874	463 403

（续表）

国家	人口 （百万）	国民总收入 （百万美元）	人均国民 总收入（美元）	汇款 （百万美元）	移民 （千人）
塞舌尔	0.86	711	8 650	15	11 841
塞拉利昂	5.6	1.4	240	38	78 516
索马里	8.5	—	—	—	441 417
南非	47	250	5 390	735	713 104
苏丹	37	34	810	1 157	587 120
斯威士兰	1.1	2.7	2 430	98	95 608
坦桑尼亚	39	13	350	14	188 789
多哥	6.3	2.2	350	192	222 008
乌干达	30	300	9.2	856	154 747
赞比亚	12	10	630	58	150 281
津巴布韦	13	3.2	340	—	761 226

资料来源：World Bank, *Migration and Remittances Fact Book*，2011.

（五）影响非洲收入和贫困

1. 移民汇款是许多贫困家庭获得金融服务的唯一渠道

在非洲，移民汇款往往是穷人获得正规金融服务的唯一渠道。如果汇款通过银行或其他金融机构（如小额信贷机构或储蓄合作社），部分移民汇款将被储存起来。即使是通过移民汇款公司或非正规渠道，收款人也可能将部分移民汇款存进银行或其他金融机构，而不是全都藏在家里。

当贫困家庭处于收入波动和经济困难时期，移民汇款是维持家庭收入的重要来源。移民汇款维持了家庭收入的稳定。收款家庭往往成为当地贷款机构的优质客户。源源不断的移民汇款是收款人信用的重要指标。收款人可以凭借此信用获得小额贷款、消费贷款和小企业创业贷款。上面提到的调查数据表明，移民家庭通常享有更好的金融服务，如银行账户等。在金融准入方面，国际移民家庭往往要比国内汇款家庭多一些优惠，部分是因为国内汇款家庭收入更少。也有一些例外值得注意，如肯尼亚已广泛使用手机进行转账和储蓄，正规银行的相关业务已被有效取代了。

2. 移民汇款是非洲许多家庭维持生计、支付基本生活开支的生命线

在塞内加尔等资源贫乏的国家进行的家庭预算调查表明，家庭对国际移民和移民汇款的依赖性非常大：30%—70%甚至80%的家庭开销需要靠出国的人寄

钱回来支付。莱索托、马里和布基纳法索的情况类似。在这些国家，移民家庭对移民汇款的依赖性非常高。对布基纳法索、加纳、莱索托、摩洛哥和尼日利亚的研究表明：移民汇款和贫困人口比例（有时候还包括贫困深度和贫困程度）减少有密切的联系。在马里，相当部分移民汇款被储存起来作为应付家庭突发事件之用。1990—2005 年，非洲接收的移民汇款占 GDP 的比例每上升 10%，贫困人口比例就会减少 2.9%，同时贫困的深度和严重性减轻了。移民汇款有利于减轻非洲贫困程度，但相比之下其作用比其他发展中国家的影响要小。[①]

（六）影响非洲人力资源

相较于普通家庭，移民家庭在中学和高等教育、医疗卫生服务、信息和通信技术服务，以及银行金融服务等方面拥有的机会更多。成年家庭成员移民后，由于家庭缺乏劳动力，家里的儿童就可能被迫做一些额外的家务劳动或在家庭农场里劳动，受教育的时间从而被压缩了。移民汇款对提高入学率产生了积极影响，增加了学生在校学习的时间。

相比其他家庭，埃及移民汇款接收家庭的子女上学的比例更高，15—17 岁的女孩参加家务劳动更少，上学的则更多。加纳收款家庭对教育的投资超过其他非移民家庭。调查发现，教育在来自非洲以外国家移民汇款的各种用途中的排名在尼日利亚和乌干达为第二，在布基纳法索为第三，在肯尼亚为第四。移民家庭完成中等教育和高等教育的人数超过非移民家庭。肯尼亚、乌干达的国内汇款和非洲内部移民汇款最少有 15% 用于教育；尼日利亚的非洲内部移民汇款有 20% 也投入了教育。[②] 与来自非洲以外国家的移民汇款相比，国内汇款和非洲内部移民汇款投入教育的总额要小得多，但所有上述数字都表明，所有来源的汇款都有相当部分用在了教育上。总之，移民汇款有助于提高非洲教育水平。这一点无可置疑。

[①] Gupta, Sanjeev, Catherine A. Pattillo, Smita Wagh, "Impact of Remittances on Poverty and Financial Development in Sub-Saharan Africa", *World Development*, Vol.37, No.1, 2009, pp.104–115.

[②] Dilip Ratha, "Leveraging Remittances for Development", James F. Hollifield, Pia M. Orrenius and Thomas Osang(eds.), *Migration, Trade and Development*, Texas Federal Reserve Bank of Dallas, 2007, pp.173–185. Avendaño, Rolando, Norbert Gaillard, Sebastián Nieto-Parra, "Are Workers' Remittances Relevant for Credit Rating Agencies?", *OECD Development Centre Working Paper 282*, Organization for Economic Cooperation and Development, 2009.

（七）影响非洲经济增长

不少研究都肯定了移民汇款对非洲经济增长的积极作用。Fayissa 和 Nsiah 研究了 37 个非洲国家的汇款对经济增长的影响，结果表明移民汇款对经济增长具有积极影响。[1] Baldé 研究了撒哈拉以南非洲汇款和经济增长的关系，对 1980—2004 年 29 个国家数据的研究发现，汇款对撒哈拉以南非洲国家的经济增长没有直接影响。[2] 然而，汇款可能通过多种渠道，如投资或教育，对经济增长产生间接影响。Singh 等调查了撒哈拉以南非洲国家移民汇款的决定因素和宏观经济作用，对 1990—2008 年 36 个国家进行了数据分析，发现国际移民较多或移民多数前往较富裕东道国的国家，汇款收入往往也比较多，具有逆周期性，具有经济上的"减震"作用。虽然汇款对经济增长影响的回归结果是负值，但是笔者断定，那些国内机构运作良好的国家似乎有能力挖掘汇款的潜力更好地促进经济快速增长。其研究结果表明，移民汇款占 GDP 的比例对经济增长产生积极而显著的影响，有的国家移民汇款占 GDP 的比例增加 10% 将导致经济增长 1.5%。[3]

上述研究虽然明确地肯定了整体而言移民汇款对非洲经济增长产生的积极影响，但是分析结果掩盖了不同国家之间的差异。有研究者通过分析移民汇款占 GDP 的比例较大的部分撒哈拉以南非洲国家汇款与增长的关系讨论了"汇款规模"的影响问题。这些国家包括佛得角、莱索托、尼日利亚、塞内加尔和多哥。从长期影响来看，佛得角和尼日利亚的汇款呈现出显著的积极影响，但莱索托呈现的是不太显著的负面影响，没有证据显示塞内加尔和多哥的汇款与经济增长有长期的相关关系。研究结果并不支持汇款规模对移民汇款—经济增长关系的重要性的假设。上述研究表明，在不同国家移民汇款对经济增长的影响表现出一定差异，其中金融发展水平往往会产生重要作用。如金融相对比较发达的佛得角和尼日利亚，其汇款流入对经济增长就产生了积极作用，而金融相对落后的莱索托、

---

[1] Fayissa, Nsiah, "The Impact of Remittances on Economic Growth and Development in Africa", *American Economist*, Vol.14, No.4, 2010, pp. 807–818.

[2] Yéro Baldé, "Migrants' Remittances and Economic Growth in Sub-Saharan Africa", Laboratoire d'Analyse et de, *Prospective Economique* (LAPE), Université de Limoges, France, 2009 .

[3] Singh, Raju J., Markus Haacker, Kyung-woo Lee, "Determinants and Macroeconomic Impact of Remittances to Sub-Saharan Africa", *IMF Working Paper 09/216*, International Monetary Fund, 2009.

塞内加尔和多哥则相反。①

移民汇款对非洲经济增长影响的研究仍然没有定论，但无可否认的事实是移民汇款仍然是经济发展的重要环节，特别是在贫困落后的非洲劳工出口国，如撒哈拉以南非洲。

二、负面效应

（一）有可能引起"荷兰病"

部分撒哈拉以南非洲国家的移民汇款相对规模较大。供给约束是其非贸易部门扩张的一个重要障碍，相当一部分移民汇款用于国内商品，尤其是非贸易品的消费。② 这些国家比较容易出现"荷兰病"现象。大量移民汇款流入非洲国家导致国内利率上升，可能吸引更多资本流入，将进一步加大对汇率的压力。非洲的移民汇款是相对稳定的，但依然很难区分移民汇款流入是临时还是长期现象。相较于自然资源带来的所谓"意外之财"（如石油）和其他周期性流动，非洲移民汇款的"荷兰病"风险还是比较低的。③

（二）有可能加大收入差距

在非洲，有移民汇款（特别是来自非洲以外的移民汇款）的家庭，可能在其家庭成员移民之前就是当地比较富裕的（至少有条件支付首次移民费用）；家庭

① Aggarwal, Reena, Asli Demirgüç-Kunt, Maria Soledad Martinez Peria, "Do Workers' Remittances Promote Financial Development?", *Policy Research Working Paper 3 957*, 2006; Pablo Fajnzylber, J. Humberto López, *Remittances and Development Lessons from Latin America*, The International Bank for Reconstruction and Development / The World Bank, 2008; Gupta, Sanjeev, Catherine A. Pattillo, Smita Wagh, "Impact of Remittances on Poverty and Financial Development in Sub-Saharan Africa", *World Development*, Vol.37, No.1, 2009, pp.104–115.

② Gupta, Sanjeev, Catherine A. Pattillo, Smita Wagh, "Impact of Remittances on Poverty and Financial Development in Sub-Saharan Africa", *World Development*, Vol.37, No.1, 2009, pp.104–115.

③ Dilip Ratha, "Leveraging Remittances for Development", James F. Hollifield, Pia M. Orrenius and Thomas Osang(eds.), *Migration, Trade and Development*, Texas Federal Reserve Bank of Dallas, 2007, pp.173–185. Avendaño, Rolando, Norbert Gaillard, Sebastián Nieto-Parra, "Are Workers' Remittances Relevant for Credit Rating Agencies?", *OECD Development Centre Working Paper 282*, Organization for Economic Cooperation and Development, 2009.

成员移民以后产生了移民汇款，家庭收入就更高了。在布基纳法索、加纳和尼日利亚，汇款收入来自非洲以外国家的移民家庭中超过一半都是该国消费力最强的群体。在塞内加尔这个比例是 30%。[①] 来自非洲内部的移民汇款对减少财富不公起到的积极作用更显著。来自非洲其他国家或国内汇款的移民家庭在各消费阶层的分布往往更均匀，其财富分布也是如此。造成这种状况的主要原因在于，移民非洲以外国家往往成本较高，普通贫困家庭无力支付。因此，非洲内部移民往往来自较贫困家庭，而非洲以外移民则相反，来自于较富裕家庭的较多。因为来自非洲以外的汇款收入的平均数往往远远超过来自非洲内部其他国家的移民汇款，所以移民汇款往往加大了非洲的收入差距。

第四节　非洲国际移民及移民汇款相关政策措施

一、加强国际合作

（一）参与东道国的发展计划

由欧洲的移民目的国相关组织来实施的这类计划（往往是关于移民来源国的合作发展计划），旨在将移民与这些组织挂钩，参与到移民来源国的发展进程中去。在这类计划中，移民汇款等移民发展资金用于刺激国内发展，同时还用于促进移民回归和监控移民活动。如针对摩洛哥、冈比亚和塞内加尔的西班牙计划，以及针对马里和塞内加尔的法国计划，等等。[②]

---

① Dilip Ratha, "Leveraging Remittances for Development", James F. Hollifield, Pia M. Orrenius and Thomas Osang(eds.), *Migration, Trade and Development*, Texas Federal Reserve Bank of Dallas, 2007, pp.173–185. Avendaño, Rolando, Norbert Gaillard, Sebastián Nieto–Parra, "Are Workers' Remittances Relevant for Credit Rating Agencies?", *OECD Development Centre Working Paper 282*, Organization for Economic Cooperation and Development, 2009.

② Sonia Plaza, Dilip Ratha, "Harnessing Diaspora Resources for Africa", in Sonia Plaza and Dilip Ratha(ed.), *Diaspora for Development in Africa*, World Bank, 2011, p.7.

（二）创建非洲汇款协会

世界银行与欧洲委员会、非洲开发银行以及国际移民组织展开合作，帮助非洲联盟委员会（the African Union Commission）创建非洲汇款协会（ARI）。2011年该协会由欧洲委员会资助了170万欧元，在非洲联盟委员会和欧洲委员会指导下，由世界银行直接管理，旨在加强所有各方的参与能力（包括非洲各国政府、银行、汇款人和收款人等），以更好地利用汇款作为减贫工具，使移民汇款流入非洲更便宜、更快捷、更安全。该项目还包括技术援助、培训、教育、数据搜集和分享。2010年项目开始启动。[①]

（三）发起非洲汇款未来计划

2010年6月，为了降低汇款成本，世界银行发起了非洲移民汇款未来计划（Future of African Remittances，FAR），增加与移民汇款相关的金融产品的可用性，并通过正式渠道增加移民汇款流动。该计划旨在通过小额贷款机构、移动电话和非银行代理网络来促进非传统的汇款渠道在农村地区的发展。随着项目的成熟，其重点将转向监管移民汇款市场、开发家庭收款的金融产品和设计移民社区的宣传策略等方面的实践。该机构在埃塞俄比亚、肯尼亚、乌干达已经完成了对移民汇款的规模、用途、渠道、成本以及对收款家庭的摸底等方面的多项调查。

（四）成立相关信托基金

2009年10月，非洲开发银行集团和法国政府联合国际农业发展基金（IFAD）成立了一家旨在改善非洲移民汇款的多边信托基金。这家基金将由非洲开发银行管理，注册资本超过600万欧元。[②]其目的是提供资金加强非洲的移民汇款知识的普及；完善监管框架和汇款条件以减少汇款成本；提供金融产品，满足移民及其家庭的需要；鼓励非洲移民投资个人生产性项目，投资促进自己母国的发展。同时不少非洲国家政府还推出提高金融业发展的政策，对移民汇款市场产生了积极作用。例如：通过鼓励银行之间竞争和增加其他供应商，如小额信贷

[①]　Sonia Plaza, Dilip Ratha, "Harnessing Diaspora Resources for Africa", in Sonia Plaza and Dilip Ratha(ed.), *Diaspora for Development in Africa*, World Bank, 2011, p.7.

[②]　Sonia Plaza, Dilip Ratha, "Harnessing Diaspora Resources for Africa", in Sonia Plaza and Dilip Ratha(ed.), *Diaspora for Development in Africa*, World Bank, 2011, p.7.

机构、信用合作社、邮政储蓄银行等，可能对汇款市场产生有利影响。邮政储蓄银行在城市和农村，尤其是在贫困人口集中地区拥有强大的业务网络，其作用越来越重要。

二、降低汇款成本

如上所述，非洲的国际汇款成本非常高，其中尤以非洲国家之间的汇款为甚。高额汇款费用的压力迫使移民不得不使用非正规汇款渠道，给汇款人和收款人均带来了不必要的负担。为降低汇款成本，非洲各国采取了不少措施。

（一）禁止垄断合作

为了压低成本，非洲国家一个明确的政策方向就是消除独家合作伙伴关系，鼓励非洲邮局与更多其他汇款机构（包括银行、合作社、信贷机构等）建立合作伙伴关系。银行和更多的国际汇款机构、国内外金融机构之间开展更广泛的合作以降低汇款成本，使移民和收款人都受益。由世界银行和国际清算银行共同制定的国际汇款服务一般原则，禁止银行与国际汇款机构间的独家合作伙伴关系。这一原则已经在非洲导致了一些国家政策的变化，如尼日利亚央行和卢旺达当局就已经实施了这一原则。一些非洲国家，如埃塞俄比亚、尼日利亚、卢旺达，最近几年已采取切实措施取缔这类合作。[①]

这类合作的短期收益可能会受到损失，但从中长期看，移民汇款业务将迅速增加，分布广泛的邮政网络将充分发挥作用，移民及其收款家庭都将因此而受益。农村商业银行、储蓄合作社和非洲的小额信贷机构都可以在增加正规汇款（金融）服务方面发挥类似作用。储蓄银行、信用合作社、农村银行和小额信贷机构参与提供汇款服务，将有助于提高金融准入，为汇款人和偏远地区的农村收款人提供存款、储蓄、信用设施等金融服务。

（二）普及新技术

就金融基础设施和监管环境而言，非洲移民汇款市场相对欠发达。但随着

---

① Sonia Plaza, Dilip Ratha, "Harnessing Diaspora Resources for Africa", in Sonia Plaza and Dilip Ratha(ed.), *Diaspora for Development in Africa*, World Bank, 2011, p.7

手机国际汇款业务和无网点银行业务的引进和普及，非洲的移民汇款和金融服务正在发生改观。出于打击洗黑钱的犯罪行为及恐怖分子海外筹资活动的需要，这些技术大多还局限于国内汇款业务。但从长远来看，这些技术很有可能彻底改善国际汇款渠道和扩大金融服务范围，降低国际汇款成本，增加更加廉价的信贷产品，从而更广泛地惠及非洲国际移民及其家庭。

普及信息和通信技术对移民汇款的增长具有重要的推动作用。布基纳法索的移民汇款收款人中有 66% 使用手机转账服务，而其他非移民汇款的收款人使用手机转账服务的比例为 41%。[①] 随着非洲一些国家引入世界先进汇款技术和无网点银行技术，国际汇款方式得到了创新和发展，非洲不少贫困地区的移民汇款服务也得到了明显改善。

（三）发挥邮局作用

一项名为"Mandat"国际快递的邮局跨境汇款试点项目，由万国邮政联盟（Universal Postal Union）与国际农业发展基金会联合在 6 个西非国家实施。该项目提供从法国到西非以及西非各国间的汇款服务。根据该项目在布基纳法索的交易数据，几乎一半的国际汇款都流向了大城市以外的地方，即半城市地区或农村地区；同时只有 8%—12% 的汇款来自农村地区。[②] 这种情况表明，邮局的庞大网络在农村地区扩大汇款业务范围、发展基础金融服务和贸易支付业务等方面具有很大的潜力和优势。如在马里，移民和小商贩从邮局的国际汇款业务中受益颇多。[③]

三、改善统计数据质量

为了提高移民汇款的效率和安全性，撒哈拉以南非洲收款国家的大部分央行

---

① Clotteau Nils, Jose Anson, "Role of Posts in Remittances and Financial Inclusion", Background note prepared for the Africa Migration Project, Universal Postal Union, Berne, Switzerland. Migration and Development Brief 15, World Bank, 2009.

② Clotteau Nils, Jose Anson, "Role of Posts in Remittances and Financial Inclusion", Background note prepared for the Africa Migration Project, Universal Postal Union, Berne, Switzerland. Migration and Development Brief 15, World Bank, 2009.

③ Clotteau Nils, Jose Anson, "Role of Posts in Remittances and Financial Inclusion", Background note prepared for the Africa Migration Project, Universal Postal Union, Berne, Switzerland. Migration and Development Brief 15, World Bank, 2009.

把改进移民与汇款的统计质量、改进偏远地区的汇款便利度当作头等大事。IMF建议非洲各国央行和统计机构将移民汇款数据的搜集工作由银行部门扩大到非银行移民汇款服务商（如移民汇款公司、邮政局、储蓄合作社和小额信贷机构）；增加对移民及其汇款家庭的调查，更准确地估算非正规渠道的汇款总量；并通过汇出国的劳工部和本国驻该国大使馆提供有关移民汇款及其相应成本的估计数据。改善汇款数据采集质量也得到了国际社会的关注：八国集团（G8）的全球汇款工作组将改善数据采集质量作为其四大主要任务之一。

四、实施证券化措施

非洲移民每年在世界范围内的存款约为 530 亿美元，如果将其中一小部分转化为债券，非洲每年就能筹集到 50 亿至 100 亿美元潜在资金。[①] 不少受到非洲进出口银行资助的银行都在尝试使用移民汇款证券化手段以获得成本更低和期限更长的国际融资。许多非洲国家的移民汇款水平都能支持其发行由远期应收移民汇款总量支持的债券，金额为每年移民汇款总量的 1/10 到 1/5，实际数额取决于实施这些交易所需的抵押水平。撒哈拉以南非洲地区移民汇款和其他未来远期应收账款证券化的潜力每年约为 350 亿美元。

1996 年，非洲进出口银行与撒哈拉以南非洲国家联合策划了首次远期移民汇款证券化计划，以西联（West Union，国际知名汇款公司）的移民汇款应收账款为抵押，为加纳一家发展银行获得了一笔总额 4 000 万美元的中期贷款。非洲进出口银行在 2001 年推出了"未来金融筹资计划"，[②] 旨在扩大移民汇款和其他资本流动的适用范围，将信用卡和支票等都作为抵押品，以充分利用外部融资渠道，在撒哈拉以南非洲为农业和其他项目筹集国际资金。2001 年该计划使用速汇金（Money Gram，国际知名汇款公司）应收移民汇款账款作为抵押，为尼日利亚一家企业发行了 5 000 万美元的银团票据；2004 年又用西联应收移民汇款账款作为抵押，为埃塞俄比亚一家银行安排了 4 000 万美元的银团定期贷款项目。

肯尼亚近年来开始意识到国际移民的重要作用。2011 年 7 月，肯尼亚央行首次以居住在海外的侨民为目标人群，发行了总额为 360 亿肯尼亚先令（约合

---

① World Bank, *Migration and Remittances Fact Book*, 2011.

② World Bank, *Migration and Remittances Fact Book*, 2011.

4 亿美元）的基建债券。① 此举旨在增强肯尼亚财政实力，填补预算赤字。该债券到期回报率预计在两位数以上，有望吸引较大规模海外资本流入。肯尼亚政府希望在 2011—2012 财年从国内市场筹资 1 195 亿肯尼亚先令（约合 13.2 亿美元），以部分填补总规模达 1 844 亿肯尼亚先令（约合 20.5 亿美元）的财政赤字。早在 2009 年初，肯尼亚通过发行基建债券筹得 880 亿肯尼亚先令（约合 9.8 亿美元）资金。尼日利亚、加纳和埃塞俄比亚也成功地通过债券募集到了资金，乌干达在 2012 年 1 月也宣布发行侨民债券。②

第五节　非洲移民汇款促进经济发展面临的主要挑战

一、汇款费用昂贵

一般来说，比较成熟的国际汇款走廊的汇款费用普遍较低，如美国—墨西哥走廊，汇款费用只要 5 美元；海湾国家—南亚汇款走廊，每笔汇款只要 1 美元。③ 往非洲国家汇款的费用一直非常高，特别是非洲国家之间的汇款费用更是高达 5%—15%（按每汇款 200 美元计算），实际成本可能还要更高一些。④

在所有发展中地区中，往撒哈拉以南非洲地区汇款的成本是最高的。撒哈拉以南非洲地区是所有发展中地区非正规移民汇款比例和未登记移民汇款比例最大的地区。将近 70% 撒哈拉以南非洲国家的央行认为，高成本是阻碍正规移民汇款渠道最重要的因素⑤：高成本成为非洲移民不必要的负担，导致汇款总额的减少，直接阻碍了汇款积极作用的有效发挥。

造成非洲汇款费用高的主要原因在于 2 个方面。

---

① 苑基荣:《侨民已成非洲发展重要力量》，人民网，2012 年 5 月 28 日，http://cpc.people.com.cn/GB/64093/82429/83083/17996925.html.

② 苑基荣:《侨民已成非洲发展重要力量》，人民网，2012 年 5 月 28 日，http://cpc.people.com.cn/GB/64093/82429/83083/17996925.html.

③ Remittance Prices Worldwide (Corridors) | DataBank, https://databank.worldbank.org/reports.aspx?source=remittance–prices–worldwide–(corridors).

④ Remittance Prices Worldwide (Corridors) | DataBank, https://databank.worldbank.org/reports.aspx?source=remittance–prices–worldwide–(corridors).

⑤ World Bank, *Migration and Remittances Fact Book*, 2011.

1.整体金融业发展的落后以及从事国际汇款业务的企业数量太少

相对于非洲国家整体收入水平而言，银行服务收费偏高，银行或其他金融中介机构在农村地区很少设分支机构，金融机构间缺乏有效竞争。广大农村地区金融基础设施很落后，银行网点非常少。例如：新开一个银行储蓄账户平均费用达到了非洲人年均收入的28%，而同样的收费在拉美与加勒比地区还不到1%。①撒哈拉以南非洲地区每平方千米的银行分行和自动柜员机（ATM）数量是全球所有发展中地区里最少的。金融基础设施不足及其监管不到位等问题，造成非洲大陆移民汇款费用一直很高。

2.银行和国际汇款公司签订了独家合作协议

非洲移民汇款不少都通过西联、速汇金等几个大型国际汇款机构进行转账。这些汇款机构往往与非洲的银行和邮局建立了特殊的排他性、独占性合作伙伴关系。这种合作伙伴关系致使汇款成本过高，严重损害了非洲移民汇款市场，导致汇款总额减少，限制了汇款对经济发展的积极作用。

在主要汇款来源国（如法国、英国、美国），非洲移民缺乏进入正规金融服务的渠道，也没有正规渠道所要求的身份证明文件，再加上上述独家合作、反洗钱和打击恐怖主义有关法规，等等，都迫使非洲的汇款费用居高不下。因为汇款人无法获得银行的国际汇款服务，致使汇款到非洲以外的国家都不得不缴纳较高费用，以现金形式通过国际汇款公司或通过其银行代理，而不是通过"账户到账户"和"现金到账户"这样的低成本转账方式。如一些西非的银行在法国设有代表处，通过与法国银行合作的方式来经营国际汇款业务，但其业务范围十分有限。法国的许多西非移民宁愿委托朋友、亲戚或者社团往家里带钱也不通过银行。

在移民汇款输出国也同样存在这类合作伙伴关系。如法国邮政与西联就建立了这种合作伙伴关系。虽然法国—非洲走廊是国际汇款费用最低的路线之一，但是上述合作伙伴关系很可能会限制竞争，使得移民无法自由选择汇款服务商。

---

① 范基荣：《侨民已成非洲发展重要力量》，人民网，2012 年 5 月 28 日，http://cpc.people.com.cn/GB/64093/82429/83083/17996925.html.

二、非正规渠道盛行

由于非洲的正规汇款渠道成本较高，再加上非洲移民本身也具有非正规性和季节性特点，选择正规渠道汇款的国际移民数量十分有限。因此，在所有发展中地区中，非洲的非正规移民汇款渠道最为盛行。

2004—2005 年调查发现，通过亲戚或朋友在回乡探亲期间携带的移民汇款约占非洲南部移民汇款总量的 50%，其中，在莱索托占 88%，在斯威士兰占 73%，在博茨瓦纳占 68%，在津巴布韦占 46%。[1]2008 年全球金融危机爆发后，来自津巴布韦的国际移民对非正规汇款渠道的依赖性更强，同时布基纳法索、加纳和塞内加尔通过非正规渠道接收非洲内部汇款的移民家庭超过总数的 60%。侨居南非的外国移民汇款到其他非洲国家（主要是非洲南部）几乎 80% 都通过非正规渠道。非洲各国国内汇款使用非正规渠道的现象更普遍，如布基纳法索和塞内加尔的国内汇款使用非正规渠道的比例达到了 95%，加纳为 94%，乌干达为 78%。在相对富裕的南非，国内汇款通过非正规渠道的仅占 25%，部分原因在于该国金融体系较为发达，如南非银行通过 Mzansi 计划为穷人提供便宜的银行账户。[2]南非国内汇款也有 41% 通过银行正规渠道，是委托亲友携带的 3 倍左右。[3]

肯尼亚国内汇款的 62%（2009 年末数据）通过手机汇出。[4] 即使手机转账如此普及，2009 年下半年，肯尼亚通过非正规渠道收到非洲内部移民汇款的家庭比例依然达到 24%。而在银行转账业务比其他非洲国家都更普及的尼日利亚，通过非正规渠道的国内汇款占比也达到了 33%。在乌干达，移民汇款公司和银行共约占 50%，手机转账也占了 5%，非正规渠道依然还占 45%。撒哈拉以南非洲国家通过银行接收非洲以外移民汇款的家庭大约有 2%，只有乌干达、肯尼亚和尼日利亚这 3 个国家的比例略高一些，分别为 12.5%、16.2% 和 22.3%。[5] 其他中介机构，包括邮政局、小额信贷机构、储蓄和信贷合作社，以及新技术如（互联网

---

[1]　苑基荣:《侨民已成非洲发展重要力量》，人民网，2012 年 5 月 28 日，http://cpc.people.com.cn/GB/64093/82429/83083/17996925.html.

[2]　南非的 Mzansi 账户于 2004 年 10 月推出。到 2005 年 8 月，账户总数已超过 150 万，其中绝大多数开户人此前从未拥有银行账户。如今，每一个南非人在其居住地方圆 15 千米内均能获得银行服务，在每一家庭方圆 10 千米内至少有一台 ATM。

[3]　World Bank, *Global Economic Prospects 2006: Economic Implications of Remittances and Migration*, 2006.

[4]　World Bank, *Global Economic Prospects 2006: Economic Implications of Remittances and Migration*, 2006.

[5]　World Bank, *Global Economic Prospects 2006: Economic Implications of Remittances and Migration*, 2006.

转账和手机转账等），在经营来自非洲以外的移民汇款业务方面所占的比例更是有限。

综上所述，非洲内部国际移民汇款和国内汇款大多数都通过非正规渠道送达，主要包括移民自己或其亲戚朋友在探亲期间随身携带、委托运输公司及其他非正规渠道送达。非正规渠道盛行的部分原因在于很多非洲国家正规金融（银行）服务网点太少，费用很高，令移民负担不起。表 1-11 展示了 2009 年部分非洲国家非正规汇款渠道的占比情况。

表 1-11 2009 年部分非洲国家正规和非正规汇款渠道比较

（单位：%）

渠道	非洲以外汇款	非洲内部汇款	国内汇款
布基纳法索			
汇款机构	43.2	10.5	2.0
自己回国携带	34.1	15.2	49.5
朋友或亲戚携带	18.2	64.7	37.4
银行	2.3	0.7	0.4
邮局汇票	0	3.2	1.4
快递、长途巴士、运输公司或旅游公司	0	3.0	5.8
非正规私人代理	0	2.5	1.9
提款卡或网上汇款	0	0	0.2
其他	2.2	0.2	1.4
总计	100.0	100.0	100.0
加纳（2005—2006 年）			
汇款机构	67.8	10.9	0.6
朋友或亲戚携带	16.1	52.2	45.1
快速汇款公司	7.8	0	0
自己回国携带	4.4	32.6	49.0
银行	2.2	0	0.6
其他	1.7	4.3	4.7
总计	100.0	100.0	100.0
肯尼亚			
汇款机构	64.0	38.6	1.5
银行	17.2	11.4	6.3
外汇局和信用社	6.3	1.5	0.6
朋友或亲戚携带	3.8	9.1	6.5

（续表）

渠道	非洲以外汇款	非洲内部汇款	国内汇款
自己回国携带	2.0	7.6	20.0
邮局汇票	1.4	1.5	1.1
非正规私人代理	1.4	0	0
快递、长途巴士、运输公司或旅游公司	0.5	3.8	1.5
移动电话	2.9	23.5	61.5
提款卡或网上汇款	0.5	0	0
其他	0	0	0.8
总计	100.0	100.0	100.0
尼日利亚			
汇款机构	57.1	35.2	6.3
朋友或亲戚携带	12.8	15.4	21.2
银行	11.8	12.1	35.0
银行支付汇款运营商的代理	10.5	17.5	2.6
自己回国携带	5.4	13.2	27.7
非正规私人代理	2.4	4.4	4.1
邮局汇票	0	1.1	0
外汇局	0	1.1	0.1
信用社	0	0	0.2
旅行社	0	0	0.4
快递、长途汽车或其他交通工具	0	0	0.5
移动电话或电信服务提供商	0	0	0.4
充值卡或 ATM 卡	0	0	0.2
网上汇款	0	0	0.1
其他	0	0	1.2
总计	100.0	100.0	100.0
塞内加尔			
汇款机构	81.5	30.8	4.9
朋友或亲戚携带	10.1	41.1	37.3
邮局汇票	2.5	6.3	3.4
非正规私人代理	1.9	4.3	3.4
银行支付汇款运营商的代理	1.5	0	0.1
信用社	0.7	0	0
外汇局	0.4	0.4	0
银行	0.4	0	0
自己回国携带	0.5	14.2	36.7

（续表）

渠道	非洲以外汇款	非洲内部汇款	国内汇款
快递、长途汽车或其他交通工具	0	0.6	11.8
移动电话或电信服务提供商	0	0	0.6
旅行社	0	0	0
充值卡或 ATM 卡	0	0	0
网上汇款	0	0	0
其他	0.5	2.3	1.8
总计	100.0	100.0	100.0
乌干达			
汇款机构	55.4	36.3	4.2
外汇局、信用社	13.4	1.3	0.9
银行	12.5	15.0	10.8
朋友或亲戚	8.9	21.3	27.4
自己回国携带	4.5	20.0	47.6
邮局汇票	2.7	0	0.2
移动电话	0.9	2.5	5.2
ATM 卡或网上汇款	0.9	0	0
快递、长途汽车及其他交通工具或旅行社	0	2.4	3.1
非正规私人代理	0	0	0
其他	0	1.2	0
总计	100.0	100.0	100.0

资料来源：World Bank, *Migration and Remittances Fact Book*, 2011.

注：肯尼亚的非洲内部汇款、国内汇款和乌干达的非洲以外汇款、国内汇款因数据不全，相加不足 100%，请参考原文。

表 1-12　2009 年南非汇款渠道比较

（单位：%）

渠道	向其他非洲国家汇款	国内汇款
朋友或亲戚携带	58.0	18.8
汇款机构	4.6	15.8
快递、长途汽车及其他交通工具	18.3	1.2
银行	5.3	40.6
外汇局	0	0.6
移动电话或电信服务提供商	0	0.6
邮局汇票	6.1	6.7
旅行社	0	0.6

（续表）

渠道	向其他非洲国家汇款	国内汇款
信用社	0	0.6
自己回国携带	2.3	5.5
充值卡或 ATM 卡	2.3	2.4
网上汇款	0	1.8
其他非金融机构提供的汇款服务	0	1.2
其他	1.5	3.6
总计	100.0	100.0

资料来源：World Bank, *Migration and Remittances Fact Book,* 2011.

注：表中"向其他非洲国家汇款"一列各项相加仅为 98.4，应系各项数据统计误差所致，请参考原文。

三、政府重视不够

多数非洲国家政府都不够重视国际移民问题，长期以来未能采取有效利用移民资源的政策和措施，未能及时加强国际移民与母国的纽带、保护移民以及扩大汇款市场的竞争。世界银行指出，包括尼日利亚、肯尼亚在内的一些国家，忽略了来自海外的汇款在抵御金融领域冲击、消除贫困方面的作用。

20 世纪 90 年代起，特别是进入 21 世纪以来，非洲各国才开始颁布了一系列移民汇款的相关政策，旨在提高汇款数据质量、降低成本和提升汇款市场透明度、鼓励创新汇款技术、利用汇款以改善资本准入、管理和利用大量汇款等。2011 年第一届全球非洲散居侨民峰会，就促进非洲大陆与国际移民关系、发挥国际移民在非洲发展中的作用等问题达成诸多共识。峰会宣言和行动纲领指出，国际移民已成为非洲发展的重要力量，是推动非洲大陆经济增长的重要引擎。这一次峰会标志着非洲在利用移民资源促进发展方面进入了一个新时代。

第二章 拉美与加勒比地区移民汇款及其对经济发展的影响

第一节 拉美与加勒比地区国际移民概况

一、基本特点

（一）高度集中于美国

拉美与加勒比地区国际移民主要目的国是高收入经合组织国家（84.8%）、高收入非经合组织国家（0.7%）、区域内国家（12.9%）、其他发展中国家（0.1%）以及其他国家和地区（1.6%）。[1] 与非洲不一样，拉美与加勒比地区的国际移民以本地区以外的国际移民为主。接收拉美与加勒比地区移民最多的东道国是美国、西班牙和加拿大，约 75% 的移民都去了美国，其中来自墨西哥的移民最多。美国一直是墨西哥和中美洲移民的主要移民目的国。拉美与加勒比地区在美国的移民总人数从 1990 年的 860 万增加到了 2000 年的 1 600 万（增长了86%）。[2] 拉美与加勒比地区有十大移民走廊：墨西哥—美国，萨尔瓦多—美国，古巴—美国，多米尼加—美国，危地马拉—美国，牙买加—美国，哥伦比亚—美国，哥伦比亚—委内瑞拉、玻利维亚，海地—美国，厄瓜多尔—西班牙。其中墨西哥—美国移民走廊是世界上最重要的移民通道，迄今约有 930 万移民通过，反映了墨美两国在地理和历史上的特殊关系。[3]

---

[1] World Bank, *Migration and Remittances Fact Book*, 2011. 此处各项数据相加为 100.1%，原文如此。

[2] Niimi, Yoko, Caglar Ozden, "Migration and Remittances: Causes and Linkages", *Policy Research Working Paper*, No. 4087, World Bank, 2006.

[3] World Bank, *Migration and Remittances Fact Book*, 2011.

截至 2010 年，拉美与加勒比地区移居海外人数达到 3 020 万，占世界移民总数的 13% 左右，约占拉美与加勒比地区总人口的 5.2%，全世界移民的 15%。拉美与加勒比地区十大移民国家为墨西哥、哥伦比亚、巴西、萨尔瓦多、古巴、厄瓜多尔、秘鲁、多米尼加、海地、牙买加。[①]

（二）主要来自墨西哥

来自本地区最大移民国家墨西哥的国际移民约有 1 200 万人，相当于墨西哥总人口的 10.7%，60% 的墨西哥贫困家庭需要依靠海外亲戚的汇款来维持生活。[②] 本地区国际移民数量排名第二的古巴和第三的萨尔瓦多，其移民数量还不到墨西哥移民数量的 10%。[③] 除了古巴和萨尔瓦多，还有其他几个国家在美国的移民数量也在 50 万—100 万，包括多米尼加（68 万）、牙买加（55 万）和哥伦比亚（51 万）。[④]

（三）国际移民率高

很多规模较小国家的移民率（即国际移民人口占其国家总人口的比例）更高，尤其是在加勒比地区更为显著。例如，2000 年加勒比地区众多岛国平均有30% 的劳动力移民海外。一个极端的例子是格林纳达，其人口有近 50% 移民海外。非加勒比地区国家移民占其国家总人口的比例平均约为 10%（南美洲 6% 左右）。[⑤] 因此，即使墨西哥和中美洲国家国际移民的绝对数量往往是本地区最多的，就移民占国家总人口的比例而言，加勒比地区岛国更大。

（四）近 30 年来增加迅速

1990—2000 年，即使不包括墨西哥，本地区的国际移民人口依然增加了

---

① World Bank, *Migration and Remittances Fact Book*, 2011.

② Niimi, Yoko, Caglar Ozden, "Migration and Remittances: Causes and Linkages", *Policy Research Working Paper*, No. 4087, World Bank, 2006.

③ 普遍认为由于各种原因，政府的人口普查数据严重低估了无证移民的数量。

④ Niimi, Yoko, Caglar Ozden, "Migration and Remittances: Causes and Linkages", *Policy Research Working Paper,* No. 4087, World Bank, 2006.

⑤ Niimi, Yoko, Caglar Ozden, "Migration and Remittances: Causes and Linkages", *Policy Research Working Paper*, No.4087, World Bank, 2006.

63%，即从 1990 年的 420 万人增加到了 2000 年的 680 万人。从绝对数量来看，美国移民数量增加最多的是墨西哥移民（增加了 470 万人），其次是萨尔瓦多移民（增加了 34.3 万人）。从增速来看，第一是洪都拉斯，从 1990 年的 11.2 万人增加到了 10 年后的 28.1 万人，增加了 151%；第二是巴西，从 9.5 万人增加到了 21 万人，增加了 121%；第三是墨西哥，增加了一倍以上。在此期间，拉美与加勒比地区只有 2 个国家在美国的移民人数减少：巴拿马（从 12.1 万人减少到了 10.4 万人）和多米尼克（从 1.8 万人减少到了 1.7 万人）。[①]

（五）其他特点

拉美与加勒比地区国际移民还有许多独有的特点，很难与其他地区的移民系统地进行比较。拉美与加勒比地区国际移民的移民距离相对较短，不像其他地区移民都前往曾经的宗主国。另外，相对于亚洲人和非洲人而言，墨西哥人在美国融入相对容易。虽然反移民情绪偶有抬头，但美国是一个典型的移民国家，移民在美国永久定居、融入，乃至家庭团聚从而过上正常的生活，可能相对容易一些。墨西哥移民现已成为美国许多城市的主要族群。他们进入西班牙语裔（Hispanic）社区没有语言障碍，还能获得同乡会（Hometown Association，HTA）的帮助。HTA 不仅在美国政治游说方面发挥了重要的作用，而且在通过 3×1 配套计划促进资金成倍数地流回墨西哥方面也起到了关键作用。

二、海外分布

如前所述，美国是拉美与加勒比地区众多国家国际移民的最主要目的国。对于加勒比地区而言，加拿大和英国是继美国之后的两大目的国，吸纳的移民人数约占本地区国际移民总数的 50%。这主要是宗主国—殖民地以及语言上的联系造成的。由于宗主国—殖民地的联系和种族相同或相亲的关系，欧洲国家成为了安第斯国家[②]和其他南美洲国家的主要移民目的国。在欧洲，加勒比地区国家国际

---

① Niimi, Yoko, Caglar Ozden, "Migration and Remittances: Causes and Linkages", *Policy Research Working Paper,* No.4087, World Bank, 2006.

② 即安第斯共同体（La Comunidad Andina，简称"安共体"）成员国：秘鲁、玻利维亚、厄瓜多尔、哥伦比亚。委内瑞拉曾是成员国之一，于 2006 年退出。

移民的首选目的国是英国，而拉美移民则更喜欢西班牙。拉美移民以美国为移民目的国的不到50%，加勒比地区国家移民则略高于50%。[1] 地区内部即拉美国家之间的国际移民也有750万人，占拉美总人口的1.3%；其中2000—2010年增加了100万人。阿根廷、墨西哥和巴西同时也是本地区接收其他拉美国家移民最多的国家。[2] 同时因为墨西哥是中美洲移民到美国的第一站，所以墨西哥还扮演了中美洲国家第二重要移民目的国的角色。从巴西到日本的移民活动是一个非常特别的例子，即在20世纪初移民到巴西的日本人后代现在又回到日本就业。

第二节　拉美与加勒比地区国际移民汇款概况

一、历史回顾

（一）发展历程（1980—2008年）

　　拉美与加勒比地区是全球接收移民汇款最多、全球人均移民汇款数额最高和移民汇款增长速度最快的地区之一。移民汇款已经成为本地区外汇收入主要来源之一。图2-1显示了拉美与加勒比地区移民汇款收入重要性日益增加的过程，可以看出1980—2005年31个国家移民汇款的变化。这些数字表明，1980年以来本地区吸收的官方记录的汇款收入金额约为19亿美元，到2005年增加了25倍。[3]1990年拉美与加勒比地区的汇款总收入为57亿美元，2006年已经增长了9倍，达到570亿美元左右。[4] 如果将美国通胀的因素考虑进来，以1980年的价

① Niimi, Yoko, Caglar Ozden, "Migration and Remittances: Causes and Linkages", *Policy Research Working Paper,* No.4087, World Bank, 2006.

② World Bank, *Migration and Remittances Fact Book*, 2011.

③ Pablo Acosta, Cesar Calderón, Pablo Fajnzylber, J. Humberto López, "Do Remittances Lower Poverty Levels in Latin America? ", Pablo Fajnzylber and J. Humberto López(eds.), *Remittances and Development: Lessons from Latin America,* Washington DC: World Bank, 2008, pp.87–132.

④ Garcia–Fuentes, Pablo A. & Kennedy, P. Lynn, "Remittances and economic growth in Latin America and the Caribbean: The Impact of the human capital development", Annual Meeting, January 31–February 3, 2009, Atlanta, Georgia 46751, Southern Agricultural Economics Association.

格进行估算，结果显示，2005 年汇款收入仍高于 200 亿美元（即在过去 20 多年
汇款收入增长依然超过了 10 倍）。[①] 即使从汇款收入占本地区 GDP 的比例的演
变来看，汇款规模也显著增加了，即从 1980 年的 0.3% 增长到了 2006 年的 2.2%
左右。[②]2001 年，本地区移民汇款只有 243 亿美元，仅 7 年之后就达到 696 亿美元，
增长近 2 倍，约占全球移民汇款总量的 1/4。[③]

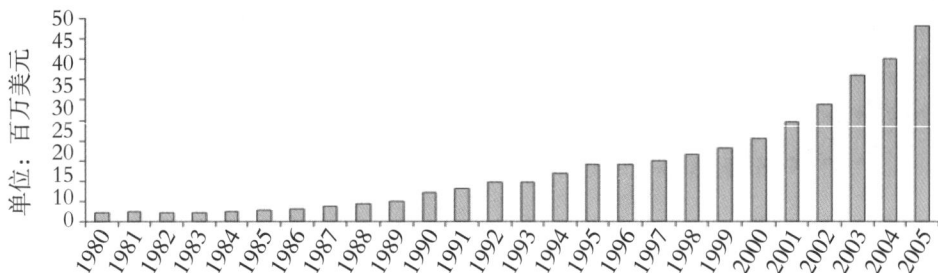

图 2-1　拉美与加勒比地区移民汇款增长情况（1980—2005 年）

资料来源：Pablo Acosta, Pablo Fajnzylber, J. Humberto López, "How Important Are Remittances
in Latin America?", In Pablo Fajnzylber, J. Humberto López, *Remittances and
DevelopmentLessons from Latin America*, International Bank for Reconstruction and
Development / World Bank, 2008, p.26.

（二）主要国家移民汇款情况

1990—2003 年本地区五国（墨西哥、巴西、哥伦比亚、萨尔瓦多和多米尼
加）被列入了全球二十大收款国行列。[④] 本地区移民汇款数额最大的国家是墨西
哥，2005 年为 218 亿美元，占本地区当年汇款总收入的 45%，是世界上仅次于

---

① Pablo Acosta, Cesar Calderón, Pablo Fajnzylber, J. Humberto López, "Do Remittances Lower Poverty Levels
in Latin America? ", Pablo Fajnzylber and J. Humberto López(eds.), *Remittances and Development: Lessons
from Latin America,* Washington DC: World Bank, 2008, pp.87–132.

② Pablo Acosta, Cesar Calderón, Pablo Fajnzylber, J. Humberto López, "Do Remittances Lower Poverty Levels
in Latin America? ", Pablo Fajnzylber and J. Humberto López(eds.), *Remittances and Development: Lessons
from Latin America,* Washington DC: World Bank, 2008, pp.87–132.

③ Garcia-Fuentes, Pablo A. & Kennedy, P. Lynn, "Remittances and economic growth in Latin America and the
Caribbean: The Impact of the human capital development", Annual Meeting, January 31–February 3, 2009,
Atlanta, Georgia 46751, Southern Agricultural Economics Association.

④ World Bank, *Global Economic Prospects 2006: Economic Implications of Remittances and Migration*, 2006.

印度（237 亿美元）和中国（225 亿美元）的第三大收款国。巴西和哥伦比亚排在世界第十九和二十位，分别为 35 亿美元和 33 亿美元。[①]2005 年汇款收入超过 20 亿美元的其他国家（平均 27 亿美元）包括危地马拉、萨尔瓦多、多米尼加和厄瓜多尔。另外，洪都拉斯、牙买加和秘鲁 2005 年的汇款收入也远远高于 10 亿美元。2002—2005 年，本地区汇款以每年接近 20% 的速度增长。[②]墨西哥在其中贡献最大，其增长率一度高达 25%，还有几个国家年增长率在 20% 左右（见表 2-1）。从人均汇款来看，牙买加最高，约 700 美元。第二和第三分别是巴巴多斯（519 美元）和萨尔瓦多（约 400 美元）。排名前十的国家人均汇款约 320 美元，其余 7 个国家是多米尼加、海地、特立尼达和多巴哥、洪都拉斯、安提瓜和巴布达、危地马拉、墨西哥。

表 2-1　拉美与加勒比地区部分国家 2001—2008 年移民汇款流入情况

（单位：百万美元）

国别	2001	2002	2003	2004	2005	2006	2007	2008	移民数量（人）	占 GDP %
阿根廷	100	184	225	270	780	850	920	955	318 333	0.34
伯利兹	—	—	73	77	81	93	100	1 100	45 833	8.30
玻利维亚	103	104.2	340	421.6	860	989	1 050	1 097	507 417	8.06
巴西	2 600	4 600	5 200	5 624	5 793	7 373	7 166	7 200	750 000	2.29
哥伦比亚	1 756	2 431	3 067	3 857.307	4 126	4 200	4 521	4 842	1 513 095	2.31
哥斯达黎加	80.25	134.82	306	320	400	520	582	624	186 298	2.34
古巴	930	1 138.5	1 194	1 194	1 100	10 000	1 000	1 200	583 333	2.29
智利							800	880	333 333	0.52
多米尼加	1 807	2 111.5	2 216.55	2 438.205	2 560	2 747	3 120	3 148	1 204 375	7.47
厄瓜多尔	1 430	1 575	1 657	1 740	1 827	2 893	3 118	2 822	682 030	5.87
萨尔瓦多	1 911	220	2 316.3	2 548	2 830	3 316	3 695	3 788	878 748	18.35
危地马拉	584.3	1 690	2 106	2 680.7	2 993	3 610	4 128	4 315	919 578	12.75
圭亚那	90	119	137	143	260	270	423	415	206 834	36.73
海地	810	931.5	978	1 026	1 077	1 100	1 650	1 870	1 277 626	30.01
洪都拉斯	460	770	862	1 134	1 763	2 359	2 561	2 707	930 874	21.60
牙买加	967.5	1 229	1 426	1 497	1 651	1 770	1 860	2 034	1 227 754	17.95

① Pablo Acosta, Cesar Calderón, Pablo Fajnzylber, J. Humberto López, "Do Remittances Lower Poverty Levels in Latin America? ", Pablo Fajnzylber and J. Humberto López(eds.), *Remittances and Development: Lessons from Latin America,* Washington DC: World Bank, 2008, pp.87–132.

② Pablo Acosta, Cesar Calderón, Pablo Fajnzylber, J. Humberto López, "Do Remittances Lower Poverty Levels in Latin America? ", Pablo Fajnzylber and J. Humberto López(eds.), *Remittances and Development: Lessons from Latin America,* Washington DC: World Bank, 2008, pp.87–132.

（续表）

国别	2001	2002	2003	2004	2005	2006	2007	2008	移民数量（人）	占GDP %
墨西哥	8 895	10 502	13 266	16 613	20 034	23 053	26 075	25 145	5 646 015	2.47
尼加拉瓜	660	759	787.5	809.55	901	950	960	1 056	691 253	18.13
巴拿马	—	—	220	231	254	292	340	325	108 333	1.55
巴拉圭	—	—	—	506	550	650	750	700	191 538	5.68
秘鲁	930	1 265	1 295	1 360	2 495	2 869	2 900	2 960	1 469 662	2.56
苏里南	—	—	—	50	55	102.3	115	120	40 000	6.16
特立尼达和多巴哥	40.9	58.5	88	93	97	110	125	130	43 333	0.64
乌拉圭	—	—	42	105	110	115	115	130	43 333	0.51
委内瑞拉	136	235	247	259	272	300	331	832	424 119	0.35

资料来源：Central Banks and IADB. GDP: ECLAC, 2009. Migrants: Global Migration Database, 2007; Remittances: Survey Data and ECO, 2008. Annual Remittances in Millions.

表2-2　拉美与加勒比地区各国移民汇款占GDP的比例变动情况（2002—2005年）

（单位：%）

国家	2002	2003	2004	2005
墨西哥	1.7	2.3	2.7	2.8
危地马拉	6.9	8.6	9.5	9.6
萨尔瓦多	13.7	14.1	16.2	16.7
洪都拉斯	11.0	12.6	15.4	21.7
尼加拉瓜	9.4	10.7	11.5	12.2
哥斯达黎加	1.5	1.8	1.7	2.1
巴拿马	0.7	0.7	0.7	0.8
伯利兹	3.1	3.4	3.2	4.2
多米尼加	10.2	14.2	13.6	9.2
牙买加	14.7	17.0	18.3	18.6
海地	19.8	27.6	24.4	23.1
圭亚那	7.1	13.3	19.5	25.5
巴巴多斯	4.4	4.3	3.9	4.5
特立尼达和多巴哥	0.9	0.8	0.7	0.6
圣文森特和格林纳丁斯	1.1	1.0	1.2	1.2
多米尼克	1.6	1.5	1.5	1.4
圣基茨和尼维斯	0.9	0.8	0.7	0.7
圣卢西亚	0.3	0.3	0.3	0.2
巴西	0.5	0.6	0.6	0.4
哥伦比亚	3.1	3.9	3.3	2.7

（续表）

国家	2002	2003	2004	2005
厄瓜多尔	5.8	5.7	5.6	5.6
秘鲁	1.2	1.4	1.6	1.8
阿根廷	0.2	0.2	0.2	0.2
玻利维亚	1.4	2.0	2.4	3.6
巴拉圭	4.2	4.8	4.7	3.7
委内瑞拉	0.0	0.0	0.0	0.1
乌拉圭	0.3	0.6	0.5	0.5
苏里南	1.6	2.3	0.8	0.8
智利	0.0	0.0	0.0	0.0

资料来源：World Bank, *Global Economic Prospects 2006: Economic Implications of Migration and Remittances*, 2006.

（三）主要特点

1. 移民汇款流向相对集中

墨西哥、巴西、阿根廷三国的移民汇款占本地区的60%，危地马拉、萨尔瓦多和多米尼加三国的移民汇款占本地区的20%。[1] 据估算，本地区有30%—40%的移民汇款流向了农村地区。[2] 这主要是因为国际移民本身多数来自农村地区。

2. 移民汇款比例高

美国71%的拉美与加勒比地区移民每月都汇款回国。其中，尼加拉瓜、哥斯达黎加、多米尼加、墨西哥、海地60%以上的国际移民每月都汇款回国，秘鲁为52%。目前，拉美与加勒比地区各国移民每月平均汇回302美元，其中哥斯达黎加最多，平均493美元；多米尼加最少，平均179美元。[3] 拥有180万拉美

---

[1]　Pablo Acosta, Cesar Calderón, Pablo Fajnzylber, J. Humberto López, "Do Remittances Lower Poverty Levels in Latin America? ", Pablo Fajnzylber and J. Humberto López(eds.), *Remittances and Development: Lessons from Latin America,* Washington DC: World Bank, 2008, pp.87–132.

[2]　Pablo Acosta, Cesar Calderón, Pablo Fajnzylber, J. Humberto López, "Do Remittances Lower Poverty Levels in Latin America? ", Pablo Fajnzylber and J. Humberto López(eds.), *Remittances and Development: Lessons from Latin America,* Washington DC: World Bank, 2008, pp.87–132.

[3]　Pablo Acosta, Cesar Calderón, Pablo Fajnzylber, J. Humberto López, "Do Remittances Lower Poverty Levels in Latin America? ", Pablo Fajnzylber and J. Humberto López(eds.), *Remittances and Development: Lessons from Latin America,* Washington DC: World Bank, 2008, pp.87–132.

与加勒比地区移民的西班牙已经成为继美国之后第二大移民汇款来源地。西班牙3/4的拉美与加勒比地区移民将其收入汇回家里，仅2006年汇往拉美与加勒比地区的移民汇款就高达50亿美元。[1]

本地区移民汇款占移民自身收入的比例和汇款频率都很高。美国的拉美与加勒比地区移民平均每年汇给家里3000多美元，占其收入10%左右；西班牙的拉美与加勒比地区移民汇款占其收入15%左右，其中墨西哥移民的汇款占其收入22%左右（每月400美元左右）。总体上看，美国的拉美与加勒比地区移民每年最少汇款12次，每次约280美元。[2]

3. 通过正规渠道汇款的比例较高

西班牙2/3的拉美与加勒比地区移民通过汇款公司汇款，1/4通过银行或邮局汇款；77%的移民拥有自己的银行账户。在美国，拉美与加勒比地区移民也主要通过这些渠道汇款。[3]

4. 女性移民汇款的比例高

与其他地区显著不同，本地区女性移民所占的比例较高，来自她们的汇款比例相对也较高。女性移民汇款约占本地区移民汇款的30%。[4]

二、发展现状

（一）2008年后移民汇款的发展趋势

1. 危机初期移民汇款减少

金融危机期间，美国经济放缓减少了就业机会，特别是外国移民的就业机

[1] World Bank, *Global Economic Prospects 2006: Economic Implications of Remittances and Migration*, 2006.

[2] Pablo Acosta, Cesar Calderón, Pablo Fajnzylber, J. Humberto López, "Do Remittances Lower Poverty Levels in Latin America? ", Pablo Fajnzylber and J. Humberto López(eds.), *Remittances and Development: Lessons from Latin America,* Washington DC: World Bank, 2008, pp.87–132.

[3] Pablo Acosta, Cesar Calderón, Pablo Fajnzylber, J. Humberto López, "Do Remittances Lower Poverty Levels in Latin America? ", Pablo Fajnzylber and J. Humberto López(eds.), *Remittances and Development: Lessons from Latin America,* Washington DC: World Bank, 2008, pp.87–132.

[4] Pablo Acosta, Cesar Calderón, Pablo Fajnzylber, J. Humberto López, "Do Remittances Lower Poverty Levels in Latin America? ", Pablo Fajnzylber and J. Humberto López(eds.), *Remittances and Development: Lessons from Latin America,* Washington DC: World Bank, 2008, pp.87–132.

会就更少了，因此对移民收入水平产生了负面影响。美洲开发银行的一项研究显示，美国的拉美与加勒比地区移民的就业率在 2009 年下降了 3.7%（2010 年增加了 1.7%，2011 年再增加 1.8%，才恢复到了金融危机前的水平）。[1] 欧洲国家的拉美与加勒比地区移民经历了类似的变化趋势，唯一的区别是欧洲就业率恢复更慢，如到 2011 年西班牙就业状况仍在持续恶化。该国外来移民的 16% 来自拉美与加勒比地区。

受此影响，拉美与加勒比地区的汇款收入减少了。2008 年拉美与加勒比地区移民汇款比上年减少了 5%，2009 年则减少了 15%，仅为 588 亿美元。2009 年墨西哥移民汇款同比减少 15%，仅有 211 亿美元。2009 年尼加拉瓜移民汇款总额为 7.68 亿美元，相当于该国全年 GDP 的 10.3%，较 2008 年同期的 8.18 亿美元下降了 6.07%，其中来自美国的移民汇款下降最为明显。2009 年牙买加移民汇款为 17.98 亿美元，比上年的 20.33 亿美元减少了 11.6%。同样，海地、洪都拉斯的 GDP 也因为移民汇款的减少而损失了 1% 左右；2010 年也只增加了 2%，增速远远低于 2002—2008 年的平均增速（17%）。[2]

表 2-3　2010 年拉美与加勒比地区十大收款国收款总额

（单位：十亿美元）

墨西哥	巴西	危地马拉	哥伦比亚	萨尔瓦多	多米尼加	洪都拉斯	厄瓜多尔	秘鲁	牙买加
226	43	43	39	36	34	2.7	25	25	2.0

资料来源：World Bank, *Migration and Remittances Fact Book*, 2011, p. 28.

表 2-4　2009 年拉美与加勒比地区十大收款国汇款占 GDP 的比例

（单位：%）

洪都拉斯	圭亚那	萨尔瓦多	海地	牙买加	尼加拉瓜	危地马拉	格林纳达	多米尼加	圣基茨和尼维斯
19.3	17.3	15.7	15.4	13.8	10.3	9.8	8.7	7.3	7.3

资料来源：World Bank, *Migration and Remittances Fact Book*, 2011, p. 28.

在此期间，仍有 40% 的失业移民汇款回国。这在某种程度上说明，这一时期的移民汇回国内的是他们往年积攒下来的存款，即移民宁愿拿出多年的储蓄来

---

[1]　World Bank, *Migration and Remittances Fact Book*, 2011.

[2]　World Bank, *Migration and Remittances Fact Book*, 2011.

充作移民汇款，以此维持母国家人的生活所需。从这里还可以看出，移民汇款依然具有一定的逆周期作用。

然而，在此期间，本地区各国之间的移民并未出现明显变化，如从哥斯达黎加流往尼加拉瓜或者从阿根廷流往巴拉圭的移民汇款基本上没有增减变化。

2. 移民汇款迅速恢复增长

如前所述，2008 年拉美与加勒比地区移民汇款达到创纪录的 696 亿美元，此前的年增长率更是达到 17%，但在遭遇国际金融危机后有所下降，2011 年开始稳步回升。① 美国是拉美与加勒比地区移民汇款的最大来源国，来自美国的移民汇款占本地区汇款总额的 73%。② 因此，美国的经济发展变化直接影响拉美与加勒比地区的汇款收入。例如：美国住房市场复苏和移民就业的改善就促进了 2012—2015 年拉美与加勒比地区汇款收入的增长；2012 年拉美与加勒比地区汇款收入略有增加，达到 620 亿美元左右。③

本地区的移民汇款以墨西哥最多，是本地区第二大收款国巴西汇款收入的 4 倍。④2012 年下半年和 2013 年的前 2 个月墨西哥汇款收入减少了，主要是因为比索对美元汇率上升。不过，同期其他拉美国家，如巴西、危地马拉和萨尔瓦多的汇款收入却在持续增长，完全弥补（甚至超过了）墨西哥的汇款损失。因此，在经历 13 个月的下滑之后，拉美与加勒比地区汇款收入于 2013 年下半年开始止跌回升，增长了 1.9%。2013 年拉美与加勒比地区的移民汇款为 612.52 亿美元，比 2012 年增长了 1.9%，其中 3/4 来自美国的墨西哥移民和中美洲国家移民，其余来自西班牙的安第斯国家移民。2013 年墨西哥依然是本地区最大的收款国，汇款收入约 220 亿美元。2013 年美国每人每月平均汇款金额减少到了 292 美元，2008 年金融危机之前则可以达到 340—350 美元。⑤ 相比于 2013 年同期，2014 年前 2 个月墨西哥汇款收入增长了 7%。随着美国经济的复苏，汇款似乎也正在复苏。虽然美国的就业状况正在逐渐改善，但是对外来移民的驱逐、清理以及移

---

① 《2013 年拉美侨汇收入水平与上一年持平》，凤凰网，2014 年 6 月 13 日，http://finance.ifeng.com/a/
20140613/12536258_0.shtml.

② World Bank, *Migration and Remittances Fact Book*, 2013.

③ World Bank, *Migration and Remittances Fact Book*, 2013.

④ World Bank, *Migration and Remittances Fact Book*, 2013.

⑤ World Bank, *Migration & Remittances: Recent Developments and Outlook*, April 11, 2014. http://www.
worldbank.org/migration.

民回流母国的人数一直居高不下，影响了本地区的汇款收入。

欧洲劳动力市场疲软也影响了拉美与加勒比地区的汇款收入。西班牙和意大利也是拉美移民的主要目的国，其经济放缓和失业率高导致本地区汇款收入减少。金融危机爆发之后，由意大利、西班牙和美国流向拉美与加勒比地区的移民汇款都减少了。例如：2013 年墨西哥和秘鲁汇款收入有所减少，其中秘鲁汇款收入为 28 亿美元，减少了 1%；[1] 来自智利的汇款增加了；而来自阿根廷、西班牙、日本和意大利的汇款则减少了。

（二）2013 年以来移民汇款的特点

1. 汇款增长不均衡

由于美国经济复苏，墨西哥汇款收入在经历了连续 13 个月的下降后于 2013 年下半年开始恢复增长，中美洲国家也增长了。美国经济复苏促使萨尔瓦多、洪都拉斯和危地马拉的汇款收入也获得了 7% 的增长率。2013 年厄瓜多尔的汇款收入增加了 4%，多米尼加仅增长 1%（2012 年曾出现负增长）。拉美与加勒比地区的区域内移民汇款，尤其是来自智利和厄瓜多尔的汇款一直较为稳定。而西班牙和意大利经济的衰退导致哥伦比亚、厄瓜多尔和秘鲁的汇款收入减少。近几年从意大利、西班牙和美国流向厄瓜多尔的汇款已经开始萎缩。2013 年秘鲁汇款总额为 28 亿美元，其中来自同一地区的智利的汇款增加了，而来自阿根廷、西班牙和意大利等国家的汇款都减少了。

2. 汇款成本变化不大

拉美汇款走廊是从美国汇款成本最低的汇款走廊之一。尽管拉美的汇款业务供应商（主要是基于互联网的产品）以及汇款支付机构都在扩张，部分开始降价（如 2013 年墨西哥的不少汇款业务提供商实行了降价策略），本地区有些汇款走廊汇款价格仍然很高，尤其是来自加拿大、法国、日本和巴西的汇款，即使用互联网和手机汇款，价格也未有大的改观。然而，法国—海地汇款走廊最昂贵，汇款成本为 15%，加拿大—海地汇款走廊成本为 11%。[2] 从日本汇款到巴西和秘鲁也很贵。来自美国和西班牙的汇款最便宜。

---

[1]　World Bank, *Migration & Remittances: Recent Developments and Outlook*, April 11, 2014. http://www.worldbank.org/migration.

[2]　World Bank, *Migration & Remittances: Recent Developments and Outlook*, April 11, 2014. http://www.worldbank.org/migration.

3. 汇款增速减缓

墨西哥移民数量的减少似乎是导致此现象的一个重要因素。最近十几年从美国回到墨西哥的人数等于（甚至可能超过）从墨西哥移民到美国的人数。[①] 主要原因可能是过去十几年美国对入境移民（特别是在边境地区）的执法力度加大了，很少有墨西哥移民穿越边境进入美国。墨西哥依然是被美国驱逐移民最多的国家，其次是危地马拉、洪都拉斯和萨尔瓦多。自 2010 年以来，在边境被驱逐的人数显著增加，因此来自美国的汇款已经显著减少。2012 年，美国移民和海关执法局（Immigration and Customs Enforcement，ICE）驱赶了近 42 万名移民，[②] 是历年驱赶人数最多的一年，其中有一半以上发生在美墨边境（见表 2-5）。

表 2-5　2010—2013 年美国驱逐的移民数量

（单位：人）

年份	2010	2011	2012	2013
美国国内	219 405	215 258	190 505	133 551
边境地区	163 627	173 151	228 879	235 093
增减变化	—	1.4%	8.0%	−12.1%
边境地区增减变化	—	5.8%	32.2%	2.7%
美国国内增减变化	—	−1.9%	−11.5%	−29.9%

资料来源：World Bank, 2014.

4. 汇款受移民东道国经济波动的影响显著

美国和拉美与加勒比地区大多数经济体之间在经济上相互依存，拉美与加勒比地区国际移民的 68% 集中在美国。[③] 此外，美国 13% 的出生在美国以外的移民向世界其他国家汇款约 520 亿美元，仅占美国 GDP 的 0.4% 左右，却占全球移民汇款总量的 17% 左右。[④] 西班牙也是拉美与加勒比地区移民主要目的国之一，吸收来自厄瓜多尔、哥伦比亚、秘鲁、巴拉圭、玻利维亚和阿根廷的大量移民，

[①]　Phillip Connor, D'Vera Cohn, Ana Gonzalez-Barrera, *Changing Patterns of Global Migration and Remittances*, Pew Research Centre, 2013.

[②]　World Bank, *Migration & Remittances: Recent Developments and Outlook*, April 11, 2014. http://www.worldbank.org/migration.

[③]　Manuel Orozco, "Future trends in Remittances to Latin America and the Caribbean Remittances & Development Program", *Inter-American Dialogue Report*, 2013.http://www.thedialogue.org.

[④]　Manuel Orozco, "Future trends in Remittances to Latin America and the Caribbean Remittances & Development Program", *Inter-American Dialogue Report*, 2013.http://www.thedialogue.org.

占拉美与加勒比地区移民总量近 10%（而 1990 年只有 1.6%）。[1] 拉美汇款收入也受到西班牙经济放缓和失业的影响。

以墨西哥、巴西、萨尔瓦多、危地马拉和玻利维亚等 5 个国家为例。20 世纪 90 年代这 5 个国家的平均汇款相当稳定，2007 年前一直在持续显著增长，此后便有所下降。在美国经济衰退期间，这些国家的汇款流入往往都会减缓。[2]

或许是移民法实施更严苛，加上这些资本流动更正规化、统计方式更科学，以及美国和欧洲的入境管理更严格，最后导致了汇款的减缓。但最核心的原因是美国和西班牙的经济波动。美国是本地区国家移民最为集中的移居国。根据世界银行的移民数据，居住在美国的移民占墨西哥移民总量的 98.1%，占萨尔瓦多移民总量的 88%，占危地马拉移民总量的 86.4%。相比较而言，下面这 2 个国家移民居留美国的比例就较小：巴西为 24.8%，玻利维亚为 10.6%。[3] 显然，美国的经济波动对有较高比例的移民生活在美国的国家会产生更大的影响。

而西班牙的拉美与加勒比地区移民比例相对小得多。西班牙是拉美与加勒比地区移民第二大目的国，流入拉美与加勒比地区的汇款约有 30% 来自西班牙。40% 的玻利维亚移民、11.9% 的巴西移民移居西班牙，但另外 3 个国家的移民选择西班牙作为移居国的还不到 1%。[4] 对玻利维亚而言，西班牙的经济波动对其移民汇款的数额变化应该有很大影响。

5. 不同行业产生不同的影响

移民人口在东道国不同经济部门的分布也可能会对不同国家的移民汇款产生不同影响。来自不同国家的移民可能拥有不同的技术和行业网络，不同行业各自的移民比例不一样。美国的墨西哥移民大都集中在艺术、娱乐、休闲、旅店、餐饮服务业（15.6%），建筑业部门（14.9%），批发和零售、交通运输、仓储业（14.6%）。中美洲移民都集中在批发和零售、交通运输、仓储业（16.2%），建

---

[1]　Manuel Orozco, "Future trends in Remittances to Latin America and the Caribbean Remittances & Development Program", *Inter-American Dialogue Report*, 2013.http://www.thedialogue.org.

[2]　Pablo Acosta, Cesar Calderón, Pablo Fajnzylber, J. Humberto López, "Do Remittances Lower Poverty Levels in Latin America? ", Pablo Fajnzylber and J. Humberto López(eds.), *Remittances and Development: Lessons from Latin America,* Washington DC: World Bank, 2008, pp.87–132.

[3]　Manuel Orozco, "Future trends in Remittances to Latin America and the Caribbean Remittances & Development Program", *Inter-American Dialogue Report*, 2013.http://www.thedialogue.org.

[4]　Manuel Orozco, "Future trends in Remittances to Latin America and the Caribbean Remittances & Development Program", *Inter-American Dialogue Report*, 2013. http://www.thedialogue.org.

筑业（15.9%），艺术、娱乐、休闲、旅店、餐饮服务业（14.6%）。南美洲移民
都集中在教育、卫生和社会服务部门（19.1%），批发和零售、交通运输、仓储
业（17.7%），商业服务部门（13%）。[①] 不同地区的移民收入水平也存在差别，
其中墨西哥移民最低，平均每年约 1.9 万美元；中美洲移民平均每年约 2 万美元；
南美洲移民最多，平均每年约 2.5 万美元。由于所占的比例相对较大，拉美与加
勒比地区的汇款收入往往对旅店、餐饮服务业、建筑及房地产业等领域收入变化
非常敏感。[②] 因此，东道国（如美国、西班牙）不同行业部门的波动对不同国家
的汇款收入产生了不同影响。

第三节　移民汇款对拉美与加勒比地区经济发展的影响

一、对经济增长和外汇的影响

无论是汇款总量、人均汇款（每人每年约 90 美元）、汇款对外部资金总量
的贡献（大约 40%），还是占本地区 GDP 的比例（2% 左右，约 500 亿美元），
汇款收入对于拉美与加勒比地区的经济都非常重要。[③]

21 世纪的头 10 年，在移民汇款等各种有利因素的综合作用之下，拉美与加
勒比地区的国际地位呈现快速上升态势。据联合国拉美与加勒比地区经济委员会
的统计，拉美的 GDP 从 2002 年的 1.86 万亿美元上升到 2012 年的 5.6 万亿美元，
2011 年人均 GDP 超过 8 500 美元；2012 年本地区 GDP 增长 3.1%，高于全球 2.2%
的增长预期；2013 年拉美地区经济增长 3.8%。[④]

[①] Bichaka Fayissa, Christian Nsiah, "Remittances and Economic Growth in Africa, Asia, and Latin American-Caribbean Countries: A Panel Unit Root and Panel Cointegration Analysis", *Department of Economics and Finance Working Paper Serie*s, June, 2011.

[②] Bichaka Fayissa, Christian Nsiah, "Remittances and Economic Growth in Africa, Asia, and Latin American-Caribbean Countries: A Panel Unit Root and Panel Cointegration Analysis", *Department of Economics and Finance Working Paper Serie*s, June, 2011.

[③] World Bank, *Migration & Remittances: Recent Developments and Outlook*, April 11, 2014. http://www.worldbank.org/migration.

[④] World Bank, *Migration & Remittances: Recent Developments and Outlook*, April 11, 2014. http://www.worldbank.org/migration.

从整个拉美与加勒比地区来看，移民汇款平均占 GDP 的 2% 左右。[①] 多米尼加超过 20% 的家庭有汇款收入，牙买加每人每年的汇款收入已接近 700 美元，墨西哥每年的汇款收入总量已超过 200 亿美元。表 2-2 显示的数据表明，汇款占 GDP 的比例最高的是圭亚那（25.5%），其次为海地（23.1%）。比例较高的国家还有洪都拉斯（21.7%）、牙买加（18.6）和萨尔瓦多（16.7%）。同样，尼加拉瓜、危地马拉和多米尼加的比例分别为 12.2%、9.6%、9.2%。但这些国家并不都是人均吸收移民汇款最多的国家，墨西哥、危地马拉、厄瓜多尔、巴巴多斯和格林纳达等国人均移民汇款都超过 100 美元。[②]

移民汇款是拉美与加勒比地区最重要的外汇来源之一，在规模上不仅可以和出口收入、FDI、旅游业收入等相媲美，而且已经远远超出本地区获得的 ODA。相较于 FDI 和 ODA，无论是从总量还是占 GDP 的比例来看，汇款收入都已成为拉美与加勒比地区外来资金的第二大重要来源。[③]

20 世纪 90 年代初以来，拉美与加勒比地区汇款收入一直稳步增长，同时 ODA 的总量也比较稳定，占 GDP 的比例却减少了。20 世纪 90 年代末至 21 世纪初，本地区的 FDI 萎靡不振，同一时期汇款收入一直稳步增长（无论是总量还是占 GDP 的比例）。多年以来移民汇款的增长速度都超过了 FDI 或 ODA。[④] 世界银行 2008 年统计显示，2005 年本地区的移民汇款为 500 亿美元，是 FDI 的 70% 左右，是 ODA 的 8 倍多。[⑤] 危地马拉的移民汇款比 FDI 多出 14 倍，洪都拉斯的移民汇款比 FDI 多出 4 倍，萨尔瓦多的移民汇款比 FDI 多出 3 倍，多米尼加的移民汇款比 FDI 多出 2 倍。厄瓜多尔和哥伦比亚汇款收入占 GDP 的比例低于很多中美洲和加勒比地区国家，其汇款收入分别相当于 FDI 的约 100% 和 200%。[⑥]

[①]　World Bank, *Migration & Remittances: Recent Developments and Outlook*, April 11, 2014. http://www.worldbank.org/migration.

[②]　World Bank, *Migration & Remittances: Recent Developments and Outlook*, April 11, 2014. http://www.worldbank.org/migration.

[③]　World Bank, *Global Economic Prospects 2006: Economic Implications of Remittances and Migration*, 2006.

[④]　World Bank, *Global Economic Prospects 2006: Economic Implications of Remittances and Migration*, 2006.

[⑤]　Bichaka Fayissa, Christian Nsiah, "Remittances and Economic Growth in Africa, Asia, and Latin American–Caribbean Countries: A Panel Unit Root and Panel Cointegration Analysis", *Department of Economics and Finance Working Paper Series*, June, 2011.

[⑥]　Garcia–Fuentes, Pablo A. & Kennedy, P. Lynn, "Remittances and economic growth in Latin America and the Caribbean: The Impact of the human capital development", Annual Meeting, January 31–February 3, 2009, Atlanta, Georgia 46751, Southern Agricultural Economics Association.

2004 年，拉美与加勒比地区移民汇款相当于出口总额的 10.2%，其中有 6 个国家的这一比例超过 50%。[1] 同时，拉美与加勒比地区半数以上的国家移民汇款都超过了 FDI 和旅游业收入，有些国家的移民汇款甚至是后两者的好几倍。在经济规模较小的国家，移民汇款的影响更大。一些国家的移民汇款已经取得了和出口一样重要的地位。例如，流入萨尔瓦多的移民汇款甚至超过总出口；多米尼加和尼加拉瓜的移民汇款总额也超过出口的 50%；甚至在墨西哥这样的大国，移民汇款也相当于其出口的 10%。[2]

二、对贫困和收入差距的影响

（一）对减贫的影响

1. 总体减贫效果不十分明显

如前所述，原则上移民汇款将有助于降低贫困水平。毕竟，移民汇款能提高收入水平，在大多数情况下多少都会对贫困产生影响。在拉美与加勒比地区，移民汇款对贫困的影响程度到底如何，是一个值得分析的问题。

2003—2013 年拉美与加勒比地区 7300 万人口实现脱贫，中产阶级增加了 50%，增加 5 000 余万人。[3] 全世界的收入分配不公现象越来越严重时，拉美与加勒比地区的收入分配不公现象却出现 40 年来的首次大幅减少。按照每人每天 1 美元和 2 美元贫困线标准（按购买力平价 PPP 计算），将本地区的贫困分为"极端"和"中度"2 种贫困状态。[4] 用这个方法来衡量，汇款导致贫困人口大幅减少，尤其是在那些移民主要来自于贫困阶层的国家，其中墨西哥、萨尔瓦多和多米尼加最为典型，其极端贫困减少超过 35%，中度贫困减少 19% 左右。[5]

① World Bank, *Global Economic Prospects 2006: Economic Implications of Remittances and Migration*, 2006.

② World Bank, *Migration and Development Brief 12*, 2010. http://siteresources.worldbank.org/Introspects/ Resources/334934–1288990760745/Migration and DevelopmentBrief12_Diaspora Savings.pdf.

③ World Bank, *Migration & Remittances: Recent Developments and Outlook*, April 11, 2014, http://www. worldbank.org/migration.

④ Pablo Fajnzylber, J. Humberto López, *Remittances and Development Lessons from Latin America*, the International Bank for Reconstruction and Development /World Bank, 2008.

⑤ Pablo Fajnzylber, J. Humberto López, *Remittances and Development Lessons from Latin America*, the International Bank for Reconstruction and Development /World Bank, 2008.

在多米尼加和尼加拉瓜，可能是家庭成员出国后未找到工作或报酬很低等原因，移民汇款还不足以弥补一些非常贫困的家庭为出国而付出的成本。根据前述拉美与加勒比地区11个国家汇款收入与占GDP的比例的平均估算结果，移民汇款对贫困的影响大致是汇款收入占GDP的比例每增加1%，中度贫困和极端贫困将分别减少0.37%和0.29%。[①]

有趣的是，本地区移民汇款缩小贫富差距和减少贫困人口效果最好的并不一定是那些收款者集中在低收入群体的国家。如萨尔瓦多、危地马拉、墨西哥和巴拉圭，其收款者往往比其他人群受教育程度更低，汇款的分配比总收入分配更平等。[②]我们只在萨尔瓦多和危地马拉发现移民汇款显著减少收入差距和贫困人口。而在海地和洪都拉斯，汇款收入似乎对减少贫困人口和收入差距起到了作用，但是其收款人多为受教育程度较高的富裕人群，移民汇款的分配比总收入分配更不公。[③]上述4个国家都是汇款收入占GDP的比例最高的几个国家。这说明无论是总量规模还是占GDP的比例，并不会必然导致移民汇款在减贫和缩小收入差距方面的效果出现显著变化。

2. 家庭层面的影响更为显著

移民汇款对贫困的总体影响很有限，对收款家庭的影响更大。拉美与加勒比地区的移民汇款主要用于消费，进入储蓄和投资领域的还很少。例如：多米尼加、海地、尼加拉瓜、哥斯达黎加和秘鲁的移民汇款只有不到18%用于储蓄，[④]用于投资的就更少。相比较而言，移民汇款以投资为目的支付比例不到5%；而

[①] Pablo Fajnzylber, J. Humberto López, *Remittances and Development Lessons from Latin America*, the International Bank for Reconstruction and Development / World Bank, 2008.

[②] Mona Serageldin, Yves Cabannes, Elda Solloso, Luis Valenzuela, "Migratory Flows, Poverty and Social Inclusion in Latin America", World Bank Urban Research Symposium, World Urban Forum of Barcelona, September 13-17, 2004；Pablo Acosta, Cesar Calderón, Pablo Fajnzylber, J. Humberto López, "Do Remittances Lower Poverty Levels in Latin America? ", Pablo Fajnzylber and J. Humberto López(eds.), *Remittances and Development: Lessons from Latin America,* Washington DC: World Bank, 2008, pp.87-132.

[③] Pablo Acosta, Cesar Calderón, Pablo Fajnzylber, J. Humberto López, "Do Remittances Lower Poverty Levels in Latin America? ", Pablo Fajnzylber and J. Humberto López(eds.), *Remittances and Development: Lessons from Latin America,* Washington DC: World Bank, 2008, pp.87-132.

[④] Pablo Acosta, Cesar Calderón, Pablo Fajnzylber, J. Humberto López, "Do Remittances Lower Poverty Levels in Latin America? ", Pablo Fajnzylber and J. Humberto López(eds.), *Remittances and Development: Lessons from Latin America,* Washington DC: World Bank, 2008, pp.87-132.

移民汇款的收款人投资的比例则相对更高，在 10% 左右。[①]

收款家庭在移民之前最初的贫困率比其他家庭更高。例如：秘鲁和尼加拉瓜在没有移民的状态下中度贫困水平分别为 15% 和 22% 左右，但只考虑收款家庭时，分别只有 1% 和 12%。[②] 其他国家，包括海地、多米尼加和洪都拉斯，收款家庭收入水平一般都比普通家庭更高。如果不将非收款家庭计算在内，移民汇款对贫困的影响要大得多。极端贫困减少幅度最大的是海地和危地马拉，相比在没有移民的情况下，贫困率分别要低 15% 和 10.7%。同样，在海地、危地马拉、玻利维亚、洪都拉斯和厄瓜多尔，中度贫困减少了 10% 到 17%。[③] 相比之下，在墨西哥和多米尼加，即使是收款家庭，汇款收入的减贫作用也非常有限，甚至有时会轻微增加贫困程度。

3. 减贫的地区特点

第一，虽然本地区移民汇款具有一定的减贫作用，但是在不同国家、不同贫困群体、不同层面（如国家层面和家庭层面），其作用也不同。一方面，移民汇款分配本身存在不公平。例如：在墨西哥、萨尔瓦多和巴拉圭等国，移民汇款主要流向低收入家庭，但其减贫作用并不显著；在尼加拉瓜、秘鲁和海地，移民汇款更多流入中等收入家庭，其减贫作用更弱。另一方面，虽然其总体减贫作用并非十分显著，但是对家庭贫困的影响相对比较突出。

第二，由于可以直接进入贫困家庭和社区，移民汇款已经成为影响拉美与加勒比地区减少贫困和缩小收入差距的重要资源。一方面，移民通过汇款改善了家人的生活条件。如收入达到人均 GDP 水平的普通家庭在拉美与加勒比地区还不到 20%，而收款家庭通常会达到甚至超过人均 GDP 水平。另一方面，移民汇款通过地域分布差异对减少贫困人口和收入差距产生了不同影响。

第三，本地区移民主要来自农村，移民汇款也主要流往农村，因此增加了

---

① Pablo Acosta, Cesar Calderón, Pablo Fajnzylber, J. Humberto López, "Do Remittances Lower Poverty Levels in Latin America? ", Pablo Fajnzylber and J. Humberto López(eds.), *Remittances and Development: Lessons from Latin America,* Washington DC: World Bank, 2008, pp.87-132.

② Pablo Acosta, Cesar Calderón, Pablo Fajnzylber, J. Humberto López, "Do Remittances Lower Poverty Levels in Latin America? ", Pablo Fajnzylber and J. Humberto López(eds.), *Remittances and Development: Lessons from Latin America,* Washington DC: World Bank, 2008, pp.87-132.

③ Pablo Acosta, Cesar Calderón, Pablo Fajnzylber, J. Humberto López, "Do Remittances Lower Poverty Levels in Latin America? ", Pablo Fajnzylber and J. Humberto López(eds.), *Remittances and Development: Lessons from Latin America,* Washington DC: World Bank, 2008, pp.87-132.

农村贫困家庭的收入。至少 30% 移民汇款流入贫困人口集中的农村地区，因此移民汇款的积极后果之一就是数以百万计的家庭由此摆脱了贫困。就整个地区而言，移民汇款占 GDP 的比例每增加 1%，贫困率就会减少 0.4%。超过 75% 的墨西哥移民来自 10 个农村州，吸收移民汇款排名前十的州占了全国移民汇款的 2/3。[①] 萨尔瓦多国际移民也大多来自生活条件最差、基础设施缺乏的农村地区。

（二）对收入分配的影响

移民汇款对收入分配的影响在本地区各国之间存在明显差异。

1. 各国收款家庭在全国家庭总量之中的比例存在显著差异

最多的达 25%，最少的只有 3%，即 2001 年海地超过 25%，而同时秘鲁只有 3%。介于两者之间的多米尼加、萨尔瓦多、尼加拉瓜和洪都拉斯在 10%—25%，墨西哥和危地马拉在 5%—10%，玻利维亚、厄瓜多尔和巴拉圭在 3%—5%。[②]

2. 社会经济背景各不相同，国家之间移民汇款的影响存在显著差异

例如：墨西哥的收款家庭主要是穷人，61% 的收款家庭处于最低收入阶层，只有 4% 处在最高收入阶层。同样，巴拉圭的收款家庭有 42% 处于最底层，只有 8% 在最顶层。收款者至少 30% 在收入最底层的国家还有厄瓜多尔、萨尔瓦多和危地马拉。[③] 相反，秘鲁和尼加拉瓜的收款家庭的分布则完全不同。例如：秘鲁只有不到 6% 的收款家庭属于最低收入阶层，而属于最高收入阶层的却有 40%；尼加拉瓜也相似，其收款家庭只有 12% 在收入最低阶层，而有 33% 处于收入最高阶层。因此，这 2 个国家的移民汇款流向了最富有的阶层。介于上述 2 种情况之间的（即一种是墨西哥、巴拉圭、厄瓜多尔、萨尔瓦多、危地马拉，另一种则是秘鲁和尼加拉瓜）有 4 个国家，分别是玻利维亚、洪都拉斯、多米尼加和海地，其收款家庭在收入的最低阶层和最高阶层的比例相近，呈现出 U 形的分布

---

① Pablo Acosta, Cesar Calderón, Pablo Fajnzylber, J. Humberto López, "Do Remittances Lower Poverty Levels in Latin America? ", Pablo Fajnzylber and J. Humberto López(eds.), *Remittances and Development: Lessons from Latin America,* Washington DC: World Bank, 2008, pp.87–132.

② Pablo Acosta, Cesar Calderón, Pablo Fajnzylber, J. Humberto López, "Do Remittances Lower Poverty Levels in Latin America? ", Pablo Fajnzylber and J. Humberto López(eds.), *Remittances and Development: Lessons from Latin America,* Washington DC: World Bank, 2008, pp.87–132.

③ Pablo Acosta, Cesar Calderón, Pablo Fajnzylber, J. Humberto López, "Do Remittances Lower Poverty Levels in Latin America? ", Pablo Fajnzylber and J. Humberto López(eds.), *Remittances and Development: Lessons from Latin America,* Washington DC: World Bank, 2008, pp.87–132.

形态，即汇款以相同的比例（超过20%）流向最贫困和最富有的家庭，而在中间3个阶层更少一些（低于20%）。[①]

3. 汇款收入分配不平衡

墨西哥、萨尔瓦多、危地马拉和巴拉圭汇款的分配比各国总的收入分配更平衡一些，如最贫困的60%的家庭占汇款收入的41%，大于他们占总收入的比例（29%）。在其他7个国家则更不平衡，如最贫困的60%的家庭仅占汇款收入的16%，少于其占总收入的比例（26%）。[②] 这些统计显示，移民汇款对整个地区不同国家收入差距和贫困产生的影响差别很大。

当我们在总收入（包括汇款在内）的基础上分析收款人的经济地位时，这种情况发生了很大的变化：所有国家处于最低收入阶层的收款人比例急剧下降，墨西哥、巴拉圭和萨尔瓦多分别有50%、40%和34%。[③] 在秘鲁，超过75%的收款人现在都集中在收入分配最高的2个阶层。尼加拉瓜也与此类似，超过60%的收款家庭集中在2个最高收入阶层。[④]

4. 各国移民家庭汇款收入差别大

其中，多米尼加、墨西哥和洪都拉斯的汇款收入每户每年近900美元。尼加拉瓜和海地要少得多：尼加拉瓜移民家庭的汇款收入仅有每户每年120美元左右；海地191美元上下。其余国家情况：秘鲁和厄瓜多尔每户每年约600美元和700美元，萨尔瓦多约430美元，危地马拉和巴拉圭在200—400美元。[⑤]

5. 各国收款家庭的汇款收入在不同收入阶层的分配比例差别大

以墨西哥、海地、巴拉圭和玻利维亚为例，最高收入阶层和最低收入阶层的汇款在收入中的比例相差大约只有10%。在这些国家，贫困家庭和富裕家庭移民汇款占收入的比例非常接近。另一个极端是危地马拉和萨尔瓦多，最高收入阶层

---

① Sergio Castello, Chris Boike, "Microfinance and Small Economies: Leveraging Remittances in Latin America and the Caribbean", *Journal of Business and Economics,* Vol.2, No.5, May 2011, pp.371–381.

② Sergio Castello, Chris Boike, "Microfinance and Small Economies: Leveraging Remittances in Latin America and the Caribbean", *Journal of Business and Economics,* Vol.2, No.5, May 2011, pp.371–381.

③ Sergio Castello, Chris Boike, "Microfinance and Small Economies: Leveraging Remittances in Latin America and the Caribbean", *Journal of Business and Economics,* Vol.2, No.5, May 2011, pp.371–381.

④ Sergio Castello, Chris Boike, "Microfinance and Small Economies: Leveraging Remittances in Latin America and the Caribbean", *Journal of Business and Economics,* Vol.2, No.5, May 2011, pp.371–381.

⑤ Sergio Castello, Chris Boike, "Microfinance and Small Economies: Leveraging Remittances in Latin America and the Caribbean", *Journal of Business and Economics,* Vol.2, No.5, May 2011, pp.371–381.

汇款占收入的比例分别为 63% 和 55%，但在最低收入阶层均只有不足 20%。同样，在秘鲁和尼加拉瓜，最高和最低收入阶层之间汇款占收入的比例相差 50%。洪都拉斯和厄瓜多尔介于上述 2 种情况之间，相差约 30%。[1]

如上所述，拉美与加勒比地区的移民汇款分配本身非常不公平（不少国家的移民汇款集中到了相对富裕的家庭），除了尼加拉瓜和秘鲁，移民汇款的分配比非汇款收入分配更公平一些。虽然本地区收款人更多地处于较富裕的收入阶层（唯一的例外是墨西哥），但是相对于较富裕的家庭而言，移民汇款占较贫困的收款家庭收入的比例更高。这并不意味着移民汇款对收入分配具有积极效果。拉美与加勒比地区移民来自不同的收入阶层，差别很大，部分国家的移民家庭主要来自低收入阶层，如墨西哥和巴拉圭；其他国家则相反，如海地、秘鲁和尼加拉瓜。因此，本地区不同国家的移民汇款对贫困和收入差距的影响也是不同的。

事实上，除墨西哥、萨尔瓦多、巴拉圭和危地马拉以外，较富裕阶层的汇款在家庭收入中的比例更大。如海地，最低收入阶层的家庭几乎 25% 的收入来自汇款，最高和第二高收入阶层的收入则分别只有 5% 和 10% 来自汇款。多米尼加和洪都拉斯也存在这样大的差异，其最富有阶层收入分别有 11% 和 8% 来自汇款，而最贫困的最低收入阶层平均分别为 5% 和 3%。[2] 从每个收入阶层占总收入和总汇款的比例来看，本地区不仅汇款分配相当不公平，而且比总收入更不公平。3 个最低收入阶层（最贫困的 60% 人口）平均只占移民汇款的 1/4，而最高收入阶层（最富有的 20% 人口）平均却占 54%；同时，最富有的收入阶层占家庭总收入的 51%，这表明汇款的分配比总收入的分配更不公平。[3] 即本地区移民汇款主要集中在富裕阶层，移民汇款对收入分配产生的是一种负面影响，即扩大了收入差距。

---

[1] Sergio Castello, Chris Boike, "Microfinance and Small Economies: Leveraging Remittances in Latin America and the Caribbean", *Journal of Business and Economics,* Vol.2, No.5, May 2011, pp.371–381.

[2] Sergio Castello, Chris Boike, "Microfinance and Small Economies: Leveraging Remittances in Latin America and the Caribbean", *Journal of Business and Economics,* Vol.2, No.5, May 2011, pp.371–381.

[3] Sergio Castello, Chris Boike, "Microfinance and Small Economies: Leveraging Remittances in Latin America and the Caribbean", *Journal of Business and Economics,* Vol.2, No.5, May 2011, pp.371–381.

三、与经济增长的关系

虽然众多学者对移民汇款和经济增长的关系褒贬不一，不少人都持怀疑观点，但是少有人质疑移民汇款对拉美与加勒比地区经济增长的积极作用。如Fayissa 和 Nsiah 利用 1980—2005 年 18 个拉美国家的面板数据研究移民汇款和经济增长之间的长期关系，结果表明，就长期而言，移民汇款对经济增长产生显著的积极影响。[①] 为了研究汇款和经济增长之间的关系，Solimano 曾评估汇款在1987—2002 年对哥伦比亚和厄瓜多尔经济增长的影响。[②] 研究认为，移民汇款对哥伦比亚的经济增长产生了显著的积极影响，但这种关系在厄瓜多尔并不显著。Mundaca 也评估过中美洲国家及墨西哥和多米尼加 1970—2003 年的移民汇款对经济增长的影响。[③] 她发现汇款促进了本地区的经济增长，银行在信贷市场参与越多，移民汇款对经济增长的影响就越大。Mishra 对拉美与加勒比地区 13 个国家的研究也发现，移民汇款占 GDP 的比例每增加 1%，拉美与加勒比地区私人投资占 GDP 的比例就增加 0.6%，从而促进了经济增长。[④]

此外，移民汇款对经济增长的影响还体现在移民汇款对带动国民经济发展的乘数效应和逆周期效应显著（墨西哥除外）。拉美与加勒比地区移民汇款的乘数效应可达 4 美元，即每 1 美元的移民汇款在当地会产生 4 美元的商品和服务需求。[⑤] 同样，移民汇款的"逆周期"特性显示，即使在全球经济处于衰退时期，由美国流向拉美与加勒比地区的移民汇款不减反增。2001—2002 年美国拉美与加勒比地区移民的失业率由 6.3% 上升到 7.3%，2003 年甚至上升到 8.3%，但这一时期移民汇款照常流入，有些国家甚至比以前更多，有助于克服经济发展的脆弱性和缓解金融危机的冲击。

[①] Bichaka Fayissa, Christian Nsiah, "Remittances and Economic Growth in Africa, Asia, and Latin American–Caribbean Countries: A Panel Unit Root and Panel Cointegration Analysis", *Department of Economics and Finance Working Paper Serie*s, June, 2011.

[②] Andrés Solimano, "Workers Remittances to the Andean Region: Mechanisms, Costs and Development Impact", Paper prepared for the Multilateral Investment Fund–IDB's Conference on Remittances and Development, Quito Ecuador, May, 2003.

[③] Mundaca, B. G, "Remittances, Financial Market Development, and Economic Growth: the Case of Latin America and the Caribbean", *Review of Development Economics*, Vol.13, No.2, 2009, pp. 288–303.

[④] Prachi Mishra, "Macroeconomic Impact of Remittances in the Caribbean", Unpublished paper,Washington DC: IMF, 2005.

[⑤] World Bank, *Global Economic Prospects 2006: Economic Implications of Remittances and Migration*, 2006.

第四节　拉美与加勒比地区国际移民及移民汇款相关政策措施

一、区域性制度安排

（一）《安第斯劳务移民文书》

该文书于 2003 年通过，规定允许成员国（玻利维亚、哥伦比亚、厄瓜多尔、秘鲁和委内瑞拉）以就业为目的的公民进行自由流动和临时居住。人员的自由流动是逐步形成安第斯共同市场的条件之一。[①]

（二）加勒比共同体和共同市场（CARICOM）

安提瓜和巴布达、巴哈马、巴巴多斯、伯利兹、多米尼加、格林纳达、圭亚那、海地、牙买加、蒙特塞拉特、圣基茨和尼维斯、圣卢西亚、圣文森特和格林纳丁斯、苏里南、特立尼达和多巴哥等加勒比共同体的成员国和地区在 1989 年签署了一项宣言，允许成员国的公民自由流动。在大学毕业生、新闻媒体工作者、音乐家、艺术家和体育运动员等群体中，对共同体公民规定的工作许可已逐渐消除。2002 年，成员国同意到 2005 年底之前将自由流动的范围扩展到自雇服务提供商、企业家、经理、技术和监督人员、配偶和家属成员。[②]

《加勒比共同体社会保障协议》的目的旨在使成员国的社会保障立法保持和谐一致。它明显地参照了《国际劳工组织公约》，以移民到另一国后待遇平等、维护既得权利或将要获得的权利，以及保护和维护这些权利等 3 项基本原则为基础。这项协议大体上是以国际劳工组织第 167 号建议书为基础的。已有 13 个成员国签署和批准了这一协议，同时已有 12 个成员国起草了赋予这项协议法律效力的国家法律。

---

① 安第斯共同体总秘书处，http://www.comunidadandina.org/ingles/treaties/dec/D545e.htm.

② ILO, "Towards a Fair Deal for Migrant Workers in the Global Economy", International Labour Conference, 92nd Session, Geneva, 2004.

（三）中美洲和北美洲地区移民会议（"普埃布拉进程"）

"普埃布拉进程"是一项旨在就移民问题采取多边措施的倡议。它承认各种因素在母国和目的国的相互作用，并强调人权对所有移民的重要性。该进程的成员国包括伯利兹、加拿大、哥斯达黎加、多米尼加、萨尔瓦多、危地马拉、洪都拉斯、墨西哥、尼加拉瓜、巴拿马和美国。"普埃布拉进程"在专家研讨会和全体会议上强调了对移民的保护问题，并同与会国的民间社会团体组织展开对话。然而，劳务移民问题迄今还没有成为一个焦点问题。

（四）德尔苏尔共同市场（MERCOSUR）

德尔苏尔共同市场起初将劳动力自由流动限制在 4 个成员国（阿根廷、巴西、乌拉圭、巴拉圭）之间的边境地区。1997 年《社会保障多边协议》赋予在任何一个成员国工作的工人享有同当地工人同等的权利和义务。2000 年签署的一项协议又许可拥有其他成员国国籍的艺术家、教授、科学家、运动员、新闻记者、专业人员和专门技术人员有权在任何一个成员国居住和工作一定的时间。为成员国和协作国（玻利维亚和智利）国民缔结的地区协议（2002 年）准许 6 个国家中的任何一个国家的国民在其他 5 个国家的领土上居住，并允许他们从事同当地公民同等条件的任何经济活动。

2004 年阿根廷采取单方面决定，不再驱逐拥有邻国国籍的非正规移民，巴西紧随其后采取了同样的做法。这项决定后来扩展适用到了秘鲁和其他国家国民身上。在德尔苏尔共同市场框架下开展的快速一体化进程中，采取这一决定的合理性是显而易见的，其主要目标是要建立一个包括商品、服务和生产要素在成员国之间自由流动的共同市场。①

（五）南美洲移民会议（"利马进程"）

参与"利马进程"的国家有阿根廷、玻利维亚、巴西、哥伦比亚、智利、厄瓜多尔、巴拉圭、秘鲁、乌拉圭和委内瑞拉。在《基多宣言》中，成员国一致同意制定移民战略和地区计划，以便促进移民及其家庭成员的人权；加强本地区移民流动的管理以及制定单边和双边的规定；促进同在国外的本国国民之间的联

---

① ILO, "Towards a Fair Deal for Migrant Workers in the Global Economy", International Labour Conference, 92nd Session, Geneva, 2004.

系；加强网络建设并确认更加安全和便宜的汇款方式；促进移民工人在工作场所的融合；促使移民信息、行政管理和立法制度更加协调一致。

（六）联合国、拉美与加勒比地区经济委员会（ECLAC）

拉美与加勒比地区经济委员会下设的拉美与加勒比地区人口中心（CELADE）强烈建议本地区各国收集关于出生地、移民年份、5 年前的居住地等人口普查数据。CELADE 的主要研究计划之一是始于 20 世纪 70 年代的拉美地区国际移民调查研究项目，目的是建立从人口普查中得到的移民人口主要特征的信息数据库。该 MIALC 数据库拥有非本国人口的各类信息，按其来源国、性别、年龄、抵达本国的时间、婚姻状况、受教育水平、经济特征、女性拥有子女的平均数量等分类。CELADE 还建成了安第斯共同体成员国国际移民信息网，对本地区的国际移民方式和趋势进行研究，重点是移民在输入国和输出国的个人特征。

二、部分国家移民及汇款相关政策措施

哥斯达黎加的国家人口统计局（Instituto Nacional de EstadÌsticay Censos）开展年度综合家庭调查，包括出生国家、到达年份、5 年前的居住情况等问题，还有与汇款有关的一些问题。哥斯达黎加通过劳工问题高级委员会的努力，使社会伙伴同意通过一项关于移民工人、劳动力灵活性、就业政策和非正规经济就业问题的共同战略议程。一项关于移民劳工问题的政策声明承认移民工人对国家经济和社会发展的贡献。①

哥斯达黎加家政工人协会（ASTRADOMES）有许多来自尼加拉瓜、萨尔瓦多、危地马拉和洪都拉斯的女性移民工人会员。它提供有关劳动和社会事务方面的信息和帮助，举办有关劳工权利和其他专题的培训，倡导提高劳动法律对家政工人的覆盖范围，还为解聘人员提供临时住所。

1997 年，作为尼加拉瓜与哥斯达黎加两国双边会议的一项成果，哥斯达黎加向某些工作类别的尼加拉瓜移民工人提供了临时工作许可证。这些工作类别是

---

① ILO, "Towards a Fair Deal for Migrant Workers in the Global Economy", International Labour Conference, 92nd Session, Geneva, 2004.

经劳工部确认的工人短缺行业，尤其是在咖啡豆和甘蔗收获季节时的农业岗位。许可证发放给那些同时已取得尼加拉瓜领事馆签发的身份文件的人员，包括那些非正规身份人员。另外，作为 1998 年中美洲总统会议的一项成果，也是为团结受飓风影响的国家，哥斯达黎加向居住和工作在这个国家的近 14 万没有正规身份的移民实行了大赦，[①] 主要目的是使那些生活在该国的没有正规身份的中美洲国民实现合法化和拥有证明文件，并向他们提供永久居留权和将延期一年的工作许可证延期两年。

哥伦比亚国家法律要求提供给本国工人的境外就业合同应由劳工部验证。只有在合同条款符合国家劳动法的情况下才可办理移民出关手续。厄瓜多尔团结银行也一直在稳步地同其移民工人所在的主要目的国的银行进行合作，以便促进他们的汇款流向国内。

第五节　拉美与加勒比地区移民汇款促进经济发展面临的主要挑战

一、移民汇款过于依赖美国

由于移民汇款集中来源于美国，美国的经济波动对拉美与加勒比地区的汇款收入产生显著影响。本地区唯一的例外是玻利维亚，其移民汇款主要来自西班牙。美国经济的积极表现往往会增加拉美与加勒比地区的移民汇款流入，移民来源国经济的积极表现则往往会减少汇款流入。即美国经济表现良好时移民就会汇出更多的资金，而移民来源经济获得较快发展时流入的移民汇款则会减少。

此外，来自不同国家的移民在美国所从事的行业不同，因而不同行业对其移民汇款的影响也有差别。对移民汇款影响最显著的行业是美国的酒店业和餐饮服务业以及建筑业和房地产。在美国酒店业和餐饮服务业发展最好时，流入拉美与加勒比地区的移民汇款往往增幅也最大，同时美国建筑业和房地产的迅速发展也会显著增加本地区大多数国家的汇款收入（玻利维亚除外）。由于萨尔瓦多和危

---

① ILO, "Towards a Fair Deal for Migrant Workers in the Global Economy", International Labour Conference, 92nd Session, Geneva, 2004.

地马拉的移民多集中在其他服务业,其他服务业的收入增长趋势对流入萨尔瓦多和危地马拉的移民汇款产生积极影响。美国农业和采矿业收入的变化只对流入玻利维亚的汇款产生影响。因此,拉美与加勒比地区收款国要留意美国的这些经济变动,以准确预测移民汇款的变化。如上所述,由于某一特定国家的移民人口往往集中在一个或一些特定的行业,也应该监测特定经济部门的一些指标变化,以预测未来移民汇款的演变。

二、宏观经济环境需要改善

拉美与加勒比地区经济发展方式缺乏可持续性,贫困、有组织犯罪等社会问题仍未根除,快速城市化、粮食生产、生态环境保护等方面的问题日益突出。本地区一体化出现"五驾马车"并存——拉美与加勒比国家共同体、南方共同市场、美洲玻利瓦尔联盟、太平洋联盟和加勒比共同体。组织之间微妙的"竞争"关系不利于国家实现持久和平与共同繁荣,容易引发对经济增长、通货膨胀、公共投资、劳动力市场、ODA、引进外资、金融发展等不利的诸多因素。这样一来,即使拥有大量的移民汇款,对于不同国家、不同时期、不同领域、不同的社会经济,移民汇款有可能影响很小,也有可能产生负面影响。除了采取适当的政策加强对汇款市场的监管,鼓励竞争促使资费下降,提高移民汇款数额,更好地规划移民汇款的使用,促进对移民来源国金融业的积极影响外,本地区国家还要进行政策改革,注意输出人员的技术培训教育,更好地为国家的发展服务。

第三章　南亚移民汇款及其对经济发展的影响

第一节　南亚国际移民概况

一、历史回顾

从历史上看，南亚国际移民分为 3 类：一是到欧洲、大洋洲和美洲的永久移民，包括在 20 世纪 50、60 年代迁入工业化国家（特别是西方发达国家）的移民和永久居民，大多是具备专业资格的人士，如医生、学者和工程师。二是到中东地区国家和东南亚国家的合同劳工，包括短期的半熟练或不熟练工人（劳工移民）。三是南亚区域内部的跨境季节性劳工，主要是不熟练劳工移民。[①]

南亚国际移民以第二类移民为主。移民汇款主要来自这类移民。在 20 世纪 70 年代，油价飙升导致中东地区国家大量投资基础设施建设，第二类移民大量增加。这类移民主要集中在中东地区产油国，如沙特阿拉伯、阿联酋、科威特、卡塔尔、阿曼、伊拉克和利比亚。20 世纪 80 年代中期以后，这类移民的迁移目的国扩大到东亚和东南亚新兴工业化国家，如韩国、马来西亚和新加坡等。目前有超过 100 万斯里兰卡人在国外务工。[②]2000—2010 年，共有 240 万移民离开斯里兰卡，年均增长率为 3%；然而，由于受金融危机的影响，2009 年移民人数减少了 4%。[③] 卡塔尔、沙特阿拉伯、马来西亚和阿联酋等主要目的国 2009 年吸收

[①] IFAD, *Sending Money Home to Asia Trends and Opportunities in the World's Largest Remittance Marketplace*, December 2014, p.8.

[②] IFAD, *Sending Money Home to Asia Trends and Opportunities in the World's Largest Remittance Marketplace*, December 2014, p.8.

[③] World Bank, *Migration and Remittances Fact Book*, 2011.World Bank, *World Development Indicators*, 2011.

了斯里兰卡国际移民总数的 82%。[①]

　　过去几十年来南亚国家形成了发达的国际劳工移民招募中介产业，向申请者收取高昂的中介费用。有些申请者为了实现出国的梦想不惜倾其一生积蓄，甚至接受蛇头的高利贷。[②]政府对中介机构缺乏必要的监管，导致地下中介活动猖獗。对许多劳工没有进行合法、正规的登记，对劳工的性别、技术和数量没有正式数据资料，但可以肯定实际数据远远大于官方统计。[③]

　　全球金融危机在 2009 年对南亚国际移民造成一定影响，其移民迁出数量比 2008 年减少了 30%。[④]然而，金融危机并没有从根本上改变南亚的国际移民趋势，迁出移民的数量依然大大超过回国移民的数量。卡塔尔、阿联酋、沙特阿拉伯等国在高油价时期所积累的大量储备使其在金融危机期间还有足够的资金进行基础设施建设，因此其经济发展受金融危机的影响较小，对外来移民的需求依然十分巨大。

　　2010 年南亚国际移民存量为 2 670 万，占其总人口的 1.6%。排名前五的移民国家为印度、孟加拉国、巴基斯坦、阿富汗和斯里兰卡，主要移民目的国为高收入的经合组织国家（23.6%）、高收入的非经合组织国家（34.2%）、本区域内国家（28.2%）和其他发展中国家（9.4%），另有 4.6% 去向不明。[⑤]排名前五的移民走廊为孟加拉国—印度、阿富汗—伊朗、印度—美国、印度—沙特阿拉伯、印度—阿联酋。至于技术移民，2000 年大专学历以上的移民率排名前五的国家为斯里兰卡（29.7%）、阿富汗（23.3%）、巴基斯坦（12.6%）、尼泊尔（5.3%）和孟加拉国（4.3%）。2000 年有 76 517 名在本国接受培训的南亚医生移民海外，占其总量的 10.6%。[⑥]

　　南亚国际移民近 80% 都集中在 4 个海湾国家，即阿联酋、沙特阿拉伯、卡塔尔和阿曼。[⑦]具体分布情况如图 3-1 所示。在东南亚和东亚地区的工业化国家

---

① IFAD, *Sending Money Home to Asia Trends and Opportunities in the World's Largest Remittance Marketplace*, December 2014, p.8.

② Mayumi Ozaki, "Worker Migration and Remittances in South Asia", *South Asia Working Paper Series*, No. 12, 2012 .

③ World Bank, *World Development Indicators*, 2011.

④ World Bank, *Migration and Remittances Fact Book*, 2011. World Bank, *World Development Indicators*, 2011.

⑤ World Bank, *Migration and Remittances Fact Book*, 2011. World Bank, *World Development Indicators*, 2011.

⑥ World Bank, *Migration and Remittances Fact Book*, 2011. World Bank, *World Development Indicators*, 2011.

⑦ World Bank, *Migration and Remittances Fact Book*, 2011. World Bank, *World Development Indicators*, 2011.

受全球金融危机的影响较为严重的情况下，南亚移民高度集中于海湾国家的现象将会持续相当一段时期。因此，在一段时期之内，南亚移民在上述海湾国家受到的金融危机冲击也很有限。

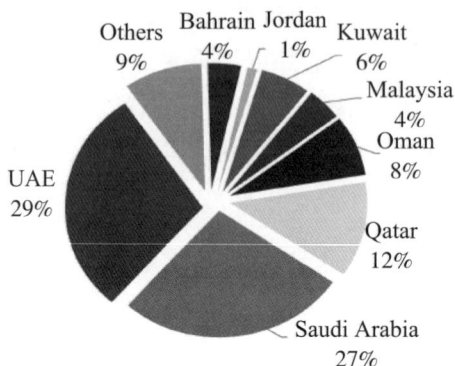

图 3-1　2009 年南亚国际移民主要目的国结构图

资料来源：Mayumi Ozaki, "Worker Migration and Remittances in South Asia", *Asian Development Bank*, *South Asia Working Paper Series*, No. 12, 2012.

注：UAE 是阿联酋。

二、主要特点

（一）海湾国家是首选目的国

20 世纪 70 年代印度向海湾国家输出的劳工移民开始迅速增加。1979—1982 年，印度年均向海湾国家输送劳工移民 234 064 人，1983—1990 年下降到了 155 401 人。[1]1990 年海湾战争致使 160 000 名印度劳工返回印度。1992—2001 年，印度向海湾国家输出移民 360 000 人。[2]

---

[1]　Asian Development Bank, "Brain Drain Versuas Brain Gain: the Study of Remittances In Southeast Asia and Promoting Knowledge Exchange Through Dialogue", Fourth Coordination Meeting On International Migration, Population Division Department of Economic and Social Affairs, United Nations Secretariat New York, 26–27 October, 2005.

[2]　Asian Development Bank, "Brain Drain Versuas Brain Gain: the Study of Remittances In Southeast Asia and Promoting Knowledge Exchange Through Dialogue", Fourth Coordination Meeting On International Migration, Population Division Department of Economic and Social Affairs, United Nations Secretariat New York, 26–27 October, 2005.

1950—2000 年，印度向美国、加拿大、澳大利亚和德国等工业化国家输出的专业人才（特别是 IT 人才）数量也呈持续上升趋势，从 20 世纪 50 年代年均 10 300 人增加到 20 世纪 90 年代年均 60 000 人。[①]

（二）年轻劳工是移民主体

来自南亚的国际移民以不熟练或半熟练工人居多，反映出各国国内缺乏相应的就业机会，或者出现了不熟练或半熟练工人的过剩。印度主要输出的劳工是技术工人，斯里兰卡输出的国际劳工以女性为主，巴基斯坦、孟加拉国和尼泊尔输出的劳工主要是一些非技术工人。南亚国家有 1/3 的人口年龄在 20 岁以下，其国际移民平均年龄在 20—35 岁，如孟加拉国的国际移民大部分（约 70%）不满 30 岁。[②]

（三）非正规移民盛行

来自南亚的许多移民通过非正规（无经营许可证）代理商、中间人、朋友或家庭关系出国。虽然这种通过非正规渠道移民的确切人数无法统计，但是估算数据表明，来自孟加拉国和印度的无证移民和有证移民数量一样多，来自尼泊尔的无证移民数量是有证移民的 5 倍。非正规移民往往是移民监管不足或监管要求过于复杂，以及对特定的社会群体（特别是女性移民）进行限制的结果。这些非正规渠道的移民比那些通过正规渠道的移民更脆弱，面临的风险更大。大多数非正规渠道移民往往都没有保险，很容易被置于恶劣的环境中劳动、扣发工资或者延长劳动时间，在生病、出现意外事故或提前终止劳动合同的情况下，缺乏任何保护手段。

（四）女性移民相对较少

来自孟加拉国、印度、尼泊尔的男性移民数量大大超过女性移民，而在斯

---

① Asian Development Bank, "Brain Drain Versuas Brain Gain: the Study of Remittances In Southeast Asia and Promoting Knowledge Exchange Through Dialogue", Fourth Coordination Meeting On International Migration, Population Division Department of Economic and Social Affairs, United Nations Secretariat New York, 26–27 October, 2005.

② Rashid Amjad, "Remittances and Development in South Asia", *South Asian Studies*, Vol.XIII, 2006, pp.204–215.

里兰卡，除了 2008 年以外，女性移民数量都多于男性。^①孟加拉国直到 2003 年仍禁止女性移民海外，尼泊尔直到 2008 年才允许妇女移民前往中东地区国家。2009 年，女性约占南亚移民总数的 15%。其中，在孟加拉国，女性约占移民总量的 6.5%；在印度和尼泊尔，女性占移民总量的 10%。与此形成鲜明对比的是，妇女占斯里兰卡出国移民总量的比例达到了 52%。^②

多数来自南亚的女性移民从事家务劳动和制造业。其中有一小部分也从事护士工作。她们大多是文盲或只有小学教育水平。尽管南亚各国政府已经采取政策积极支持女性移民，其实际执行效果还远远不到位。相比男性，在获得资源、信息和法律支持等方面，女性仍然处于不利地位。对于大多数女性而言，移民所需的成本高昂，而她们借钱的渠道十分有限。在尼泊尔，根据 2007 年《海外就业法》，女性需要有一个男性监护人或丈夫的书面许可才能申请移民。由于这些社会习俗或法律的限制，许多女性只得选择非正规渠道实现无证移民。

2006 年，孟加拉国政府出台了新的海外就业政策；2007 年，尼泊尔政府颁布了《国外就业法》。这些政策和法律标志着南亚国家政府开始承认女性移民权利的合法化，^③并承诺政府将保护和协助女性移民。基于新的海外就业政策，孟加拉国政府实施了一些配套措施，如女性移民培训计划等，以促进女性移民健康发展。

除了斯里兰卡外，南亚其余所有国家的移民政策对女性的限制比男性更严格。然而，由于在国内女性的经济机会十分有限且贫困率较高，越来越多的女性出国寻找工作。这意味着许多妇女不得不通过非正规渠道申请海外工作。在提出申请时以及在就业过程中，女性往往更加脆弱，面临着更大的风险。据估计，女性非正规移民的数量远远超过男性。许多南亚女性受聘为家庭佣工。由于工作场所的封闭性，这些女性更容易受到性骚扰或其他形式的虐待。虽然南亚一些国家与移民目的国签署了双边协议以保护本国移民，但是这些协议不能得到有效的实施。许多女性移民没有保险，很少有机会获得卫生健康保障、使用卫生设施，工资和休假都没有保障。

---

① Mayumi Ozaki, "Worker Migration and Remittances in South Asia", *South Asia Working Paper Series*, No. 12, 2012.

② Mayumi Ozaki, "Worker Migration and Remittances in South Asia", *South Asia Working Paper Series*, No. 12, 2012.

③ Mayumi Ozaki, "Worker Migration and Remittances in South Asia", *South Asia Working Paper Series*, No. 12, 2012.

第二节　南亚移民汇款概况

一、正规移民汇款

（一）发展现状

如上所述，海湾国家是南亚移民的集中地，因此南亚移民汇款主要来自3个国家：阿联酋、沙特阿拉伯和卡塔尔。这3个国家占南亚接收移民汇款总量的60%以上。[①] 印度在本地区的地位很特殊：既是一个移民汇款重要输出国，同时也是重要接收国。1977年以后南亚移民汇款一直在增长，尤其是1977—1981年经历了爆炸性增长时期（见表3-1），而后进入了平缓增长时期。进入21世纪以来又开始迅猛增长，从2000年的161.3亿美元增加到了2010年的725.1亿美元，其中2000—2008年平均增长率超过了39%。[②]

表 3-1　1977—2006 年南亚三国移民汇款平均增长率

（单位：%）

时间	孟加拉国	印度	斯里兰卡
1977—1981	83.0	33.6	82.6
1982—1986	16.8	0.2	7.8
1987—1991	6.4	9.6	6.2
1992—1996	12.0	24.6	14.0
1997—2001	9.0	10.8	7.2
2002—2006	21.8	13.0	14.8
平均	24.8	15.3	22.1

资料来源：根据 World Development Indicators（World Bank, 2012）计算而得。

印度和孟加拉国 2010 年接收的移民汇款总量分别排名世界第一和第七。尼泊尔移民汇款（正规渠道）占 GDP 的比例居本地区第一（同时位居世界第五），为 23%；之后是孟加拉国（12%）和斯里兰卡（8.7%）。[③]

[①] World Bank, *World Development Indicators*, 2011.

[②] Mayumi Ozaki, "Worker Migration and Remittances in South Asia", *South Asia Working Paper Series*, No. 12, 2012.

[③] World Bank, *World Development Indicators*, 2011.

表 3-2 南亚吸收移民汇款概况

（单位：十亿美元）

年份	1995	2000	2004	2005	2006	2007	2008	2009	2010
南亚	10.0	17.2	28.7	33.9	42.5	54.0	71.6	74.9	82.6
发展中国家	55.2	81.3	159.3	192.1	226.7	278.5	324.8	307.1	325.5

资料来源：World Bank, *Migration and Remittances Fact Book*, 2011.

注：仅包括官方登记的移民汇款。

表 3-3 2010 年南亚五国吸收移民汇款金额排名

（单位：十亿美元）

第一名	第二名	第三名	第四名	第五名
印度	孟加拉国	巴基斯坦	斯里兰卡	尼泊尔
55.0	11.1	9.4	3.6	3.5

资料来源：World Bank, *Migration and Remittances Fact Book*, 2011.

表 3-4 2009 年南亚五国吸收移民汇款占 GDP 的比例排名

（单位：%）

第一名	第二名	第三名	第四名	第五名
尼泊尔	孟加拉国	斯里兰卡	巴基斯坦	印度
22.9	11.8	7.9	6.0	3.9

资料来源：World Bank, *World Development Indicators*, 2011.

　　2008 年金融危机对南亚国际移民的影响并不是很大。2009 年南亚地区每年出国移民的数量下降了 30%，但金融危机以来南亚地区新增移民的数量依然大大超过回国移民的数量。2009 年，除了印度外，其他南亚国家接收的移民汇款增长了 3%，总量达 660 亿美元。2000—2008 年平均增长率超过 39%，相比之下 2009 年 3% 的增长率显然要慢得多。[①] 与 2008—2009 年度相比，2010—2011 年度南亚移民输出呈现出强劲的增长态势。随后，南亚国家的移民汇款流入也呈现出快速增长的趋势。2010 年流入南亚的移民汇款增长了 10%，达到了创纪录的

[①] Mayumi Ozaki, "Worker Migration and Remittances in South Asia", *South Asia Working Paper Series*, No. 12, 2012.

720 亿美元。^① 这一趋势正好与移民东道国如沙特阿拉伯、阿联酋、卡塔尔的经济增长趋势相吻合。2013 年，尼泊尔已经出现了汇款增长放缓的趋势。巴基斯坦、孟加拉国和斯里兰卡的汇款收入，分别由 2014 年的 211 亿美元、149 亿美元和 70 亿美元增长到 2015 年的 231 亿美元、154 亿美元和 80 亿美元。^②

（二）增长原因

如上所述，在过去十几年中，南亚的正规移民汇款流入增长了 2 倍以上。^③ 这不仅归因于移民人数增长，还要归因于正规移民汇款基础设施的发展，包括移民汇款公司网络和邮局网络的迅速扩张。

1. 采用创新的金融产品扩张移民汇款网络

以新技术为基础的移民汇款产品逐渐推广到了农村地区，大大延伸了移民汇款服务的广度和深度，如银行之间的移民汇款通常使用银行汇票或电子转账。越来越多的银行开始使用信用卡、借记卡、ATM 等其他支付手段。特别是国有商业银行支付手段的改善，显著降低了移民汇款成本，提高了移民汇款效率。

2. 邮局为正规移民汇款的增加作出了重要贡献

邮局在南亚国家的城市和农村地区通常有很强的网络，可以将汇款送达偏远地区的贫困家庭。在不少南亚国家，贫困群体还无法接触到商业银行服务，而邮局通常是更熟悉、更方便的汇款渠道。这就使得邮政网络成为服务国际和国内汇款的关键角色，让没有银行账户的贫困群体享受到正规金融服务。

二、非正规移民汇款

（一）概况

非正规移民汇款比例较大是南亚移民汇款的主要特点之一。由于非正规移民汇款渠道的大量使用，南亚的移民汇款流入总额远远超过官方记录的金额。就南亚整体而言，通过非正规移民汇款渠道流入的移民汇款估计占南亚移民汇款总

---

① Mayumi Ozaki, "Worker Migration and Remittances in South Asia", *South Asia Working Paper Series*, No. 12, 2012.

② World Bank, *Migration and Remittances Fact Book*, 2016. World Bank, *World Development Indicators*, 2016.

③ World Bank, *Migration and Remittances Fact Book*, 2011. World Bank, *World Development Indicators*, 2011.

额的 42%，其中印度约 16%，尼泊尔约 55%。① 通过非正规渠道转移的移民汇款在促进国家经济发展方面所起的作用十分有限，部分原因在于这些移民汇款没有与正规金融体系建立有效联系以强化其资本能力。例如：对于各个家庭而言，其非正规移民汇款没有与金融投资产品（如储蓄）建立有效联系。随着移民汇款增加，母国家庭收入也在增加。但这些变化与正规金融系统没有建立起联系，家庭将增加的收入用于购置住房、土地和其他消费项目（如家电、食品和衣服）等方面的开支，很少转成储蓄和投资。

南亚地区盛行非正规移民汇款渠道，与本地区金融发展不足密切相关。一般情况下，欠发达的金融体系往往有利于非正规移民汇款渠道的生存发展。国家的金融政策，特别是汇率管制或对汇出外币的限制等，导致非正规移民汇款渠道有较高的市场占有率。金融服务网络不发达，如农村地区缺少银行分支网络也有助于非正规移民汇款渠道广泛流行。因此，南亚国家要发展金融业，降低国际汇款交易成本，提升移民及其家人的金融意识和信息程度，扩大正规移民汇款渠道，提高移民汇款利用效率，发挥其对国家经济发展的积极作用。

（二）非正规移民汇款渠道——哈瓦拉（Hawala）

1. 哈瓦拉简介

大多数非正规资金转移系统得以在正规资金转移系统不发达和政局动荡地区盛行，在金融系统发展缓慢或受到抑制的地区获得扩张空间。在南亚，金融政策和银行效率低下，银行又往往对汇款业务缺乏兴趣，助长了非正规资金转移系统的发展。除了过于严格的经济政策外，不稳定的政治局势也为哈瓦拉和其他非正规资金转移系统的发展提供了肥沃土壤。从某种意义上说，在满足较贫困人群需要方面，哈瓦拉填补了正规金融系统的空白。

哈瓦拉是独立于传统银行金融渠道的非正规、非主流的资金转移系统。"哈瓦拉"一词的阿拉伯语含义是"约定好的票据"或"交易用的账单"。后来这个词又进入了印地语并增加了"信任""介绍""推荐"等新含义。哈瓦拉到底何时诞生，目前很难说出其确切年代，但有一点可以肯定，那就是它源于阿拉伯地区以及南亚地区，是逐步演进而来的，在当地出现银行之前就已经存在（1770 年

---

① Noman, Abdullah M., Uddin, Gazi S., "Remittances and banking sector development in South Asia", *the International Journal of Banking and Finance*, Vol.8, No.4, 2011, pp.47–66.

加尔各答诞生了印度第一家西式银行——印度银行）。哈瓦拉的整个交易过程没有繁杂的手续，没有单证和文字记录，一切以"绝对的信任"为基础。任何人都可以成为哈瓦拉经纪人，包括摊贩、出租车司机，不必登记，没有营业执照。在当地有银行之前，哈瓦拉一直是人们做买卖、汇款的手段，是人们生活中的重要部分。即便在今天，哈瓦拉在巴基斯坦、印度等国仍与现代金融系统并存，为百姓服务。随着阿拉伯人、印度人等向世界其他地方移民，加上出国留学、工作人员增多，哈瓦拉也走向世界。

2. 哈瓦拉的主要特点

与正规金融系统相比，哈瓦拉快速、省钱，也更可靠、方便，没有那么多繁杂的手续，因此在南亚地区受到广泛欢迎。

（1）快速

在一般情况下，哈瓦拉比银行汇款快捷，这当然得益于电信技术的发展。据估计，哈瓦拉在国际主要城市之间办理移民汇款平均仅需要6—12小时。在汇款人和收款人身处不同时区或通信较难的情况下，办理移民汇款也仅需要24小时。在没有设立哈瓦拉办事处或委托代理人的偏远农村地区，通过哈瓦拉办理移民汇款的时间可能会略长一点。对孟加拉国的研究发现，通过银行汇款平均要13天，而通过哈瓦拉仅需要3天。哈瓦拉系统比正规的银行资金转账系统缩短了转移资金所需要的时间，主要原因：①经营机制简单，没有繁杂的手续；②有关说明经常通过电话、电子邮件传递给代理人；③资金往往由代理人在24小时内送到家门口——这些代理人即使在偏远地区也能够迅速收到汇款。

（2）便宜

哈瓦拉移民汇款也比银行转账更便宜。主要国际金融中心之间通过哈瓦拉转移资金的直接成本平均是2%—5%。最终报价取决于交易量、移民汇款人与哈瓦拉经销商之间的金融关系、货币、汇率、资金的最终目的地、双方的谈判技巧，以及他们对市场运作规律的理解，等等。尽管正规移民汇款市场竞争日益激烈，价格日益下跌，非正规移民汇款渠道仍然是对广大移民来说相对便宜的汇款渠道。

哈瓦拉靠收费和利用汇率变化来赚取收入。由于营业成本低，哈瓦拉交易商不缴纳监管费，对汇款的收费低于银行和其他办理汇款业务的商业公司。为了吸引更多的人通过哈瓦拉系统转寄外汇，哈瓦拉交易商还经常举办优惠活动。

（3）方便

不少移民由于存在语言障碍或不识字，在银行汇款甚至开立账户时常面临填写表格等方面的尴尬。许多非正规移民也没有开立银行账户所需要的各种文件。非正规汇款渠道具有的优势往往就在于不需要那么繁杂的手续和任何证明文件，令移民使用起来更加方便自在。哈瓦拉对于移民母国文化的熟悉，对其社会习俗、规则和行为的尊重，包括严格保密和对隐私的保护，等等，都是南亚移民家庭成员偏爱哈瓦拉的重要原因。

除了经济因素外，亲戚关系、族裔纽带和哈瓦拉交易商与国际移民之间的个人关系等，也使得哈瓦拉系统使用起来方便简单。哈瓦拉系统营业时间灵活，位置方便。这一切都深受国际移民的欢迎。

（4）可靠

哈瓦拉交易几乎是匿名的。哈瓦拉经纪人不要求移民汇款人的任何身份证明，移民汇款代码、交易记录在交易后可以销毁，不可能被第三方获得。由于缺乏交易记录，任何一笔交易的跟踪审计或会计几乎是不可能的。这种交易的匿名性特征对非正规移民特别具有吸引力。

移居海外的移民以男性为主体。出于文化传统，妻子和其他家庭成员留在母国。这些传统可能要求家庭成员（特别是女性）与外部世界尽可能少联系。受到信任、为村民所熟悉而又了解社会规范的哈瓦拉交易商容易为人们所接受。这类代理人员通常能使女性不直接与银行和其他代理人打交道。因此，这种建立在国家、族裔、村民纽带基础之上的汇款系统依赖交易方之间的绝对信任。

第三节　移民汇款对南亚经济发展的影响

一、增加外汇收入

移民汇款是南亚国家最重要的外部资金来源，如 2009 年南亚移民汇款是 FDI 的 3 倍、ODA 的十几倍（见表 3-5）。以尼泊尔为例，2004—2010 年其对主要创汇国家的出口增长下降了 3.6%，同期的外汇储备却以年均 10% 的速度增长，其原因不是 FDI 和 ODA 的增加，而是国际劳工移民大量的汇款。移民汇款和其他移民资金的稳定流入可以对国际收支起到重要的稳定作用。尽管长期存在贸易赤字，孟加拉国、尼泊尔和菲律宾的经常账户余额已经随着移民汇款的迅速增长而由负转正。[1]

表 3–5　2009 年南亚的移民汇款、FDI 和 ODA 情况

（单位：亿美元）

国家	移民汇款	FDI	ODA
孟加拉国	10.5	0.7	1.2
印度	49.5	19.0	2.5
尼泊尔	3.0	0.3	0.9
斯里兰卡	3.3	0.3	0.7
合计	66.3	20.3	5.3

移民汇款是南亚国家出口收入的重要组成部分。1977—2006 年，移民汇款平均分别占孟加拉国、印度和斯里兰卡出口收入的 43.9%、26.5% 和 23.7%（见表 3-6）。

表 3–6　南亚三国移民汇款占出口收入的比例

（单位：%）

时间	孟加拉国	印度	斯里兰卡
1977—1981	28.3	23.8	10.5
1982—1986	63.9	26.9	25.7
1987—1991	55.9	20.4	25.7
1992—1996	37.6	23.0	25.2
1997—2001	32.1	32.3	22.9
2002—2005	45.6	32.8	32.1
平均	43.9	26.5	23.7

资料来源：Asian Development Bank, "Brain Drain Versuas Brain Gain: The Study of Remittances In Southeast Asia And Promoting Knowledge Exchange Through Dialogue", Fourth Coordination Meeting on International Migration, Population Division Department of Economic and Social Affairs, United Nations Secretariat New York, 23–27 October, 2005.

尼泊尔通过移民汇款积累的国民储蓄率达到 28%，高于国民投资率。这表明，这一经济盈余足以确保尼泊尔经济能够在不依靠 FDI 和 ODA 的情况下以年

---

[1]　Mina Mashayekhi, *Maxing The Development Impact of Remittances*, 2011, UNCTAD/DITC/TNCD/2011/8, United Nations,p.11. http://www.unctad.org/tradenegotiations.

均 6% 的速度发展。①

南亚移民汇款的逆周期性非常显著，在各国的灾后重建中起到了重要作用。2004 年印度洋海啸以后，斯里兰卡许多金融机构和银行都关闭了，但移民汇款输入还是在迅速增加；2005 年巴基斯坦北部地区地震以后，移民汇款同样给予了国内强大支持；2005 年巴基斯坦破坏性地震后，移民汇款在灾后恢复和重建中扮演了重要角色。

二、有利于减贫

移民汇款有助于南亚各国减少贫困。根据 2006 年世界银行《全球经济前景报告》的统计，孟加拉国的移民汇款使全国贫困率减少 6%，尼泊尔的官方数据显示移民汇款使全国贫困率减少 11%。像尼泊尔这样的小国，移民汇款对减少贫困人口的作用特别显著，原因有二：一是尼泊尔国家贫穷，人均收入低；二是劳动生产率很低。尼泊尔生活水平调研报告指出，减贫的因素包括国际移民的汇款、农业收入的提高、非农活动的增加、抚养和赡养人口的减少等。其中汇款的作用最大。1996—2003 年汇款推动减少贫困 11%，同期接受汇款的家庭从 23% 增加到 33%，而汇款占家庭总收入的比例从 26% 增加到 35%。另外，尼泊尔人口普查和健康普查的数据都显示，诸如婴儿死亡率、预期寿命、产妇死亡率和医疗服务等社会经济指标都得到了明显改善，都与移民汇款密切相关。②

移民汇款推动脱贫致富，首先要解决 2 个问题：一是将汇款用于家乡的生产性投入；二是不能将汇款仅仅用于消费性商品。巴基斯坦移民汇款的主要用途包括投入到农村灌溉地和雨浇地等 2 项资产。这表明国际移民没有将汇款用于纯粹的消费性支出，而是用于更能帮助脱贫致富的农业资本积累。此外，巴基斯坦的国际劳工移民与非劳工移民的投资行为之间存在差异：劳工移民更愿意投资的领

① Asian Development Bank, "Brain Drain Versuas Brain Gain: The Study of Remittances in Southeast Asia and Promoting Knowledge Exchange Through Dialogue", Fourth Coordination Meeting on International Migration, Population Division Department of Economic and Social Affairs, United Nations Secretariat New York, 26–27 October, 2005.

② Devkota Bhimsen, van Teijlingen Edwin, "Understanding Effects of Armed Conflict on Health Outcomes: the Case of Nepal", *Conflict and Health*, Vol.4, No.1, 2010.

域是自己熟悉的行业，如置地买田，而不是自己不熟悉的行业，如开店经商。[①]
孟加拉国的收款家庭比未收款的家庭的储蓄率要更高。移民家庭一般将可支配性
收入用于买地、新建或翻新住房。斯里兰卡移民汇款的 56% 用于食品开支，18%
用于教育，可以满足家庭日常所需，从而摆脱贫困。另外，13% 汇款用于清偿债
务，也有助于劳工家庭脱贫。

移民汇款对减少贫困人口的作用不限于单个家庭。移民汇款以外汇形式进入
南亚国家，南亚国家再以不同方式使用这些外汇，以达到减贫的目的。[②]

三、促进金融发展

移民汇款通过多种途径影响南亚各国的金融发展。

第一，为移民及其家人增加获得银行账户的机会，不仅为他们提供了更低
成本和更安全的汇款渠道，而且使他们在银行的储蓄更多。孟加拉国和印度的银
行、私人公司和小额信贷机构为移民及其家人提供了跨国消费贷款、抵押贷款和
小额信贷产品。许多经合组织国家的印度移民相对比平均水平更富裕，更倾向于
投资房地产。

第二，提高汇款行业竞争力水平和降低交易成本的政策将产生显著的福利效
应。除了会增加家庭净汇款收入外，降低费用和提高汇款服务质量可以改善移民
和收款人的整体金融服务环境和条件。

第三，汇款行业还引进了手机汇款业务，设立了好几个涉及汇款的金融产品
试点项目。在印度，签证已与一些主要商业银行捆绑在一起，以扩大其国内"卡
到卡"的手机汇款业务。西联和全球移动通信系统（GSM）协会也宣布了一个
手机汇款试点项目。万事达是世界最大的信用卡发行商之一，提供了万事达卡汇
款服务系统（master card money send），使印度主要银行的客户可以通过该系统
从万事达信用卡、借记卡或者预付账户向任何其他万事达账户汇款。美国加利福
尼亚州的 Obopay 公司宣布与孟加拉国的 Grameen Solutions 公司合作开发手机支

---

① Richard Adams, JR., "Remittances, Investment and Rural Asset Accumulation in Pakistan", *Economic Development and Cultural Change*, Vol.47, No.1, 1998, pp.155-173. 文章转引自 Maimbo, et. Al., *Migrant Labour Remittance in South Asia Region*, World Bank Report No.31577, February, 2005, pp.13-15.

② 秦永红、胡兰：《国际劳工移民在南亚国家反贫困中的作用》，《南亚研究季刊》2010 年第 4 期，第 16—24 页。

付和资金转移系统，被称为"Bank a Billion"措施。这一举措开始在印度的孟买和孟加拉国试行。

第四，基于智能卡的汇款新技术也已经开始用于各种支付途径，包括南亚偏远农村公共援助地区的货款转移等。使用预付费／增值（prepaid/reloadable）的智能卡和现金卡可以彻底改变私人和公共汇款支付业务。例如：印度政府实施全国农村就业保障计划（Indian Government's National Rural Employment Guarantee），智能卡供应商 FINO 将使用生物识别技术的智能卡分发到印度农村地区近 50 万人手中，以便他们收款。

第四节　南亚国际移民及移民汇款相关政策措施

移民汇款对减少贫困人口和增加就业的影响不是自发的，需要收款国政府建立配套的政策机制。如果政府政策和组织机构不完备，移民汇款管理就会十分困难。印度等南亚国家移民汇款的积极效应有赖于当地政府的反贫困宏观政策和完善的基础设施。同样，移民汇款要发挥减少贫困的作用，必须有完善的政策措施。

一、政策和机构

南亚国家相对比较重视移民法律，几十年来不仅制定、颁布了规范其国际移民行为的若干法律法规，如孟加拉国的《移民条例》（1982 年）、印度的《移民法》（1983 年）、尼泊尔的《国外就业法案》（2007 年）、斯里兰卡的《外国就业法案》（1985 年）等，[①] 还建立了较为完善的制度体系和政策框架。表 3-7 较为详细地介绍了上述几部重要法律的内容。如斯里兰卡政府推出了诸多便利国民在海外就业的激励措施，其中包括移民前服务、提供海外就业信息、出国前技术培训、移民贷款计划等，并推出针对斯里兰卡国际移民的各种金融服务项目。根据《外汇管制法》（2001 年），外汇交易只允许获得正式授权的商业银行进行，但斯

---

① Mayumi Ozaki, "Worker Migration and Remittances in South Asia", *South Asia Working Paper Series*, No. 12, 2012 .

里兰卡央行也可以任命任何其他人成为受限制的经销商。

表 3-7　南亚有关国际移民的法律和体制框架

	孟加拉国	印度	尼泊尔	斯里兰卡
法律及监管框架	《移民条例》（1982年）及后来颁布的相关法令和规章	《移民法》（1983年）	《国外就业法案》（2007年）	《外国就业法案》（1985年）
主管部门	外籍人士福利及海外雇佣部	海外印度人事务部	劳动和交通运输管理	就业与劳工部
执行机构	人力资源、就业和培训部	保护移民办公室	劳动和改善就业部	外国就业局
移民前服务	提供市场培训信息和分发出国前简报	政府成立人力资源公司以促进劳动力输出	提供市场信息、技术培训和出国前简报	提供市场信息、技术培训、出国前简报，以及出国前贷款和生命保险
移民后服务	安排海外劳工专员赴海外为移民提供就业和福利援助，包括协助解决纠纷	安排海外劳工专员赴海外为移民提供援助，包括协助解决纠纷	尼泊尔大使馆负责解决移民问题，但并非所有尼泊尔移民所在国都有其大使馆	安排海外劳工专员赴海外为移民提供就业援助，另派官员专门负责提供福利援助，包括协助解决纠纷
移民福利基金	"务工人员"福利基金：一个基于移民贡献的公共管理基金（主要用于移民的丧事和残疾人士）	要求移民出国前必须购买寿险和残疾险，设置海外印度人福利基金	要求每个人都必须购买100000卢比的私人保险	海外工人福利基金（以移民出国前的缴费为基础）
招聘机构	注册；下岗登记手续	注册；下岗登记手续	注册；下岗登记手续	注册；下岗登记手续

资料来源：Mayumi Ozaki, "Worker Migration and Remittances in South Asia", *South Asia Working Paper Series*, No. 12, 2012.

　　南亚国家的移民政策还包括设立相关管理机构。如斯里兰卡的就业和劳动部专门负责移民及其移民汇款事务，其执行机构为外国就业局。[①] 就业和劳工部负责制定政策和对海外就业管理进行监督，外国就业局则在国内和在东道国实施了大量的移民福利计划，其中包括离境前的技术和知识的强制培训、强制登记、免

[①]　Mayumi Ozaki, "Worker Migration and Remittances in South Asia", *South Asia Working Paper Series*, No. 12, 2012 .

费保险、退休金计划、低息贷款、低息住房贷款、移民子女奖学金和为移民家庭举办的健康培训等。[1] 南亚 5 个主要国际劳工移民输出国驻移民接收国的使领馆都将保障劳工权益视为一项主要工作。

二、地区性国际移民组织和平台

此外，南亚各国间还建立了若干管理和调控国际移民的地区组织和平台。

（一）南亚国家联盟

为了加强南亚国家在国际劳工移民事务方面的合作，南亚国家联盟（SAARC）2004 年在巴基斯坦伊斯兰堡举行的第十二届峰会上通过了《南亚国家联盟社会宪章》。[2] 宪章的目的是在南亚国家建立以人为本的合作伙伴机制和社会文化发展框架，包括消除贫困、医疗卫生、教育培训、人力资源开发、促进女性就业、保障儿童权益、控制人口、戒毒和工作安置等。联盟在各成员国设立国家协调委员会，以负责监督宪章的实施。

（二）家政移民工人问题地区非政府组织峰会

家政移民工人问题地区非政府组织峰会是本地区保护国际移民的重要平台。[3] 由亚洲艾滋病与人口流动问题合作组织（CARAM）召集，2002 年在斯里兰卡首都科伦坡举行了家政移民工人问题地区非政府组织峰会，来自 24 个国家的家政移民工人、政府、工会、非政府组织和国际组织成员代表参加了会议。会议通过了《科伦坡宣言》，号召通过各种战略、政策、计划和发展行动应对在家政移民工人的承认、保护和尊严等方面存在的问题。宣言指出，家政移民工人有居住尊严以及国内国际自由迁移的基本权利；家政移民工人对各国社会经

---

① Mayumi Ozaki, "Worker Migration and Remittances in South Asia", *South Asia Working Paper Series*, No. 12, 2012.

② Mayumi Ozaki, "Worker Migration and Remittances in South Asia", *South Asia Working Paper Series*, No. 12, 2012.

③ 《家政移民工人问题地区峰会报告》，2002 年 8 月 26—28 日，斯里兰卡科伦坡，请查阅以下网址：http://caramasia.gn.apc.org/page_type_2.php?page=regional_summit/Regional_Summit-MainPage&title=CARAMASIA.ORG%20::%20Regional%20Submit%20::%20Main%20Page.

济发展作出了贡献。①

（三）亚洲移民论坛

亚洲移民论坛也对本地区国际移民起到了重要的协调组织作用。这是一个亚洲主要移民组织的协调机构，拥有一个由移民输出国和输入国移民援助团体组成的网络。自 1994 年建立以来，该论坛已成为一个地区机构，积极倡导维护亚洲移民工人及其家庭成员的权利。论坛对于促进各国签署《保护所有移民工人及其家庭成员权利国际公约》（1990 年）发挥了重要作用，还与亚洲移民中心共同发布国际移民工人研究成果，等等。②

三、移民前的技术培训

南亚各国政府要求劳工离境前必须接受适应性培训。培训内容包括身体健康、心智正常，遵守纪律，了解将去国家的文化、法律法规及其他情况；准备证件；办理离境、回国的旅行手续；了解汇款和存款的手续、劳工福利政策、劳工权利和义务等。培训由人力资源部劳动生产局主管官员认可的培训机构进行。印度、巴基斯坦、斯里兰卡等国也很重视对移民工人出国前的技术培训，使劳动力供给与国外市场需求对口。各国都设立了专门针对劳务输出人员的培训中心，以提高其素质，提高就业竞争力。

印度和斯里兰卡都在外国就业局设立了专职机构或基金从事此项工作。斯里兰卡政府为扩大劳务输出，提升女佣的出国比例，专门针对女性进行就业前培训，提高其就业能力。斯里兰卡许多产业部门也都注重开展职业培训，如住房部提出的"建筑和工业培训计划""全国学徒培训计划"和劳工部门制定的"工程工艺培训计划"等。国家设立的技术学校也逐渐增多，以满足出国劳务人员对技术培训的需求。

---

① 《家政移民工人问题地区峰会报告》，2002 年 8 月 26—28 日，斯里兰卡科伦坡，请查阅以下网址：http://caramasia.gn.apc.org/page_type_2+.php?page=regional_summit/Regional_Summit-MainPage&title=CARAMASIA.ORG%20::%20Regional%20Submit%20::%20Main%20Page.

② 亚洲移民中心：《2002—2003 年亚洲移民年鉴：移民现状、分析和问题》，香港：M. L. L Alcid, 2004 年；《促进亚洲移民权利的多层面研究：亚洲移民论坛的经验》，《国际移民》2004 年第 5 期，第 169—176 页。http://www.mfasia.org.

四、对移民汇款的证券化运作

本地区未来新的政策焦点是发行侨民债券筹集发展资金，最大程度地利用移民汇款促进经济发展。移民汇款的证券化或发行侨民债券是有效吸引移民汇款并引导其用于投资的重要手段，少数南亚国家已经开始了这方面的尝试。

印度政府已经专门针对美国、欧洲和海湾国家的印度移民发行侨民债券，到2006年已筹集了约110亿美元资金。虽然侨民债券影响了移民的储蓄，但是研究表明，侨民债券收益很大一部分依然被作为汇款转换为当地货币。[1]1991年爆发国际收支危机之后，印度当局通过国有银行首次发行了价值16亿美元的印度发展债券（9.5% 票面利率，以美元计算）；1998年核试验遭到制裁之后的一段时间，又发行了经济复苏债券42亿美元（7.75% 票面利率，以美元计算）；到2000年筹集了价值55亿美元的存款（8.5% 票面利率，以美元计算）。

斯里兰卡通过发行"斯里兰卡发展债券"（Sri Lanka Development Bonds）向国际移民筹集资金。斯里兰卡央行允许非居民的斯里兰卡移民在授权经销商处开设卢比和主要外币的非居民账户。此外，在海外就业的斯里兰卡国民可以获得贷款在斯里兰卡建造或购买住宅。这种贷款以卢比贷出，以其非居民外币存款为抵押并以其外汇收入偿还。国际移民有权通过授权经销商购买以美元计价的"斯里兰卡发展债券"或以卢比计价的债券和国库券。不允许利用斯里兰卡的非居民外币账户或居民外币账户或任何其他外币账户的资金购买国债或国库券。未来移民汇款和其他未来应收账款的证券化依然是南亚筹集发展资金的重要工具，有助于南亚国家保有进入国际资本市场（尤其是在金融危机时）的有效渠道。

五、对非正规汇款的管理措施

南亚移民汇款的突出特点之一就是大量移民汇款通过非正规渠道转移。作为严重依赖移民汇款的地区，南亚各国政府采取了各种措施以引导移民汇款通过正

---

[1] Ratha, Dilip, *Leveraging Remittances for Development*, Migration Policy Institute, June 2007. http://siteresources.worldbank.org/INTPROSPECTS/Resources/334934-1110315015165/LeveragingRemittancesForDevelopment.pdf; http://econ.worldbank.org/WBSITE/EXTERNAL/EXTDEC/EXTDECPROSPECTS/0content MDK:22756591~pagePK:64165401~piPK:64165026~theSitePK:476883,00.html.

规渠道流入，其中包括实施汇率的自由化、放宽对移民汇款机构的管理、鼓励国内银行与主要移民东道国的银行开展合作等，支持国际移民及其家庭投资小微企业以创造更多就业机会，促进经济发展。

从明令禁止非正规移民汇款到银行简化汇款手续、减少提交证件等，移民输出国和接收国的政府都采取了各种措施来限制或禁止非正规移民汇款，以促进正规移民汇款的健康发展。根据《外汇管理法》（2000年），印度政府明令禁止哈瓦拉类型的交易，政府授权经营外汇的机构数量受到严格控制，允许客户交易的汇款种类也有十分明确的规定（如旅游、医疗、收购外国资产等）。印度政府还通过提高银行服务效率和成本收益的方式促进了正规移民汇款的发展。印度银行分行在20世纪70年代和80年代的大规模扩张，以及政府允许非银行金融公司从事汇款业务，大大促进了印度移民汇款发展（有关国家的具体政策措施在后面将予以详细描述）。在斯里兰卡，经营移民汇款业务的正规渠道主要是国有商业银行（尤其是锡兰银行），占正规移民汇款流入业务总量约50%，这主要是因为它有遍布全国各地的618个支行。另一家国有银行人民银行经营着其移民汇款流入总额的10%左右。银行通常使用SWIFT电汇、银行汇票/支票、银行和邮局签发的国际汇票。

近年来，越来越多的商业银行都将目光投向互联网和移动手机转账业务，越来越多的私营商业银行开始进入移民汇款市场。有些银行为国际移民提供了多种产品形式，包括可以用移民汇款收益来偿还的移民保险和前期贷款。进出斯里兰卡的移民汇款主要通过22个持牌的商业银行。同时，斯里兰卡邮政、国家储蓄银行、一家专业银行和MMBL移民汇款有限公司也被授权为限制型经销商。其中，国家储蓄银行和MMBL移民汇款有限公司只从事资金转入业务。

此外，像南亚其他国家一样，移民汇款公司在斯里兰卡正发挥着越来越大的作用。在斯里兰卡，移民汇款公司只有通过银行和其他授权经销商，如前述的斯里兰卡邮政、国家储蓄银行以及MMBL移民汇款有限公司才可以经营移民汇款业务。与尼泊尔不同，斯里兰卡的外汇局、信用社、小额信贷机构都不允许充当移民汇款公司的代理机构。斯里兰卡最主要的移民汇款公司是西联，在该国有3 000多个代理网点。虽然邮政服务在经营跨境移民汇款方面具有悠久的传统，但因为其服务效率十分低下，所以在移民汇款市场仅占很小的份额。

第五节　南亚移民汇款促进经济发展面临的主要挑战

如前所述，南亚各国十分重视移民汇款在经济发展中的重要作用，并为此建立了相关的管理制度体系，制定了相关法律法规，采取了若干措施促进了移民汇款的经济发展效应。源源不断的移民汇款在缓解外汇限制、平衡国际收支、增加国民储蓄、减少贫困、改善民众福祉等方面都为南亚国家作出了重要贡献。但未来南亚国家在非正规汇款渠道、金融风险、汇款成本等 3 个方面依然面临严峻挑战。

一、非正规汇款渠道依然盛行

南亚的移民汇款高度依赖非正规渠道的现象受到政府和监管机构的高度关注，不仅因为非正规移民汇款无助于正规金融中介的发展，阻碍了利用移民汇款促进经济发展，而且还可能使移民汇款成为走私、洗钱和从事其他非法活动的重要资助来源。迄今，本地区尽管针对此现象采取了诸多应对手段，总体来说效果依然十分有限。由于本地区各国金融业发展较为落后，非正规移民汇款渠道拥有相对低价、高速、便利和友善的服务等优势，对广大农村地区未开设银行账户的群众具有很强的吸引力，因此在南亚依然大行其道。

整体上来看，由于正规金融机构服务的改善和价格竞争力增强，非正规移民汇款呈现逐渐减少的趋势。目前所有南亚国家都禁止哈瓦拉交易，但其有效性值得怀疑。这些措施可以遏制非法活动，但本身却不会有效地减弱哈瓦拉系统的吸引力。事实上，只要人们有理由选择这类系统，它们就会继续存在，甚至扩大。在那些银行尚未进入的部分偏远地区，哈瓦拉渠道的移民汇款填补了金融服务的真空。因此，从发展角度来看，彻底禁止非正规移民汇款将致使目前尚没有银行服务的地区的人们无法接收移民汇款，对金融发展、经济发展也许会产生不利影响。此外，与正规银行之间的汇款行为不一样，哈瓦拉交易往往更复杂，未必适合有关国家的规定。合法的做法未必就是符合实际的，因为非正规汇款涉及 2 个司法管辖区之间的跨国交易，在一个国家可能是非法的，在另一个国家则可能是合法的。

二、汇款成本居高不下

汇款成本和其他汇款障碍是南亚汇款规模和性质的主要决定因素。一方面，相比其他成熟的汇款走廊（如美国—墨西哥），南亚的汇款走廊的汇款成本仍居高不下，与非洲许多国家相比较却具有一定竞争力。另一方面，由于各国对向外汇款进行限制，如孟加拉国—印度或印度—尼泊尔等，南亚区域内的汇款相对比较困难。[①] 从沙特阿拉伯汇款 200 美元到孟加拉国、印度和巴基斯坦平均成本在10—11 美元，相当于汇款总额的 5%—5.5%，其中汇兑佣金占了约一半。虽然费用较高，但是从美国汇款 200 美元到印度的费用也低于汇款金额的 6%。从沙特阿拉伯汇款到南亚的费用与成熟的汇款走廊（如美国—墨西哥）相差不大，汇款 200 美元的费用约为 12 美元或汇款金额的 6%（见表 3-8）。

表 3-8　部分南亚国家移民汇款 200 美元的成本

（单位：美元）

收款国	汇款国	手续费	汇率损益	平均成本	%
孟加拉国	沙特阿拉伯	5.2	2.5	10.2	5.1
	新加坡	9.7	2.7	15.1	7.5
	英国	10.4	2.8	16.0	8.0
印度	加拿大	19.6	3.2	25.9	13.0
	法国	18.6	0.0	18.6	9.3
	德国	17.7	1.9	21.4	10.7
	意大利	10.3	2.0	14.3	7.1
	沙特阿拉伯	5.4	2.2	9.8	4.9
	新加坡	10.3	1.5	13.3	6.6
	英国	13.3	1.7	16.8	8.4
	美国	8.3	1.5	11.2	5.6
巴基斯坦	沙特阿拉伯	5.8	2.8	11.4	5.7
	新加坡	19.8	3.6	27.0	13.5
	英国	8.2	3.2	14.6	7.3
	美国	9.1	2.6	14.3	7.2

① Sanket Mohapatra & Caglar Ozden, "Migration and Remittances in South Asia", in Ejaz Ghani, Homi Kharas, *The Service Revolution in South Asia*, Poverty Reduction and Economic Management Unit South Asia Region, World Bank., 2009.

（续表）

收款国	汇款国	手续费	汇率损益	平均成本	%
斯里兰卡	意大利	15.0	4.8	24.6	12.3
	英国	13.5	2.1	17.7	8.8

资料来源：World Bank, Remittance Prices Worldwide database, https://remittanceprices.worldbank.org/en/resources.

表 3-8 显示，从英国向孟加拉国、印度、巴基斯坦和斯里兰卡汇款 200 美元，平均成本在 14.6—17.7 美元（或汇款金额的 7.3%—8.8%），其中大部分是手续费。南亚一些汇款走廊汇款收费较高，如加拿大—印度走廊、新加坡—巴基斯坦走廊和意大利—斯里兰卡走廊的汇款收费是汇款金额的 12.3%—13.5%。

南亚汇款成本高的主要原因有以下 4 个方面。

（一）邮局的排他性垄断协议

对国际汇款来说，南亚地区的邮局（如印度邮局）大都与某家国际汇款公司签订了垄断性协议。这类独家合作伙伴关系使得移民成本升高，减少了实际汇款金额，因此限制了移民汇款对经济发展的影响。[①] 由于独家合作伙伴关系下缺乏竞争导致汇款合作伙伴的汇款费用过高，实际上相当于对汇款人和收款人征了税，于是就出现了政策不一致的问题。这通常违背了有关不要对汇款征税或直接指定其特定用途的相关规定或国际倡议。因此必须消除独家合作伙伴关系，鼓励邮局与更多的汇款公司（甚至是银行）建立合作伙伴，以缓解成本压力。短期内虽然汇款收入会受到一定损失，但将会因为汇款业务量增大而得到弥补，使得邮政网络、移民和汇款者三方都获得利益。

（二）反洗钱和打击恐怖主义

由于使用非正规渠道不用暴露身份，因而存在洗钱和恐怖主义融资的风险，必须采取应对措施。在国际社会加强打击洗钱和恐怖主义融资活动后，南亚国家采取了更严厉的措施监督非正规资金转移系统，以防该系统被非法组织滥用。反

[①] Richard Adams, JR., "Remittances, Investment and Rural Asset Accumulation in Pakistan", *Economic Development and Cultural Change*, Vol.47, No.1, 1998, pp.155-173. 转引自 Maimbo, et. Al., *Migrant Labour Remittance in South Asia Region*, World Bank Report No.31577, February 2005, pp.13-15.

洗钱和打击恐怖主义成为汇款成本居高不下的重要原因，尤其是自 2001 年 9 月 11 日以后特别明显。当然一定程度上这也是对发达国家政府关于洗钱和资助恐怖主义活动警告的反应。① 亚洲各国出现了专门针对非正规汇款渠道的严格执法行动，对被认为是恐怖组织之间用于转移资金的"汉地"（Hundi）制度进行了专项打击。反洗钱和打击恐怖主义的相关法规已成为制约汇款成本降低的重要因素，对于本地较小的汇款服务供应商和严重依赖本地银行的手机金融运营商更是如此。

（三）地区内部跨国汇款（南—南汇款）困难

南亚区域内部有大量的移民活动，如在印度大约有 350 万孟加拉国移民。② 由于南亚地区国家间限制资金外流，地区内部各国间汇款是很难的。在汇款之前，孟加拉国和印度都要求移民获得授权才可以将资金汇出国外。

（四）小额信贷机构受限制

目前南亚国家法律不允许无牌的"半正式"金融机构如小额信贷机构（MFIs）和合作社成为移民汇款代理机构。实际上，在为贫困和低收入人口提供服务方面，小额信贷机构和合作社经营移民汇款中介业务很有效。孟加拉国的小额信贷机构服务覆盖面超过总人口的 17%，或为贫困人口的 35% 左右。③ 如果这一法律约束得以有效取消，正规移民汇款机构的服务覆盖面可以大大提高。

三、金融风险影响显著

（一）汇率波动

移民汇款是以美元为基础，建立在美元对主要货币升值的预期之上计算的，

---

① Maimbo, et. al., *Migrant Labour Remittance in South Asia Region*, World Bank Report No.31577, February 2005, pp.13–15.

② Dilip Ratha, WilliamShaw, "South–South Migration and Remittances", *World Bank Working Paper No. 112*, Development Prospects Group, Washington, DC: World Bank, 2007, pp.11–13.

③ Noman, Abdullah M., Uddin, Gazi S., "Remittances and banking sector development in South Asia", *International Journal of Banking and Finance*, Vol. 8, No. 4, 2011.http://publications.bond.edu.au/ijbf/.

因此汇率变化对南亚移民汇款影响明显。当地货币的弱势地位将强化汇款资本流入对当地货币的影响，但一些南亚国家将不会受到汇率变化太多的影响。印度的移民汇款由 2014 年的 698 亿美元增加到 2016 年的 767 亿美元，即使 2016 年底印度卢比升值，货币价值略有降低，对汇款总值的影响并不大。[①] 尽管印度是全世界最大的收款国，其经济发展没有依赖于汇款收入。

（二）石油价格变动

南亚国家海外劳工大都前往海湾国家。尽管全球石油价格已经大幅下降，2014 年南亚各国移民汇款仍在继续增长，因为海湾国家对低技术劳动力的需求继续存在。然而，2015 年上半年，一些海湾国家纷纷宣布对重大基础设施工程削减支出。[②] 这对外国劳动力的需求产生不利影响，导致南亚移民汇款流入放缓。

[①] World Bank, Migration and Remittances Team, *Migration and Remittances: Recent Developments and Outlook, Development Prospects Group, Migration and Development Brief*, April 13, 2015，p.8.

[②] World Bank, Migration and Remittances Team, *Migration and Remittances: Recent Developments and Outlook, Development Prospects Group, Migration and Development Brief*, April 13, 2015，p.8.

第四章　太平洋岛国移民汇款及其对经济发展的影响

第一节　太平洋岛国国际移民及移民汇款概况

一、主要特点

（一）移民率高

本章所涉及的太平洋岛国既包括独立的民族国家，也包含地区内非主权政治实体，为行文方便统一用"太平洋岛国"加以概括。本地区的库克群岛、纽埃、萨摩亚、汤加、托克劳等波利尼西亚（Polynesia，太平洋三大岛群之一）国家某些族群的国际移民比国内人数更多。例如：纽埃人93%生活在海外；库克群岛和托克劳的这个比例为82%；相对而言萨摩亚（62%）、汤加（52%）的国际移民规模较小，但移民率依然很高。本地区的图瓦卢只是一个新出现的移民输出国，有24%的图瓦卢人居住于海外，主要是在新西兰。斐济是太平洋的第二大岛国，但其国际移民率也不高，只有近13%（包括土著和印度裔斐济公民）。①

20世纪70年代和80年代，新西兰的制造业为太平洋岛国非熟练劳动力提供了大量就业机会。20世纪90年代初新西兰经济进入转型时期，制造业失去了往日的繁荣，外来移民数量大幅减少。2006年的人口普查显示，新西兰的库克群岛人、纽埃人和托克劳人中分别只有30%、26%和29%出生于新西兰（见表4–1），同样新西兰的萨摩亚人和汤加人多数也是出生于其母国的移民。但斐

---

① Geoffrey Hayes, "Maxing Development Benefits and Minimizing Negative Impact in the Pacific Islands Sub-region", Workshop on Strengthening National Capacities to Deal with International Migration, 22–23 April, 2010, Bangkok.

济的这个比例只有 15%，是因为来自于斐济的移民大多数是印度裔而不是斐济土著。

表 4-1　2006 年新西兰的太平洋岛国移民比例（按出生地）

国家	新西兰		母国		共计	
	数量（人）	比例（%）	数量（人）	比例（%）	数量（人）	比例（%）
萨摩亚	50 649	38	81 138	62	131 787	100
库克群岛	14 694	30	34 260	70	48 954	100
汤加	20 523	41	29 163	59	49 686	100
纽埃	4 815	26	13 551	74	18 366	100
斐济	37 749	85	6 693	15	44 442	100
托克劳	1 587	29	3 954	71	5 541	100
图瓦卢	1 221	45	1 518	55	2 739	100
其他	3 324	44	4 155	56	7 749	100

资料来源：Geoffrey Hayes, "Maxing Development Benefits and Minimizing Negative Impact in the Pacific Islands Sub-region", Workshop on Strengthening National Capacities to Deal with International Migration, 22–23, April 2010, Bangkok.

（二）地域分散

1. 地区外部移民

许多国家和地区都有国际移民，其中绝对数量最多的是从波利尼西亚次区域到澳大利亚、新西兰和美国的移民。数据显示，2006 年新西兰的太平洋岛国移民有 310 245 人，澳大利亚的太平洋岛国移民有 140 436 人；2004 年美国的太平洋岛国移民约有 80 万人。在波利尼西亚内部，萨摩亚是主要移民输出国，现在大约有 30 万萨摩亚人居住在本地区其他国家。相比之下，萨摩亚本土的常住人口只有大约 25 万。汤加是波利尼西亚第二大移民输出国，海外汤加人超过 10 万，占其本国总人口约 52%。库克群岛、纽埃、托克劳和图瓦卢等小国约有 90 000 人移居海外。① 库克群岛和纽埃的原住民人口分别至少有 82% 和 93% 移居本国之外。瓦利斯和富图纳群岛、法属波利尼西亚与新喀里多尼亚之间有少数移民；法属太平洋地区和法国之间的国际移民非常少，几乎可以忽略不计。

① Geoffrey Hayes, "Maxing Development Benefits and Minimizing Negative Impact in the Pacific Islands Sub-region", Workshop on Strengthening National Capacities to Deal with International Migration, 22–23 April, 2010, Bangkok.

大约有 124 000 斐济人居住在澳大利亚、新西兰和美国，其中 85% 是印度裔斐济公民。美拉尼西亚（Melanesia，太平洋三大岛群之一）国家的国际移民很少，还不到美拉尼西亚人口总数的 1%。法属新喀里多尼亚是国际移民净输入国，移民主要来自法国和其他法属太平洋地区，是太平洋岛国里少数几个移民接收国之一。到 2000 年，密克罗尼西亚（Micronesia，太平洋三大岛群之一）到美国的移民已达到 80 000 人，大约相当于关岛移民的 70%。密克罗尼西亚到美国的移民活动在不断加速。例如：1992—2008 年马绍尔群岛人口处于净输出状态。在此期间，移民净输出总额为 15 955 人或平均每年净输出 940 人。① 大部分是去美国的，因而使得马绍尔人在美国现在已成为继萨摩亚人、关岛人、汤加人、斐济人之后的第五大太平洋岛国移民族群。

2. 地区内部移民

太平洋岛国内部的国际移民日益增多。例如：密克罗尼西亚的国际移民主要是密克罗尼西亚国家在本地区内部以及到美国的移民。本地区内部移民主要是从帕劳、马绍尔群岛和密克罗尼西亚联邦移民到关岛和北马里亚纳群岛。密克罗尼西亚部分国家（特别是关岛、北马里亚纳群岛和帕劳）也接收来自亚洲（尤其是中国和菲律宾）的移民。

美拉尼西亚最大的移民输出国是斐济，但斐济大多数国际移民是印度裔斐济公民。斐济的熟练医疗工作者移民到密克罗尼西亚各国赚取高薪。斐济人也纷纷移民到库克群岛，以填补库克群岛的国民移民到新西兰和澳大利亚后的劳动力空缺。本地区还有各种临时移民活动。例如：图瓦卢和基里巴斯国民在航运业做海员，离家时间可能长达 2 年。关岛是净移民输入国，岛上美国军事设施扩建造就的大量就业机会吸引了主要来自亚洲、太平洋岛国和美国的国际移民，其中来自中国和菲律宾的短期移民在北马里亚纳群岛制衣厂上班。

（三）增速较快

本地区国际移民基本趋势：国际移民在不断增加，过去 20 多年移民趋势在不断加快，特别是斐济、萨摩亚、汤加和马绍尔群岛更为明显。政治的不稳定和经济

---

① Geoffrey Hayes, "Maxing Development Benefits and Minimizing Negative Impact in the Pacific Islands Sub-region", Workshop on Strengthening National Capacities to Deal with International Migration, 22–23 April, 2010, Bangkok.

发展落后是斐济移民的直接原因。萨摩亚和汤加为进入新西兰提供了便利的移民协议，保证了新移民的定期流动，而家庭团聚政策则有利于全家移民。

太平洋岛国经济增长速度已经不足以产生足够的新就业机会以吸纳不断增长的劳动力。相反，因为在澳大利亚、新西兰和美国已经出现了熟练和非熟练劳动力短缺现象，所以大多数太平洋岛国移民到了这些发达国家。这些发达国家人口老龄化现象严重，劳动力在逐渐减少，而太平洋岛国的人口更年轻，拥有"剩余劳动力"。这些人口和经济现实表明，移民（无论是永久移民还是临时移民）同时是输出国和输入国适宜的发展战略。

根据 2001 年新西兰和澳大利亚人口普查数据，2001—2006 年，新西兰的太平洋岛国移民人口年均增长率为 2.8%，澳大利亚为 5.8%。[1]据 2000 年和 2004 年美国人口调查，美国一些太平洋岛国移民群体 2000—2004 年增加了 34%。[2]

2001—2006 年澳大利亚的太平洋岛国移民每年增加约 23 000 人或年均增长 4.4%。库克群岛、纽埃、托克劳和图瓦卢人的大量增加特别明显。部分国家的波利尼西亚人本身就具有新西兰公民身份，可以自由出入新西兰和澳大利亚，因此澳大利亚这类移民数量迅速增加。其他太平洋岛国移民，尤其是萨摩亚和汤加可能也是在获得新西兰公民身份之后再移民到澳大利亚的。2006 年人口普查显示，澳大利亚有近 50 000 人出生在斐济。这个数字包括斐济土著、印度裔斐济公民和其他少数族群。澳大利亚约 60% 斐济出生的人口是印度裔斐济公民。

2000 年美国人口普查数据表明，在普查前五年，来自斐济、萨摩亚、汤加的移民数量分别以 9.5%、5.7% 和 5.4% 的速度增长。然而，这一时期国际移民增长最快的是密克罗尼西亚。1995—2000 年，帕劳人、密克罗尼西亚人和马绍尔群岛人的美国移民人口增长率分别为 10.0%、14.0% 和 16.0%。将所有这些加在一起，1995—2000 年美国的太平洋岛国移民增长率为每年 8.8%。[3]

---

[1] Stahl CW & Appleyard RT, *Migration and Development in the Pacific Islands: Lessons from the New Zealand Experience*, Aus AID Web–Based Report. http://www.ausaid.gov.au/publications/pdf/migration.pdf.

[2] Geoffrey Hayes, "Maxing Development Benefits and Minimizing Negative Impact in the Pacific Islands Sub–region", Workshop on Strengthening National Capacities to Deal with International Migration, 22–23 April, 2010, Bangkok.

[3] Geoffrey Hayes, "Maxing Development Benefits and Minimizing Negative Impact in the Pacific Islands Sub–region", Workshop on Strengthening National Capacities to Deal with International Migration, 22–23 April, 2010, Bangkok.

二、移民汇款

（一）发展现状

2000—2001 年、2005—2006 年是澳大利亚和新西兰经济增长放缓时期，太平洋岛国移民汇款也在持续增长。此外，随着澳、新两国针对本地区非熟练劳动力发放"临时工作许可证"，太平洋岛国移民汇款将更加有保障了。[①] 随着萨摩亚和汤加两国金融业的发展和银行设施增加，收款家庭存入银行汇款的比例将更大，从而通过银行的系统和金融中介促进金融业的发展。

10 多年来本地区几个重要的移民输出国（如萨摩亚、汤加、斐济、图瓦卢）移民汇款呈现出明显增长的趋势，汇款收入在太平洋岛国的地位越来越重要。全球经济衰退曾经导致全球汇款减少，但太平洋岛国未来的移民汇款还是比较乐观的。这是因为，即使在澳大利亚和新西兰 2000—2001 年经济增长放缓时期，流入太平洋岛国的移民汇款依然在上涨，而后于 2005—2006 年又同样进一步增长。[②] 据萨摩亚央行发布的数据，2015 年 1—9 月，萨摩亚移民汇款达 3 亿塔拉（约 1.14 亿美元），较 2014 年同期的 2.75 亿塔拉增长 9.4%。[③]

（二）汇款渠道

太平洋岛国汇款的常用渠道是通过邮政和由来访的移民、移民的亲戚或朋友携带回国。本地区汇款大部分通过非正规渠道而不是正规渠道。本地区使用的正规渠道包括西联、银行汇票和 ATM。多数低于 1 000 美元的汇款交易通过国际汇款机构而不是银行。澳大利亚的国际汇款公司（MTOs）有超过 5 000 个代理商，一般都设在移民集中的地方，汇款的过程比银行简单，在收款国同样设置分支机构，以便更好地收款，也更便宜，因此多数汇款单笔金额都不大。但来源国不同，汇款的成本有很大的差别。例如：同样使用西联汇款 200 澳元到萨摩亚，从

---

① John Gibson, Halahingano Rohorua, Steven Stillm, David McKenzie, "Information Flows and Migration:Recent Survey Evidence from the South Pacific", *Asian and Pacific Migration Journal*, Vol. 19, No.3, 2010, pp. 401–420.

② World Bank, *Global Economic Prospects 2006: Economic Implications of Remittances and Migration*, 2006, p.104.

③ 《萨摩亚 2015 年 1—9 月侨汇收入同比增长 9.4%》，2015 年 12 月 14 日，国研网，http://www.dss. gov.cn/news_wenzhang.asp?ArticleID=379220.

澳大利亚汇款需要花费 20 澳元，从美国汇款仅需 10 澳元（约 7.3 美元），从新西兰汇款也只需 15 澳元（约 16 新西兰元）。[①]

（三）汇款用途

本地区的移民汇款主要用于消费，少量用于投资。移民汇款的相当部分都用来偿还移民过程中所欠下的债务，包括签证、护照、体检、机票、车票或船票等费用。[②] 在偿还债务后，移民汇款都不约而同地主要贡献给了消费，主要是食品、车辆和住房（其中包括更高级的卫生间，更好、更清洁的饮用水和太阳能电池板）等家庭福利方面。移民汇款满足了部分家庭需求，如家庭基本生活开支、婚丧嫁娶、支付学费，以及资助机票以帮助其他家庭成员移民等。此外，移民汇款还用于建房或购买土地。[③]

在太平洋岛国，公共开支是汇款的重要目标，包括对公共体育和教会的支持。[④] 移民汇款使用对增强以个人和家庭义务为中心的传统价值起着重要作用，使文化和经济都得以持续发展。在基里巴斯，大部分汇款都用于满足基本生活需求，所有收款人都力图保留一些收入用来购买土地和投资面包店、商店等。除了消费、购房和一些社区需求（如教堂）、机票和教育外，[⑤] 只要有投资机会，并且消费需求已得到满足，本地区移民汇款就会用于投资、刺激创业和贸易活动，增加正规部门就业并产生乘数效应。[⑥] 移民汇款用于各种形式投资，但主要用于服务业（特别是商店和运输业）。汇款为开店以及其他创业活动（从农业到旅游业，几乎涵盖所有行业）提供启动资金。这些企业的成功发展为国际移民回国投资树

[①] Geoffrey Hayes, "Maxing Development Benefits and Minimizing Negative Impact in the Pacific Islands Sub-region", Workshop on Strengthening National Capacities to Deal with International Migration, 22–23 April, 2010, Bangkok.

[②] Richard P.C. Brown, "Migrants' Remittances, Savings and Investment in the South Pacific", *International Labour Review*, Vol. 133, No. 3, 1994, pp.183–189.

[③] John Cornell, "Remittances: Lifelines for Small Islands? Small States Digest", *Commonwealth Secretariat*, Issue 4, 2011, pp.4–8.

[④] John Cornell, "Remittances: Lifelines for Small Islands? Small States Digest", *Commonwealth Secretariat*, Issue 4, 2011, pp.4–8.

[⑤] Richard P.C. Brown, "Migrants' Remittances, Savings and Investment in the South Pacific", *International Labour Review*, Vol. 133, No. 3, 1994, pp.183–189.

[⑥] John Cornell, "Remittances: Lifelines for Small Islands? Small States Digest", *Commonwealth Secretariat*, Issue 4, 2011, pp.4–8.

立了榜样。

海外波利尼西亚人中回国倾向最为强烈的来自于那些在母国有投资项目的国际移民。在整个汤加，移民汇款用在渔业、农业、商店和运输领域的增加，证明了移民汇款的用途从消费到投资的转变。这在一定程度上是消费目标已经实现的结果。

（四）汇款成本

如前所述，全球范围内汇款成本稳步下降，从 2008 年的 8.8% 下降到了 2011 年（第三季度）的 7.3%。然而，许多小国，尤其是太平洋岛国并非如此。直到 2010 年，本地区不少国家的汇款成本仍然在 15% 左右。MTOs 是最常见的汇款渠道，80% 以上的汤加国际移民汇款都通过该渠道。从新西兰到汤加使用 MTOs 汇款，成本在 15%—20%，从澳大利亚和美国通过 MTOs 汇款的成本甚至更高。[①]

到 21 世纪，汇款成本高的情况正在改善。斐济、汤加和萨摩亚推出了新的改革方案，全国各地已经遍布代理商网络，这样各地就可以就近便捷收款。同时随着各国政府对汇款公司施加压力，全国各地更多人使用 ATM 系统，知晓金融知识和开立银行账户的人的比例不断上升，手机用户也迅速增加（萨摩亚和汤加大多数家庭都使用手机），成本已进一步降低了。2009 年以来，这些国家国内银行对世界银行和捐助国政府所施加的压力已经导致对资金转移实行双重 ATM 系统，同时在 2011 年底推出了独立的移动电话汇款业务，没有银行账户的人可以使用手机汇款。在不少太平洋岛国，成本、交款速度以及收款便捷度、可靠程度等方面都开始出现显著变化。这 2 项措施会极大地增强商业竞争，继而导致汇款成本降低 4%—5%。[②]

（五）汇款数额估算

仅仅对通过正规渠道（如银行）转移的移民汇款进行估算有可能低估汇款的实际规模。因为移民很轻松就可以通过其他渠道转移汇款，而央行或其他统计机构对

---

① John Cornell, "Remittances: Lifelines for Small Islands? Small States Digest", *Commonwealth Secretariat*, Issue 4, 2011, pp.4–8.

② John Cornell, "Remittances: Lifelines for Small Islands? Small States Digest", *Commonwealth Secretariat*, Issue 4, 2011, pp.4–8.

这些汇款无从知晓。没有任何一个太平洋岛国的外汇管制可以禁止个人随身携带可观的现金数额（尽管每次数额都是有限的）回其母国。[1] 因此，本地区移民汇款被低估的现象突出。一是因为部分太平洋岛国使用的是新西兰或澳大利亚货币，所以外汇交易记录中汇款很不容易追踪。二是因为托运到移民来源国或作为行李运入的海外物品没有被作为汇款进行登记（这些肯定也是价值的转移形式）。三是因为移民在海外工作期间积累的每笔海外资金也未作为"移民汇款"记录。[2] 这种积累的资金不算作移民汇款，明显不利于对移民收入所做的任何评估，因为相比赡养家庭的定期少量的汇款而言，这些积累起来的财富更有可能投资于企业或项目。因此，本地区移民汇款被低估显而易见。

通过非正规渠道的汇款估算方法之一就是对收款家庭展开调查。世界银行在汤加和斐济的调查显示，绝大多数家庭通过正规渠道（如银行）收款，但依然有33%的斐济家庭和41%的汤加家庭可以通过非正规渠道（移民自己或委托朋友随身携带现金，从 ATM 取款或通过邮政汇款等）。对新西兰的萨摩亚移民的一项抽样调查发现，2/3 移民宁愿寄货物回国而不是汇现金回国。[3] 特别是在发生自然灾害之后，移民寄回国的物品（包括食品）显著增加。从理论上讲，全国性抽样调查可以为估计国内获得年度汇款总额提供基础。这种方法被世界银行用于估算斐济和汤加的汇款总额。当然这种方法仍有缺陷，因为有部分移民将部分汇款直接汇到了教堂、学校和慈善机构（尤其是在自然灾害期间）。尽管存在这类局限，对收款家庭的抽样调查还是能够对最重要的汇款形式——移民的亲属（个人和家庭）直接从移民那里收到的汇款提供最可靠的估算。抽样调查也可以获得物品或其他贵重物品（包括服务）从母国向国际移民反向流动的信息。在国际移民寄回母国的物品中，食品占有相当大的比例；而从母国寄给国际移民的物品中，食品也一样重要，尤其是在移民居住国买不到的家乡美味。

传统商品，如婚丧嫁娶所需要的具有民族特色的某种席子或垫子和"塔帕"

---

[1] Richard P.C. Brown, "Migrants' Remittances, Savings and Investment in the South Pacific", *International Labour Review*, Vol. 133, No. 3, 1994, pp.183–189.

[2] Richard P.C. Brown, "Migrants' Remittances, Savings and Investment in the South Pacific", *International Labour Review*, Vol. 133, No. 3, 1994, pp.183–189.

[3] Richard P.C. Brown, "Migrants' Remittances, Savings and Investment in the South Pacific", *International Labour Review*, Vol. 133, No. 3, 1994, pp.183–189.

布，也从太平洋岛国带到了国际移民社区。[①]人类学家 Epeli Hau'ofad 认为移民汇款回国的总值与其所收到的其母国家庭的家乡物产基本等值，其中包括对移民土地权利的维持等服务在内。[②]移民汇款伴随着传统货物和相关服务的双向运动并不一定减少移民汇款带来的益处。相反，它能使汇款和寄到海外的货物更具有进出口性质。国际移民社区的发展为移民母国的民族特产提供了海外市场。

第二节　太平洋岛国移民汇款的经济影响及其特点

一、经济影响

（一）对经济增长的影响

估算移民汇款经济影响的一个重要指标是其相对于其他经济指标的比例关系。由这些指标来看，移民汇款在太平洋岛国的经济地位越来越重要。本地区的主要收款国包括汤加、萨摩亚、斐济、基里巴斯、图瓦卢、瓦努阿图、库克群岛、纽埃和托克劳。

从移民汇款占 GDP 的比例来看，太平洋岛国这类经济规模比较小的国家往往就是世界上"最大"的一些收款国。如 1995—1999 年、2000—2004 年、2007—2008 年汤加 GDP 超过 37% 来自汇款。佛得角、格林纳达、圣文森特和圣基茨以及其他小岛国经济也同样高度依赖移民汇款。[③]

移民汇款大幅增加了太平洋岛国的国内收入，改善了国内生活水平，在部分国家对 GDP 的贡献超过 40%（见表 4-2）。相较于其他太平洋岛国，斐济、萨摩亚和汤加收到汇款的绝对数额十分可观。汤加、萨摩亚和基里巴斯的移民汇款占各自国内 GDP 的比例更大。斐济 2005 年的移民汇款收入估计为 1.84 亿美元，

---

① Nic Maclellan, Peter Mares, "Remittances and Labour Mobility in the Pacific", A Working Paper on Seasonal Work Programs in Australia for Pacific Islanders, Pacific Labour and Australian Horticulture Project Institute for Social Research Swinburne University of Technology, 2005. http://www.sisr.net/cag/projects/pacific.htm.

② Hau'ofa, Epeli, "Our Sea of Islands", *the Contemporary Pacific*, Vol.6, No.1, 1994, pp.148–161. 这篇文章的中文翻译请见童元昭主编《群岛之洋：人类学的大洋洲研究》（商务印书馆 2009 年版）第十一章。

③ John Cornell, "Remittances: Lifelines for Small Islands? Small States Digest", *Commonwealth Secretariat*, Issue 4, 2011, pp.4–8.

相当于其 GDP 的 6.2%。[①] 萨摩亚和汤加是 2007 年和 2008 年名列世界收款国前十的 2 个太平洋岛国，其汇款收入估计分别占各自 GDP 的 22.9%（2007 年）和 37.9%（2008 年）（见表 4-2）。2008 年，移民汇款占萨摩亚 GDP 的 24%。

表 4-2　1970—2008 年部分太平洋岛国移民汇款总量和占 GDP 的比例

（单位：百万美元，%）

时间	斐济	基里巴斯	巴布亚新几内亚	萨摩亚	所罗门群岛	汤加	瓦努阿图
1970—1974	—	—	—	—	—	2（7.5）	—
1975—1979	4（0.5）	2（4.5）	10（0.6）	10（13.2）	—	6（16.4）	—
1980—1984	8（0.7）	2（6.9）	5（0.2）	19（19）	—	10（16.5）	8（7.0）
1985—1989	26（2.2）	4（15.8）	9（0.3）	34（33.8）	—	19（22.5）	8（6.0）
1990—1994	24（1.6）	6（19.3）	17（0.4）	37（28.1）	—	21（15.4）	12.2（6.4）
1995—1999	30（1.5）	7（15.2）	13（0.3）	44（19.6）	2（0.6）	61（37.7）	22（8.3）
2000—2004	73（3.6）	7（13.3）	11（0.3）	54（18.9）	4（1.6）	61（37.7）	22（8.3）
2005	184（6.2）	7（11.4）	13（0.3）	110（25.2）	7（2.4）	66（30.6）	5.1（1.4）
2006	165（5.2）	7（11.3）	13（0.2）	108（24.0）	20（6）	72（30.5）	5.0（1.2）
2007	165（4.8）	7（9.0）	13（0.2）	120（22.9）	20（5.1）	100（39.6）	5.5（1.1）
2008	175（4.7）	9（10.7）	13（0.2）	135（24.0）	20（4.8）	100（37.9）	7.0（1.2）

资料来源：The World Bank, *Migration & Remittances: Recent Developments and Outlook*, 2010.

注：表格中括号内数值为该国移民汇款占 GDP 的比例，括号外数值为移民汇款总量。

　　表 4-3 提供了移民汇款规模与 GDP 和出口比例的关系。移民汇款对国家经济总量贡献最大的显然是汤加，2004 年其移民汇款占 GDP 的 39.2%；其次是图瓦卢（17%）、萨摩亚（14.2%）和基里巴斯（12%）。汤加和图瓦卢的汇款收入是出口的 4 倍多，萨摩亚的汇款收入是出口的 54.2%，斐济的汇款收入是出口的 24.7%。

---

① Geoffrey Hayes, "Maxing Development Benefits and Minimizing Negative Impact in the Pacific Islands Sub-region", Workshop on Strengthening National Capacities to Deal with International Migration, 22–23 April, 2010, Bangkok.

表4-3 2004年太平洋岛国移民汇款与经济指标

国家	人均 GDP（美元）	人均 ODA（美元）	出口（千美元）	移民汇款（千美元）	汇款占 GDP 的比例（%）	汇款占出口的比例（%）
斐济	6 066	76	677	167	7.4	24.7
汤加	7 870	189	15	66	39.2	440.0
萨摩亚	5 613	168	83	45	14.2	54.2
瓦努阿图	3 051	179	149	9	3.3	6.0
基里巴斯	2 339	171	3.3	7	12.0	212.1
图瓦卢	3 010	—	0.1	3	17.0	428.6
库克群岛	8 579	—	7.2	—	—	—
纽埃	6 689	—	0.2	—	—	—
托克劳	—	—	—	—	—	—

资料来源：Stahl CW & Appleyard RT, *Migration and Development in the Pacific Islands: Lessons from the New Zealand Experience*, AusAID web–based report.

1997—2005年本地区汇款绝对数额和占 GDP 的比例都在稳步增长。汤加和萨摩亚移民汇款年平均增长率分别为10.5%和12.4%，同期斐济汇款增长更快，年均增长率达18.6%。[1] 在这些国家，汇款占 GDP 总量的比例也在相应增长。这一时期，汤加的汇款占 GDP 的比例已经从23.2%增长到了30.6%；萨摩亚则从16.8%增长到了25.2%。[2] 斐济增加了2倍多，由1997年的2%增长到了2005年的6.2%；基里巴斯在此期间保持稳定，一直在11%以上。[3]

以上这些数据没有包括以实物形式或移民在海外为家人支付的款项以及通过非正规渠道的汇款。因此，由移民所产生的资源流动的实际规模被低估了。进入21世纪以来，促进斐济、萨摩亚和汤加国民经济增长的主要来源一直是移民汇款（见表4-3）。就移民汇款占 GDP 的比例而言，汤加最显著，2002年曾经一度达到44.3%（见表4-4）；其次是萨摩亚，1986—1990一度平均高达35.5%（见表4-5）。

---

[1] World Bank, *Global Economic Prospects 2006: Economic Implications of Remittances and Migration*, 2006, p.104.

[2] World Bank, *Global Economic Prospects 2006: Economic Implications of Remittances and Migration*, 2006, p.104.

[3] World Bank, *Global Economic Prospects 2006: Economic Implications of Remittances and Migration*, 2006, p.104.

表 4-4　汤加的 GDP 增长率、移民汇款和金融指标

（单位：%）

年份	GDP 增长率	移民汇款占 GDP 的比例	商品和服务出口占 GDP 的比例	货币和准货币占 GDP 的比例	私人部门贷款占 GDP 的比例
1981—1985（平均）	3.4	21.1	25.8	28.5	19.3
1986—1990（平均）	0.3	21.8	27.8	31.5	31.6
1991—1995（平均）	3.7	16.8	21.2	31.0	34.2
1996—2000（平均）	1.8	25.7	14.0	36.8	50.2
2001	3.1	39.0	11.0	45.6	53.9
2002	1.7	44.3	18.0	44.7	56.4
2003	3.1	32.6	19.0	44.5	56.8
2004	1.1	34.0	21.0	47.5	51.5
2005	−3.3	30.6	20.0	52.6	64.1
2006	4.4	30.5	16.0	52.0	59.2
2007	−0.3	39.4	16.6	53.8	65.1
2008	1.2	37.7	17.1	50.7	64.9

资料来源：The World Bank, *Migration & Remittances: Recent Developments and Outlook*, 2010.

表 4-5　萨摩亚的 GDP 增长率、移民汇款和金融指标

（单位：%）

年份	GDP 增长率	移民汇款占 GDP 的比例	商品和服务出口占 GDP 的比例	货币和准货币占 GDP 的比例	私人部门贷款占 GDP 的比例
1981—1985（平均）	1.9	21.6	—	26.1	10.9
1986—1990（平均）	0.8	35.5	—	35.5	16.9
1991—1995（平均）	1.1	26.3	29.1	36.5	21.9
1996—2000（平均）	4.0	19.3	34.8	32.9	25.4
2001	7.1	18.8	34.6	35.8	32.0
2002	4.4	17.1	32.9	36.3	33.1
2003	4.8	14.0	26.8	37.9	33.3
2004	4.8	22.8	26.3	37.6	33.5
2005	5.4	25.2	26.7	38.2	37.3
2006	1.1	24.1	28.2	41.4	43.1
2007	6.4	22.9	30.7	40.8	39.8
2008	−3.4	25.8	33.5	44.5	43.7

资料来源：The World Bank, *Migration & Remittances: Recent Developments and Outlook*, 2010.

（二）对外汇收入的影响

由前面的介绍可以发现，如果收款国可以通过岛屿进行分类，那么，越小、越偏远的岛国其收入中来自移民汇款的比例就越高。这些小岛国不仅汇款收入多，而且汇款是比出口、旅游甚至 ODA 都要更稳定、更重要的收入来源。[1] 不少太平洋岛国的移民汇款超过了 ODA 和 FDI。对萨摩亚和汤加的比较研究表明，如果汇款计算在内，收入分配更加公平。[2]

近年来随着发展中国家移民汇款总量不断增长，相关国际机构、各国政府和研究人员对移民汇款的兴趣日益增加。许多发展中国家的汇款收入对其经济而言再也不是无足轻重的资金，而是事关其生活水平改善和宏观经济稳定的关键因素。在不少发展中国家，其汇款收入已经超过 ODA 和 FDI。

表 4–6　2008 年移民汇款占 GDP 的比例排名前十的国家

国家	移民汇款	
	占 GDP 的比例（%）	总量（百万美元）
塔吉克斯坦	50	2544
汤加	38	100
摩尔多瓦	31	1897
吉尔吉斯斯坦	28	1232
莱索托	27	443
萨摩亚	26	135
黎巴嫩	25	7180
圭亚那	24	278
尼泊尔	22	2727
洪都拉斯	20	2824

资料来源：The World Bank, *Migration & Remittances: Recent Developments and Outlook*, 2010.

到 21 世纪初，所有太平洋岛国每年汇款收入已经达到了 4 亿美元左右的规

---

[1]　John Cornell, "Remittances: Lifelines for Small Islands? Small States Digest", *Commonwealth Secretariat*, Issue 4, 2011, pp.4–8.

[2]　John Cornell, "Remittances: Lifelines for Small Islands? Small States Digest", *Commonwealth Secretariat*, Issue 4, 2011, pp.4–8.

模，① 每年都以超过 ODA 和 FDI 的速度在增加。斐济靠移民汇款赚取的外汇比糖或服装产业出口加在一起还要多。在这些太平洋岛国的一些村庄里，80%—90%的家庭都有来自海外的移民汇款。②

（三）对人力资源的影响

在本地区几乎所有国家，除了政府提供的有限的教育机会外，移民汇款使得移民家庭成员获得了更多的教育机会，如在斐济，高等教育和移民汇款之间存在正相关的关系。对基里巴斯和图瓦卢国际移民的汇款研究表明，其汇款大多数都用于基本生活需求和学费，多余的就存起来购买土地或修建住房。③ 但汤加是个例外，高等教育和移民汇款之间几乎没有关系。④ 汤加人比斐济人更容易获得通过家庭团聚类别移民的机会，因此他们对通过高等教育来移民的积极性不高。

移民对人力资源质量的影响取决于移民是熟练工人还是非熟练工人，是临时移民还是永久移民。斐济是上述几个问题表现最突出的太平洋岛国，其大量的专业人员、技术工人及相关工人永久移民海外，致使多个行业人力资源平均质量严重下降和人员短缺已经变得非常明显。1984—1994 年斐济有 586 名医生移民外国，教师、会计师、建筑师和工程师也在大量移民。斐济统计局按职业对 1995—2008 年抵港及离港的居民的统计数据显示，平均每年净流出 1 134 名专业、技术及相关人员，2005—2008 年净流出的专业人员和技术工人有 12 850 人。⑤ 斐济

---

① Geoffrey Hayes, "Maxing Development Benefits and Minimizing Negative Impact in the Pacific Islands Sub-region", Workshop on Strengthening National Capacities to Deal with International Migration, 22–23 April, 2010, Bangkok.

② Richard P.C. Brown, John Cornell, "Migration, Remittances and the South Pacific: towards Investment against Vulnerability", In Judith Shaw, *Remittances, Microfinance and Development: Building the Link, Vol.1: a Global View*, the Foundation for Development Cooperation, 2005, pp.17–25.

③ Richard P.C. Brown, "Migrants' Remittances, Savings and Investment in the South Pacific", *International Labour Review*, Vol. 133, No. 3, 1994, pp.183–189.

④ Geoffrey Hayes, "Maxing Development Benefits and Minimizing Negative Impact in the Pacific Islands Sub-region", Workshop on Strengthening National Capacities to Deal with International Migration, 22–23 April, 2010, Bangkok.

⑤ Geoffrey Hayes, "Maxing Development Benefits and Minimizing Negative Impact in the Pacific Islands Sub-region", Workshop on Strengthening National Capacities to Deal with International Migration, 22–23 April, 2010, Bangkok.

每年流失的人力资本价值约达 4 500 万斐元。[①] 其他太平洋岛国，尤其是萨摩亚和汤加，也流失了大量熟练的卫生工作者，特别是护士。

太平洋岛国专业人员短缺导致医生都要从海外招聘。到 2003 年斐济 1/3 的执业医师来自国外，包括中国台湾省、韩国、菲律宾和缅甸。值得注意的是，即使专业医护人员没有大量移民流失的太平洋岛国（如所罗门群岛和基里巴斯）也招募了来自古巴的医生。因此，国际移民所带来的人力资源短缺是一个更复杂的问题。

虽然太平洋岛国通过收款而从国际移民中获益，但是因为熟练的专业技术人员（尤其是教师和医务工作者）移民海外而失去了宝贵的人力资源。迄今还没有证据表明，这些职业劳动力的相对短缺刺激了工资增加或者劳动条件的改善；相反，政府从经济更落后的国家招徕移民以取代移民海外的教师和医生。[②] 知识信息的不完善使得移民家庭有意识地提升子女教育质量以提高子女移民海外（然后往家里汇款）的能力。移民及其汇款直接和间接地促进了这些岛国人力资本的发展。

（四）对家庭储蓄的影响

移民汇款和储蓄之间都存在较强的关联性：有汇款收入的家庭，其储蓄显然多于没有汇款收入的家庭。汤加收款家庭的储蓄比非收款家庭多出 35%，而在斐济这一数据甚至达到了 65%。因此，移民汇款对斐济储蓄的影响要比汤加大得多，原因可能在于各自不同的移民系统及其社会文化因素。

此外，移民汇款还缓解了这 2 个国家的收入不公现象。如果将汇款收入计算在内，斐济收入最低的 1/5 人口的收入比例从 2.4% 增加到了 4.0%，汤加收入最低的 1/5 人口的收入比例从 1.9% 增加到了 9.8%。与此相反，斐济收入最高的 1/5 人口的收入比例从 58% 减少到了 55%，汤加收入最高的 1/5 人口的收入比例则由 63% 减少到了 51%。以住房材料质量、供水和卫生设施以及家用设施的所有权来衡量，汇款收入与家庭财富之间也有明显的关联。本地区移民汇款对本地区减少贫困人口具有积极作用。世界银行的估算结果：如果将汇款收入包括在总收入内，斐济贫困人口的比例从 38% 下降到了 34%，汤加的贫困人口比例则由

---

① Mahendra Reddy, Padma Lal, "State Land Transfer in Fiji: Issues and Implications", *Pacific Economic Bulletin*, Vol.17, No.1, 2002, pp.146–153.

② Richard P.C. Brown, "Migrants' Remittances, Savings and Investment in the South Pacific", *International Labour Review*, Vol. 133, No. 3, 1994, pp.183–189.

57% 下降到了 33%。①

（五）对经济安全的影响

如前所述，当收款国和家庭遇到困难时（通常是遭受自然灾害），移民汇款就会急速增加。最典型的是萨摩亚，在几次飓风过后，移民汇款被用于购买食物、改建房屋、种植园补种作物和弥补收入损失，使村庄和国家能够得以重建。也就是说，移民汇款能够保护小岛国免受外部危机冲击，从而增强经济安全。②

总体而言，移民汇款大幅改善了太平洋岛国的福利，尤其是改善了住房、消费和卫生健康状况。学者们普遍担心移民汇款用于消费而不是投资，并通过削弱收款人的工作动力而构成了"道德风险"，但只要有机会移民，汇款一样会转向投资。③

移民汇款带来"荷兰病"或对经济发展产生阻碍作用的观点在这个地区没有得到支持。虽然本地区移民汇款可能会产生一些不利影响，但是目前几乎没有什么有力的直接证据。如几个小岛国曾出现过农业衰退的现象，很可能是劳动力短缺导致的，也可能是旅游增长导致的，与国际移民及其汇款并无多大关系。

二、基于移民汇款的独特经济发展模式

（一）"移民汇款—发展援助"型经济发展模式

特殊条件造就特殊的经济发展模式。由于受国际移民及其汇款影响，本地区形成了被称作"MIRAB"（"移民汇款—发展援助"型经济发展模式，即移民及其汇款、ODA 和政府结合（Migration，Remittances，Aid and Bureaucracy）的独

---

① Geoffrey Hayes, "Maxing Development Benefits and Minimizing Negative Impact in the Pacific Islands Sub-region", Workshop on Strengthening National Capacities to Deal with International Migration, 22–23 April, 2010, Bangkok.

② Richard P.C. Brown, John Cornell, "Migration, Remittances and the South Pacific: towards Investment against Vulnerability", In Judith Shaw, *Remittances, Microfinance and Development: Building the Link*, *Vol.1: a Global View*, the Foundation for Development Cooperation, 2005, pp.17–25.

③ Richard P.C. Brown, John Cornell, "Migration, Remittances and the South Pacific: towards Investment against Vulnerability", In Judith Shaw, *Remittances, Microfinance and Development: Building the Link*, *Vol.1: a Global View*, the Foundation for Development Cooperation, 2005, pp.17–25.

特经济发展模式。[1] 这是一种典型的移民汇款经济模式。正是移民及其汇款和外援的结合，才使得这样的小岛在极端不利的发展环境下维持了较高的生活水平。

（二）高度依赖移民汇款的经济发展模式

本地区对移民汇款的依赖在本章其他部分已有详细叙述。汤加和斐济就是比较成熟的"汇款经济"，大多数家庭都有汇款收入。受此影响，这2个国家的贫富差距也缩小了。40多年前，新西兰的汤加移民被描述为"像黄金一样贵重"。[2] 其他小岛国的国际移民也一样珍贵。来自这些地方的许多移民家庭故意将家庭成员分配到不同的地方，以使家庭投资组合达到多样化，最大限度地降低风险。这一现象被描述为"亲属跨国公司"。[3]

三、对经济发展影响的国别差异

（一）国家规模的差异

1. 小规模国家

波利尼西亚和密克罗尼西亚海上面积大，土地面积却很小，除了旅游业和渔业外，国内经济发展范围十分有限。由于规模小、缺乏自然资源（除了海洋资源）、远离市场以及其他发展制约等，这类小规模国家不适宜采用强调国内生产、产品出口的经济发展标准模式。在这些高度移民导向的地区，首要关注的是，即使不存在"剩余劳动力"之后，移民活动仍将继续，继而导致劳动力短缺。如果移民不回国，就需要从其他岛国进口劳动力。国际移民有可能进一步缩小国内经济规模，损害其国际角色。

2. 中等规模国家

萨摩亚、汤加和斐济土地面积较大、人口较多，有一些自然资源，经济进

---

① Richard P.C. Brown, John Cornell, "Migration, Remittances and the South Pacific: towards Investment against Vulnerability", In Judith Shaw, *Remittances, Microfinance and Development: Building the Link, Vol.1: a Global View*, the Foundation for Development Cooperation, 2005, pp.17–25.

② John Cornell, "Remittances: Lifelines for Small Islands? Small States Digest", *Commonwealth Secretariat*, Issue 4, 2011, pp.4–8.

③ John Cornell, "Remittances: Lifelines for Small Islands? Small States Digest", *Commonwealth Secretariat*, Issue 4, 2011, pp.4–8.

一步发展的空间较大。这类国家虽然规模也不大，但是目前还未受到人口减少的威胁，因此经济有一定发展空间。在这一类国家，国际移民可以被视为经济结构调整期间的过渡战略，政府主要关心的是人力资本的损失，要弥补这种损失代价很大。虽然长期而言技术工人和专业人员移民所带来的潜在经济收益相对比较稳定，但军事政变等政治危机经常给移民活动造成冲击。这些国家的经济转型远没有想象的那么成功，国内创造就业机会的速度依然不足以吸纳快速增长的劳动力，因此短期国际劳工移民就为非熟练工人提供了"替代性"的工作来源，从而具备了重要的经济功能。

3. 本地区的"大国"

瓦努阿图、所罗门群岛和巴布亚新几内亚的土地面积更大，资源更丰富（包括矿物），但人力发展水平较低，人口增长率不高，经济发展前景令人担忧。在瓦努阿图、所罗门群岛和巴布亚新几内亚等较大的美拉尼西亚国家，国际移民对人口变化或经济的作用目前还不显著。根据 Clemens 和 Pritchett 的研究结论，当"自然人"的平均收入比其母国的人均 GDP 多 10% 时，移民就可能成为这个国家的发展战略。根据这个标准，在萨摩亚、马绍尔群岛、斐济、汤加和帕劳，移民显然早就是其重要发展战略。相比之下，瓦努阿图、所罗门群岛和巴布亚新几内亚的国际移民现象没有这样突出。

（二）移民汇款影响的差异

1. 获得国际移民的机会差别很大

库克群岛、纽埃和托克劳的国民自动拥有新西兰公民权，因此可以自由出入新西兰和澳大利亚。根据《自由联合契约》（Compacts of Free Association）规定的条款，来自帕劳、马绍尔群岛和密克罗尼西亚联邦（The Federated States of Micronesia）的国民可以不受限制地到美国去工作或上学。这几个国家没有受到其主要移民东道国移民政策的影响。

萨摩亚、汤加、基里巴斯和图瓦卢等几个国家享有凭年度就业配额优先进入新西兰的"特权"。移民如果在新西兰取得了永久居留权或加入了新西兰国籍，也能自由进入澳大利亚。其他太平洋岛国，包括巴布亚新几内亚、所罗门群岛和瓦努阿图等，就无法享受这类优惠政策，会受到东道国移民政策的约束。

进入 21 世纪，这些移民政策重点都放在技术移民和商业移民。作为熟练的专业技术工人数量较多的少数太平洋岛国之一，斐济从这些政策中获益颇丰。其他美拉尼西亚国家熟练工人很少，因此国际移民相应也少。

2. 汇款收入差别显著

汤加91%的家庭和斐济42%的家庭收到了来自国外的移民汇款，其中移民家庭收款的比例高得多（汤加为98%，斐济为87%），甚至没有移民的家庭也有汇款收入。汤加几乎每家每户都有移民汇款；斐济的比例低一些，其移民历史也比汤加更短一些。汤加的家庭汇款收入比斐济多得多。这是每户家庭移民的数目不同所造成的。汤加平均每户家庭的移民人数比斐济更多。汤加没有移民的家庭其汇款收入也比斐济更多。很显然，太平洋岛国不同国家和民族的汇款规模存在显著差别。要解释这些差别就要考虑一系列的影响因素，包括移民制度形成、演变历史的长短，移民是否由长期移民、永久移民、临时移民组成，移民在母国的家属人数及其与这些亲属亲戚的感情和亲疏关系等。例如：斐济土著主要是半熟练的短期工人，出国时家人都留在国内。在斐济，包括汇款收入在内的人均收入比不包括汇款时要多7%，而汤加的这个数字是45%。[1] 换句话说，在汤加，包括汇款在内的人均收入比不包括汇款时多了近一倍。包括汇款收入在内时，汤加的总收入增长效应更为显著，增长了6倍多。这2个国家移民汇款主要影响的是最低收入阶层，如斐济，如果包括移民汇款在内，其收入将会增加82%。[2]

第三节　太平洋岛国国际移民及移民汇款相关政策措施

一、立法保障个人自由移民权利

没有一个太平洋岛国公开限制公民进行国内或国际的移民活动，自由离开自己的国家是公认的人权。境内移民权利一般受宪法或普通法保护。当然，也可能因为欠税或涉及刑事诉讼而被阻止离境。出于公共健康的目的或被防止刑事罪犯

---

[1] Geoffrey Hayes, "Maxing Development Benefits and Minimizing Negative Impact in the Pacific Islands Sub-region", Workshop on Strengthening National Capacities to Deal with International Migration, 22–23 April, 2010, Bangkok.

[2] Geoffrey Hayes, "Maxing Development Benefits and Minimizing Negative Impact in the Pacific Islands Sub-region", Workshop on Strengthening National Capacities to Deal with International Migration, 22–23 April, 2010, Bangkok.

外逃，部分太平洋岛国的政府实行有条件的移民限制政策。部分政府出于政治目的有时也有限制性规定，但总体而言公民的国际移民自由权利不受限制。本地区只有所罗门群岛保留了需要签证的立法条款。

巴布亚新几内亚和所罗门群岛政府对境内自由移民权利的限制一直存在争议，但修改宪法以废除对各省之间移民限制的努力始终没有成功。在境内移民权利受到限制的地方，其国际移民能力可能也受到了相应的影响，因为境内移民通常是人们获得签证和机票的重要条件。

二、签署双边协定

太平洋岛国政府在三大政策领域加大了干预程度：①实行立法保护，制定相关政策措施，以尽量减少移民过程中存在的问题或障碍，包括与目的国之间的国际协议；②制定临时劳工计划，允许太平洋岛国民众团体旅游和寻找工作，或者进行海外筹款，或者进行某项地方发展项目相关的活动等；③制定鼓励汇款的生产性用途的政策，如以外币发行储蓄债券，或用于吸引比目前更高利率的特别计息账户，以及鼓励使用官方渠道的政策。

如前所述，迄今至少有 6 个国家已与新西兰（部分国家还与澳大利亚）签署了双边协定，以通过"季节性工作方案"使得临时劳工移民更方便。新西兰和澳大利亚政府分别通过新西兰国际开发署和澳大利亚国际开发署采取了措施，以降低向太平洋岛国的汇款成本（此前这里的成本全世界最高）。斐济通过了一项海外临时就业法案，同时还通过了政府就业中心的操作法规（包括海外就业）。

新西兰和澳大利亚共同出资建立了一个网站，以便于人们将各种渠道汇款的成本、汇率和速度进行比较。针对这些举措，一家区域银行开发了"汇款卡"，允许移民将其在澳大利亚或新西兰的资金从任意一个太平洋岛国的 ATM 上取出来。这一举措有助于将汇款费用从汇款金额的 15%—20% 降低到 3%—4%，节省了 1.4 亿美元交易成本。① 交易成本降低将导致汇款金额急剧增加。②2006 年

---

①   T. K. Jayaraman, Chee–Keong Choong, Ronald Kumar, "Role of Remittances in Economic Development: An Empirical Study of World's Two Most Remittances Dependent Pacific Island Economies", *MPRA Paper*, No. 33197, May 2011.http://mpra.ub.uni–muenchen.de/33197/.

②   John Gibson, Halahingano Rohorua, Steven Stillm, David McKenzie, "Information Flows and Migration:Recent Survey Evidence from the South Pacific", *Asian and Pacific Migration Journal*, Vol. 19, No.3, 2010，pp. 401–420.

新西兰推出了"季节性雇主计划"（RSE），允许其他太平洋岛国8 000名不熟练工人入境在园艺和葡萄种植业工作7个月。①2008年澳大利亚也推出了类似的试点项目。

三、为准移民提供技术培训

以国际标准培训的护士更容易移民国外，许多人培训的目的实际上就是移民，如澳大利亚和加拿大曾支持过太平洋岛国护士的培训。发展中国家的卫生和其他专业人员的"生产过剩"，就可能会导致这类人员的移民"溢出"。②技术人才移民能够刺激其他人也参与类似的培训，以方便出国之需。

四、增加正规渠道汇款，降低国际汇款成本

太平洋岛国汇款的常用方法是通过邮政渠道和回国的移民，或移民的亲戚，或朋友随身携带回国。本地区汇款大部分通过非正规渠道转移。③本地区正规渠道包括西联、银行汇票和ATM。多数低于1 000美元的汇款交易通过MTOs而不是银行。

本地区对此采取的应对措施：①设立 www.sendmoneypacific.org 以利于提高定价的透明度、数据的准确性；②扩大澳大利亚在太平洋岛国的2家银行（西太平洋银行和ANZ）的电子产品推广，继续寻求更有效的手段为汇款人提供电子产品；③通过太平洋岛国大多数央行加强支付系统（包括手机支付）的立法工作；④在几乎所有智能接口FICs提供移动金融服务项目，以实现更高效地汇款。

---

① T. K. Jayaraman, Chee–Keong Choong, Ronald Kumar, "Role of Remittances in Economic Development: An Empirical Study of World's Two Most Remittances Dependent Pacific Island Economies", *MPRA Paper,* No. 33197, May 2011.http://mpra.ub.uni–muenchen.de/33197/.

② Clemens, Michael,Lant Pritchett, "Income Per Natural: Measuring Development as if People Mattered More Than Places", *Population and Development Review*, Vol. 34,No.3, 2008, pp. 395–434.

③ Ahlburg DA, Migration, "Remittances, and the Distribution of Income: Evidence from the Pacific", *Asian and Pacific Migration Journa*l, Vol.4,1995, pp.157–167.

第四节　太平洋岛国移民汇款促进经济发展面临的主要挑战

一、政府对移民汇款的积极作用重视不够

本地区有关国家的发展战略尚没有对国际移民问题足够重视。截至目前，太平洋岛国可持续发展战略基本没有包括与国际移民相关的内容。这些国家的移民及其汇款领域存在"政策真空"，整个地区只有一个国家的发展战略中包含合理对待国际移民的内容。

造成"政策真空"的原因有很多：①在部分国家，国际移民是一个政治敏感问题，决策者不愿意或者不敢从国家发展层面上考虑国际移民问题。千年发展目标（MDGs）为本地区提供了发展规划框架。但遗憾的是，千年发展目标基本上没有关于国际移民的内容。②不熟悉国际移民最新发展状况，特别是关于移民与发展之间的关系不断变化的趋势，导致观念落后。世界上已有不少国家将移民合法化作为一种发展战略，而不是作为"国家失败"的标志。③不少国家认为移民政策基本上是由输入国所决定，移民来源国对这些政策没有什么影响。④缺乏人口改革措施。⑤缺乏移民区域协商程序（Regional Consultative Process on Migration，RCPM）或国家报告制度（CRS）。目前各国政府正加紧争取世界银行的支持，以管理和评估新西兰和澳大利亚的"季节性工作方案"。这些措施将逐步提升本地区对国际移民的管理能力。

二、移民汇款的用途过于集中

在太平洋岛国，移民汇款用在食品（大部分是进口的）上的比例很高，其他的用途包括婚丧嫁娶等。因此，本地区汇款用途中占比最大的是"利他"的目的。这意味着汇款被直接汇寄到母国家人手中，通过各种途径维持或改善其生活水平。相反，只有小部分汇款用于投资企业。

三、政府缺乏有效措施和手段

（一）利率吸引力小

由于以当地货币持有的汇款（可能被用于投资目的）没有利率竞争力，移民没有在母国积蓄的意愿。允许移民持有海外货币账户有助于确保资金可以"再出口"，但收益必须与海外的利率有竞争力。

（二）汇款债券化手段少

在其他收款国，"政府储蓄债券"已被有关政府作为引导移民汇款资金进入投资领域的工具。其他有效措施还包括国家或地方政府提供"配套资金"，以使移民汇款用于基础设施建设。但在太平洋岛国迄今还没有实施类似的政策措施。

四、金融基础设施落后

本地区现有银行系统的兼容性有限，特别是 ATM 和 EFTPOS 机器不允许收款人到任何 ATM 上使用国内借记卡，而必须使用银行制定的专用机器。[1] 如果这些金融体系没有相互兼容性，同一个地方就需要有多个 ATM 和 EFTPOS，而不是任何银行的收款人都可以使用同一个 ATM。

以萨摩亚为例。该国的金融部门规模很小，由一家央行和 4 家商业银行组成，其中 2 个都是外国银行的分支机构，约占 80% 的市场份额。[2] 除了国家资助的养老基金系统（萨摩亚国家公积金）外，非银行金融机构包括一些外资独资保险公司和当地的信用社。由于对私营部门缺乏足够的激励政策，受制于缺乏抵押物，养老基金只能投资于国库券和公共部门项目。此外，唯一发行的金融证券是政府债券，包括短期国库券和不同期限的长期债券。由于缺乏二级市场，这些证

---

[1]　T. K. Jayaraman, Chee-Keong Choong, Ronald Kumar, "Role of Remittances in Economic Development: An Empirical Study of World's Two Most Remittances Dependent Pacific Island Economies", *MPRA Paper,* No. 33197, May 2011.http://mpra.ub.uni-muenchen.de/33197/.

[2]　T. K. Jayaraman, Chee-Keong Choong, Ronald Kumar, "Role of Remittances in Economic Development: An Empirical Study of World's Two Most Remittances Dependent Pacific Island Economies", *MPRA Paper,* No. 33197, May 2011.http://mpra.ub.uni-muenchen.de/33197/.

券不能够上市交易，债券持有人不得不长期持有这些债券。

汤加金融业有五大机构：央行、3 家商业银行和一家国有开发银行。1993 年之前，汤加只有 2 家银行，包括一家商业银行和一家国有开发银行（主要通过对外借款进行资源投资）；第二家商业银行成立于 1993 年，是外国银行分行；第三家商业银行是本地注册的银行。萨摩亚拥有全国公积金制度，而汤加则没有这样的养老基金制度。在这 2 个国家，银行业务主要局限在市区，正规部门活动过于集中。由于萨摩亚和汤加没有债券和股票市场，除了商业银行的储蓄存款及定期存款的储蓄外，没有其他富有吸引力的金融资产。随着各自经济（特别是金融部门）的自由化改革，这 2 个国家从 20 世纪 90 年代中期开始就已经停止了对贷款和存款利率的控制。①

五、移民汇款的持续性存疑

进入 21 世纪，太平洋岛国移民第二代和第三代已经长大。随着海外出生的第二代越来越多，其中不少人已经获得了东道国公民权，即使移民活动仍在持续，通过家庭团聚移民海外的越来越多，其汇款能力和意愿相对较弱。如果移民汇款减少，同时又没有其他收入来源，太平洋岛国经济的未来将是不确定的。另外，如果国际移民后代不熟悉母国的语言和文化，或者已经完全融合于东道国，归属感将会减弱。年轻一代与母国的关系和对母国的归属感已经发生了深刻变化。如果再不出现大量新移民，就很难维持"利他主义"的汇款规模。

---

① T. K. Jayaraman, Chee-Keong Choong, Ronald Kumar, "Role of Remittances in Economic Development: An Empirical Study of World's Two Most Remittances Dependent Pacific Island Economies", *MPRA Paper,* No. 33197, May 2011.http://mpra.ub.uni-muenchen.de/33197/.

第五章　巴基斯坦移民汇款及其对经济发展的影响

第一节　巴基斯坦国际移民及其发展

一、历史回顾

巴基斯坦国际移民历史悠久，但大规模的国际移民在 20 世纪 70 年代才出现。这一时期的石油繁荣使海湾国家兴起了大规模建筑活动，为亚洲移民创造了大量就业机会，如水管工、泥瓦匠、电工、木工等。巴基斯坦由于经济发展水平较低，能够提供的就业岗位有限，政府积极鼓励和推动对外劳务输出，为此每年对外输出大批劳工，以解决剩余劳动力的就业问题和维持社会稳定。1971 年起，巴基斯坦开始了有组织、有计划的劳工出口工作。据巴基斯坦海外基金会统计，1985 年巴基斯坦约有 300 万国际移民，其中大部分生活在美国、英国、沙特阿拉伯和阿联酋。[①]

随着海外劳工市场人力需求结构开始发生变化，对工程师和其他技术工人的需求越来越多，直到 20 世纪 90 年代初，巴基斯坦技术移民的数量一直在持续增长，1995 年之后才开始逐渐下降，此后低技术工人越来越多。结果，由于巴基斯坦工人缺乏基本资质和工作经验，海湾国家转而寻找来自其他国家（如孟加拉国和印度）的移民工人。据巴基斯坦移民局统计，巴基斯坦 1971—2004 年累计输出劳务 367 万人次。自 2007 年 1 月到 2009 年 6 月，巴基斯坦国际移民的数量翻了一番，达到每月近 38 000 人次。2009 年，巴基斯坦通过正规渠道

[①] Farid Makhlouf, Mazhar Mughal, *Remittances and Dutch Disease in Pakistan-a Bayesian Analysis Approach*, CATT–UPPA, February, 2010.

派出的移民劳工约 30 万人次。[1]

二、发展现状

进入 21 世纪，巴基斯坦国际移民开始迅速增加。如表 5-1 所示，2004 年海外巴基斯坦人约有 400 万，2010 年已增加到了约 630 万，到 2012 年总数约 670 万。海外巴基斯坦人已经遍布世界各地，尤其是大量集中于海湾国家、欧洲和美国，主要包括沙特阿拉伯（110 万）、英国（80 万）、美国（60 万）、阿联酋（50 万）和加拿大（25 万）。这 5 个国家的巴基斯坦人占海外巴基斯坦总人口的 80% 以上。[2]

表 5-1　巴基斯坦国际移民数量

（单位：百万人）

国家	2004	2010	2012
世界各国	4.0	6.3	6.7
沙特阿拉伯	1.1	1.5	1.7
阿联酋	0.5	1.0	1.2
美国	0.6	0.9	0.9
英国	0.8	1.2	1.2

资料来源：2004 年数据来自巴基斯坦计划委员会（Pakistan, Planning Commission 2005），2010 年数据来自巴基斯坦外交部（the Ministry of Foreign Affairs），2012 年数据来自 Khan（2012）。

海湾国家由于人口规模小而经济规模却在不断扩大，对劳动力的需求增长得很快，需要从世界各地吸引熟练和非熟练劳动力。由于其劳动力市场比较容易进入，多数巴基斯坦移民都到了这些国家。他们的主要职业是建筑工人，其次是从事零售、油气开采、运输服务、旅游、清洁和家政服务工作。

[1] Farid Makhlouf, Mazhar Mughal, *Remittances and Dutch Disease in Pakistan-a Bayesian Analysis Approach,* CATT-UPPA, February, 2010.

[2] Farid Makhlouf, Mazhar Mughal, *Remittances and Dutch Disease in Pakistan-a Bayesian Analysis Approach,* CATT-UPPA, February, 2010.

表 5-2　1971—2004 年世界各地巴基斯坦移民数量

（单位：人）

目的地	1971—2000	2001	2002	2003	2004
阿联酋	626 705	18 421	34 113	61 329	65 786
阿尔及利亚	708	8	5	0	4
安哥拉	66	2	2	0	0
巴林	65 987	1 173	1 022	809	855
文莱	192	174	41	78	107
加蓬	287	2	0	2	0
希腊	428	0	2	8	6
几内亚	60	1	0	17	30
中国香港	97	10	7	13	6
伊朗	12 544	2	1	5	12
伊拉克	68 132	1	0	0	0
约旦	4 367	189	39	61	140
肯尼亚	33	0	0	2	7
科威特	106 307	440	3 204	12 087	18 498
利比亚	63 701	713	781	1 374	375
黎巴嫩	359	1	0	1	0
马来西亚	1 993	64	59	114	65
尼日利亚	2 019	16	21	66	14
阿曼	212 131	3 802	95	6 911	8 982
卡塔尔	50 481	1 633	480	367	2 383
沙特阿拉伯	1 648 279	97 262	104 783	126 397	70 896
塞拉利昂	124	0	0	0	0
苏丹	668	37	128	27	93
新加坡	113	9	14	5	3
索马里	59	1	3	0	2
西班牙	159	362	389	202	254
坦桑尼亚	342	8	3	45	53
突尼斯	25	0	0	0	0
乌干达	303	0	0	0	1
英国	1 059	800	703	858	1 419
美国	802	788	310	140	130
也门	3 796	25	73	85	157
西非	307	0	0	0	0
南非	24	3	8	59	7

（续表）

目的地	1971—2000	2001	2002	2003	2004
赞比亚	834	5	2	1	0
日本	91	24	10	12	12
韩国	3 634	271	564	2 144	2 474
克罗地亚	44	0	0	0	0
土库曼斯坦	493	216	4	214	16
塞浦路斯	140	17	31	22	40
土耳其	149	3	3	1	0
中国内地	137	4	8	1	3
喀麦隆	41	1	2	0	0
摩洛哥	38	0	0	0	0
意大利	405	824	48	128	581
瑞典	46	2	0	0	8
瑞士	18	8	3	5	4
叙利亚	217	20	20	6	5
德国	77	23	5	42	8
阿塞拜疆	3	1	0	5	7

资料来源：Bureau of Emigration and Overseas Employment. 转引自 Vaqar Ahmed, Guntur Sugiyarto, and Shikha Jha, "Remittances and Household Welfare: A Case Study of Pakistan", *ADB Economics Working Paper Series*, No.194, Asian Development Bank, February, 2010, pp.30–31.

第二节　巴基斯坦移民汇款及其影响

一、发展概况（20 世纪 70 年代中期至 21 世纪初）

（一）发展轨迹

多数巴基斯坦劳动力移民至海湾国家，结果来自海湾国家的移民汇款占巴基斯坦移民汇款总收入的 55% 以上。[1]

---

[1]　Rashid Amjad M. Irfan G.M. Arif, "How to Increase Formal Inflows of Remittances: An Analysis of the Remittance Market in Pakistan", Working Paper, A Joint Publication of the Graduate Institute of Development Studies (Lahore School of Economics), International Growth Center (IGC) and the Pakistan Institute of Development Economics (PIDE), January, 2013.

20 世纪 70 年代中期以前，巴基斯坦国际移民人数还很少，移民汇款十分有限。其移民目的国主要是英国和美国，多数都和家人一起生活在海外，汇款意愿不强。70 年代中期以后前往海湾国家的移民却不一样，需要寄钱回国养家和偿还当初移民时所欠下的债务，因此 70 年代以来巴基斯坦移民汇款迅速增长（见表 5-3）。

表 5-3　南亚国家移民汇款情况表

（单位：百万美元）

年份	孟加拉国	印度	马尔代夫	尼泊尔	巴基斯坦	斯里兰卡
1976—1980（年均）	145	1 387	—	—	1 228	56
1981—1985（年均）	511	2 469	2	—	2 543	281
1986—1990（年均）	725	2 444	1	—	2 104	358
1991—1995（年均）	1 008	4 358	2	54	1 606	629
1996—2000（年均）	1 650	10 517	2	71	1 247	1 011
2001	2 105	14 273	2	147	1 461	1 185
2002	2 858	15 736	2	678	3 554	1 309
2003	3 192	20 999	2	771	3 964	1 438
2004	3 584	18 750	3	823	3 945	1 590
2005	4 315	22 125	2	1 212	4 280	1 991
2006	5 428	28 334	3	1 453	5 121	2 185
2007	6 562	37 217	3	1 734	5 998	2 527
2008	8 941	49 941	3	2 727	7 039	2 947
2009	10 523	49 256	3	2 986	8 720	3 363
2010	11 050	55 000	3	3 513	9 407	3 612

资料来源：World Bank Staff Estimates Based on the International Monetary Fund's Balance of Payments Statistics Yearbook, 2011.

表 5-4　1971—2004 年巴基斯坦国际移民按技术水平分类统计

（单位：人）

年份	高级技工	高级熟练工人	熟练工人	半熟练工人	非熟练工人	总计
1971	163	892	1 499	973	7	3 534
1972	782	904	1 860	670	314	4 530
1973	916	954	3 408	26	6 996	12 300
1974	954	582	3 992	275	10 525	16 328
1975	985	569	8 848	460	12 215	23 077
1976	835	1 529	15 087	792	23 447	41 690

（续表）

年份	高级技工	高级熟练工人	熟练工人	半熟练工人	非熟练工人	总计
1977	2 570	4 413	51 845	4 666	76 951	140 445
1978	2 155	5 903	53 805	3 830	63 840	129 533
1979	1 527	5 245	49 756	3 103	58 628	118 259
1980	1 729	4 041	47 569	2 191	62 867	118 397
1981	2 467	6 984	60 503	2 707	80 420	153 081
1982	2 190	7 449	60 748	3 065	64 083	137 535
1983	2 123	6 473	58 042	3 648	49 745	120 031
1984	1 427	4 527	42 005	2 695	42 886	93 540
1985	968	4 259	37 244	2 736	37 126	82 333
1986	717	3 787	25 225	1 802	26 471	58 002
1987	796	3 558	27 294	1 985	32 553	66 186
1988	743	4 739	36 276	2 542	37 245	81 545
1989	925	6 095	44 483	2 979	41 381	95 863
1990	1 115	6 834	52 895	3 602	49 335	113 781
1991	1 308	7 752	67 215	4 662	61 881	142 818
1992	2 293	11 653	93 795	5 113	78 652	191 506
1993	1 908	10 105	77 820	4 070	60 626	154 529
1994	1 328	6 916	58 197	2 921	41 574	110 936
1995	1 292	7 681	61 177	3 317	43 581	117 048
1996	1 794	10 168	59 816	5 385	42 466	119 629
1997	1 669	9 292	76 599	3 616	57 853	149 029
1998	2 024	8 230	50 122	1 925	38 405	100 706
1999	2 699	13 860	31 678	1 118	28 738	78 093
2000	2 999	10 292	54 110	2 125	38 207	107 733
2001	3 155	10 846	64 098	2 768	47 062	127 929
2002	2 618	14 778	74 968	3 236	51 822	147 422
2003	2 719	22 152	101 713	4 601	82 854	214 039
2004	3 291	15 557	77 033	3 840	74 103	173 824
合计	57 184	239 019	1 630 725	93 444	1 524 859	3 545 231

资料来源：Bureau of Emigration and Overseas Employment of Pakistan.

由表 5-3 可知，1976—1995 年，巴基斯坦是南亚地区仅次于印度的第二大收款国。20 世纪 70 年代后期到 80 年代早期是巴基斯坦移民汇款流入的历史峰值。这一时期大多数海湾国家吸引了大量巴基斯坦劳动力积极参与经济建设，南亚地区的移民汇款约有一半流入了巴基斯坦。1983 年是这一时期移民汇款最多的一年（移民汇款总额已经超过了其出口总量），此后一直呈减少趋势。自 1996 年以来，巴基斯坦被孟加拉国超越，退居南亚第三。这种下滑趋势一直持续到了 2000 年，根据官方数据，巴基斯坦的移民汇款从 1991 年的 14.67 亿美元减少到了 2000 年的 10.86 亿美元。[1] 就汇款来源国而言，20 世纪 70—90 年代，巴基斯坦移民汇款来源国数量十分有限，过于集中于海湾国家（见表 5-5），其中阿联酋和沙特阿拉伯两国在 1981 年就分别占了 13% 和 47%（见表 5-6）；英国和美国虽是第三和第四大移民汇款来源国，但同期仅占 9% 和 3%，其他地区为 28%。

表 5-5　巴基斯坦移民汇款的主要来源

（单位：百万美元）

来源国	1973	1977	1981	1986	1991	1996	2002	2005	2008
阿联酋	0	118	265	311	172	162	469	713	1 090
沙特阿拉伯	8	159	984	1 163	682	503	376	627	1 251
英国	73	49	185	223	180	110	152	372	459
美国	10	29	71	194	190	142	779	1 249	1 762
其他	45	223	610	703	624	544	612	1 208	1 889
总计	136	578	2 115	2 594	1 848	1 461	2 388	4 169	6 451

资料来源：Vaqar Ahmed, Guntur Sugiyarto & Shikha Jha, "Remittances and Household Welfare: A Case Study of Pakistan", *ADB Economics Working Paper Series*, No. 194, Asian Development Bank, February, 2010.

进入 21 世纪以来，来源于英国和美国的汇款迅速增加。以 2002、2005、2008 年的数据来看，来自阿联酋和沙特阿拉伯的汇款占比迅速减少，分别为 36%、32% 和 36%，而同期英国和美国则迅速增加至 39%、39% 和 34%，其他地区变化不大，分别为 25%、29% 和 30%（见表 5-6）。

表 5-6　巴基斯坦移民汇款的主要来源国占比

（单位：%）

来源国	1973	1977	1981	1986	1991	1996	2002	2005	2008
阿联酋	0	20	13	12	9	11	20	17	17
沙特阿拉伯	6	27	47	45	37	34	16	15	19
英国	54	9	9	9	10	8	6	9	7
美国	7	5	3	7	10	10	33	30	27

[1] Farid Makhlouf, Mazhar Mughal, *Remittances and Dutch Disease in Pakistan-a Bayesian Analysis Approach*, CATT-UPPA, February, 2010.

（续表）

来源国	1973	1977	1981	1986	1991	1996	2002	2005	2008
其他	33	39	28	27	34	37	25	29	30
总计	100	100	100	100	100	100	100	100	100

资料来源：Vaqar Ahmed, Guntur Sugiyarto & Shikha Jha, "Remittances and Household Welfare：A Case Study of Pakistan", *ADB Economics Working Paper Series*, No. 194, Asian Development Bank, February, 2010.

（二）发展变化的原因分析

国际移民数量减少和过度使用非正规汇款渠道，导致巴基斯坦移民汇款在20世纪80年代初到21世纪初一直处于不断下滑的趋势。这一时期巴基斯坦非正规移民汇款占移民汇款总量的84%，其中48%通过哈瓦拉渠道，27%通过随身携带，9%是实物形式。这种结构一直到21世纪初都没有出现大的改变。2001年9月以前正式渠道移民汇款仅约占19%，而非正规渠道约占81%。1985—2000年非正规移民汇款年均比例从40%增加到了50%。[1]

导致这一时期移民汇款增加的因素还有很多，如房价下跌、利率上升和卢比对美元的大幅贬值等。但值得注意的是，最近10年左右，巴基斯坦移民汇款增加恰逢其国际移民的急剧增加和移民目的国的日益多元化。同时，巴基斯坦国际移民技术结构发生了显著变化，移民中的熟练工人越来越多。[2]

二、移民汇款的变化及原因（21世纪初以来）

进入21世纪，政府意识到了非正规渠道的危害，于是加大力度改善服务，对洗钱行为实行了更严格的管理，对非正规渠道开始实施强硬的控制措施。这些措施取得了不错的成效，巴基斯坦官方登记的正规渠道移民汇款显著增加了。此后，随着汇款渠道由非正规渠道转向正规渠道，2001年9月正规渠道移民汇款的下降趋势发生了逆转，之后巴基斯坦移民汇款迅速增加。此外，自"9·11"以

---

[1] Anum Nisar, Saira Tufail, "An Analysis of Relationship between Remittances and Inflation in Pakistan", *Zagreb International Review of Economics & Business*, Vol.16, No.2, 2013, pp.19–38.

[2] Vaqar Ahmed, Guntur Sugiyarto & Shikha Jha, "Remittances and Household Welfare: A Case Study of Pakistan", *ADB Economics Working Paper Series*, No. 194, Asian Development Bank, February, 2010.

　　来全球反洗钱力度的加强，政府有关减少汇款成本、加快汇款速度的政策措施，以及其他相关因素等，使得不少移民汇款改走正规渠道，也是导致这一时期移民汇款迅速增加的重要原因。2001—2014年，巴基斯坦移民汇款一直呈增长趋势。[①]

　　2008年金融危机爆发以后，2009年流入巴基斯坦的移民汇款总额依然达到了89.1亿美元，占全年经常性转移支付总量近70%，其重要性超越了纺织品出口。截至2009年底，巴基斯坦移民汇款总额达89.1亿美元，与上一财年的78.1亿美元相比增幅达14%，创历史新高。到2010年，巴基斯坦国际移民速度放缓，但移民汇款依然达到90亿美元。巴基斯坦央行公布的数据显示，2012年7—12月，巴基斯坦国际移民共汇回71.1亿美元，较2011—2012财年同期的63.2亿美元增长12.5%。巴基斯坦71.1亿美元移民汇款中，64亿美元通过银行渠道，6.4亿美元通过货币兑换公司，7 000万美元通过邮政局。2013年7月巴基斯坦移民汇款14.04亿美元，比上年同期的12.05亿美元增加了近2亿美元，同比增幅为16.5%。[②]2012年7—12月，巴基斯坦移民汇款主要源自以下国家和地区：沙特阿拉伯（19.61亿美元）、阿联酋（14.61亿美元）、美国（11.56亿美元）、英国（10.05亿美元）、海湾四国（巴林、科威特、卡塔尔、阿曼，共8.11亿美元）、欧盟成员国（1.89亿美元）。源自挪威、瑞士、澳大利亚、加拿大、日本及其他国家的移民汇款共5.35亿美元。[③]

　　2015年7—10月巴基斯坦移民汇款65亿美元，同比增长5.2%，其中沙特阿拉伯是最大来源国，总额19亿美元，同比增长10.7%；其次为阿联酋，总额15亿美元，同比增长9%；来自美国、英国、科威特、阿曼、巴林、卡塔尔的移民汇款分别为9.04亿美元、8.69亿美元、2.34亿美元、2.6亿美元、1.58亿美元、1.19亿美元；来自海湾国家的移民汇款占总收入的63.9%。[④]但由于国际油价急剧下跌，海湾国家开始减少基础设施建设支出，导致来自这些国家的移民汇款减少。

　　造成这些变化的原因主要有以下4个方面。

①　Anum Nisar, Saira Tufail, "An Analysis of Relationship between Remittances and Inflation in Pakistan", *Zagreb International Review of Economics & Business*, Vol.16, No.2, 2013, pp.19–38.

②　《巴基斯坦侨汇收入持续增长》，巴基斯坦《每日时报》，2013年1月11日，中华人民共和国商务部官方网站，http://www.mofcom.gov.cn/aarticle/i/jyjl/j/201301/20130108520153.html.

③　《巴基斯坦侨汇收入持续增长》，巴基斯坦《每日时报》，2013年1月11日，中华人民共和国商务部官方网站，http://www.mofcom.gov.cn/aarticle/i/jyjl/j/201301/20130108520153.html.

④　《巴基斯坦7—10月侨汇收入同比增长5.2%》，2015年11月12日，新浪网，http://finance.sina.com.cn/roll/20151112/121323750596.shtml .

（一）移民中的技术工人比例增长

这是造成上述变化的重要原因。移民的技术水平、在东道国和在巴基斯坦的投资回报率、汇率（实际和名义），以及巴基斯坦经济状况，与移民汇款都有密切联系。1994—2003 年，巴基斯坦海外熟练工人的比例已经增加到了 60%。这有助于解释为什么来自海湾国家的移民汇款增长速度快于巴基斯坦移民的增长速度。技术工人不太可能在经济衰退期间被解雇。[1] 这也是全球金融危机对巴基斯坦移民汇款无显著负面影响的重要原因。熟练工人的移民汇款要比半熟练和非熟练工人少约 5.5%。同时，移民汇款与移民收入高度相关：熟练工人移民汇款的增长速度超过了半熟练和非熟练工人。[2] 熟练、半熟练工人的比例从 2007 年的 40% 左右提高到了 2012 年的超过 55%。[3] 21 世纪以来，大批巴基斯坦专业人士（医生、工程师、科学家、银行家、IT 专家、注册会计师、教师等）移民到美国和欧盟，[4] 以及沙特阿拉伯、阿联酋、卡塔尔、巴林、科威特、英国、加拿大、澳大利亚、马来西亚、南非和日本。

此外，在 2008 年全球金融危机之后的 2009—2011 年，巴基斯坦的移民汇款年均增长率比金融危机前 3 年（2006—2008 年）高出 2%。从长远来看，巴基斯坦移民汇款能否维持增长势头，将有赖于其海外劳动力能否持续增长，更重要的是巴基斯坦国际移民的组成是否继续以技术工人为主。当然，由于国际移民存在"人才外流"问题，应谨慎评价技术劳工持续输出产生的积极效应。

（二）移民汇款来源结构发生变化

全球金融危机后巴基斯坦国际移民分布出现新的变化。2008 年下半年以来，到阿联酋的巴基斯坦移民人数逐渐下降，相反的是，到沙特阿拉伯的移民增加了。同时巴基斯坦移民开始前往其他国家，移民分布格局多样化。同时，来自阿联酋的移民汇款却增加了，2008 年 11 月出现了显著的突破。此前 9 个月，平均

---

[1] 一般来说，技术水平越高，被解雇的可能性越低，薪水也越高。

[2] Vaqar Ahmed, Guntur Sugiyarto & Shikha Jha, "Remittances and Household Welfare: A Case Study of Pakistan", *ADB Economics Working Paper Series*, No. 194, Asian Development Bank, February, 2010.

[3] Vaqar Ahmed, Guntur Sugiyarto & Shikha Jha, "Remittances and Household Welfare: A Case Study of Pakistan", *ADB Economics Working Paper Series*, No. 194, Asian Development Bank, February, 2010.

[4] 欧盟国家包括德国、法国、西班牙、意大利、爱尔兰、挪威等。显然，官方的数字并未能准确统计到这些国家的移民汇款，因为这类移民没有被当作国际移民而登记在册。

每月移民汇款额为 9 800 万美元，而此后 9 个月则达到平均每月 1.62 亿美元。[①]

　　移民分布变化带来移民汇款来源结构的变化。如上所述，巴基斯坦移民汇款中来自海湾国家的所占的比例很大，这一时期（2008—2013 年）更是高达 70%—80%。尤其是这一时期来自阿联酋的移民汇款呈现激增趋势，2007—2008 年就翻了一番，与来自美国的移民汇款（2008 年约有 17 亿美元）基本相当。同时西方国家（主要是美国和英国）依然是移民汇款的重要来源地区，只是自金融危机以来其移民汇款在总额中的比例有所减少。2012 年 7—12 月，巴基斯坦移民汇款主要来源国和地区的占比：沙特阿拉伯（27.6%）、阿联酋（20.53%）、美国（16.24%）、英国（14.12%）、海湾四国（巴林、科威特、卡塔尔、阿曼，共 11.39%）、欧盟成员国（2.66%）。挪威、瑞士、澳大利亚、加拿大、日本及其他国家（7.52%）。[②] 也就是说这一时期仅 6 个海湾国家就占了 59.52%。

（三）移民汇款受到地缘政治事件的影响

　　2001 年 "9·11" 之后，美国和其他西方国家加大了对巴基斯坦人的银行账户审查。为了避免资金被冻结或没收，海外巴基斯坦人将一部分积蓄转移到巴基斯坦，因此提高了每月在巴基斯坦储蓄的比例。

（四）政府大力鼓励正规渠道汇款

　　实施外汇自由化制度以后，巴基斯坦国际移民有权开立外币账户，可以自由汇出、汇入外汇。采用浮动汇率也缩小了官方和市场之间的汇率差距。此外，国际移民通过正规渠道汇款也可以获得政府提供的关税豁免优惠。政府还为国际移民提供外汇不记名股票和外汇货币证书，以利于他们进行长期投资获得更丰厚的回报。

---

① Mohammad Irfan, "Remittances and Poverty Linkages in Pakistan: Evidence and Some Suggestions for Further Analysis", *PIDE Working Papers*, No.78, Pakistan Institute of Development Economics, Islamabad, 2011.

② 《巴基斯坦侨汇收入持续增长》，巴基斯坦《每日时报》，2013 年 1 月 11 日，中华人民共和国商务部官方网站，http://www.mofcom.gov.cn/aarticle/i/jyjl/j/201301/20130108520153.html. 这一组数据相加为 100.06%，应系统计误差所致，原文如此。

第三节　移民汇款对巴基斯坦经济发展的影响

一、成为最主要外汇来源

20 世纪 90 年代以前，由于监管政策的缘故，FDI 在经济中所占的份额微不足道。在 1992 年实施自由化政策后，FDI 取得了显著进展。例如：2001—2002 年 FDI 为 8.23 亿美元；2006—2007 年增加到了 54 亿美元，约占 GDP 的 4%。[①] 但自此以后，巴基斯坦 FDI 大幅减少，2011—2012 年减少了 36%，由 2011 年的 8.4 亿美元减少到了 2012 年的 5.32 亿美元。[②]

ODA 是资本流入的另一重要来源。过去几十年巴基斯坦的外援流入也出现了大幅波动。巴基斯坦在美苏冲突中处于前线，20 世纪 80 年代外援一直比较多，但在接下来的 10 年间外援逐渐减少，到 1998 年核试验之后就再也没有外援了。2001 年以后巴基斯坦成为美国发动的阿富汗战争的前线国家，外援才恢复。巴基斯坦的外援主要来自美国、国际发展协会（International Development Association）、亚洲开发银行（Asian Development Bank）、英国、日本、欧盟、阿联酋、土耳其和澳大利亚。2011 年巴基斯坦获得美国 35.09 亿美元的援助，仅占巴基斯坦 GDP 约 1.6%。[③] 因此，巴基斯坦不是援助依赖型国家。

然而，同一时期移民汇款一直是巴基斯坦外汇的重要来源，其稳定性超过了 ODA。在经济繁荣的 2005—2007 年，移民汇款超过了 FDI 和 ODA，是巴基斯坦仅次于出口的第二大外汇来源。[④]2009—2010 年巴基斯坦移民汇款占出口的比例超过了 60%，移民汇款数额超过了 FDI。[⑤] 稳步增长的移民汇款已经成为巴基

① Junaid Ahmed & Inmaculada Martínez-Zarzoso, "Blessing or Curse: the Stabilizing Role of Remittances, Foreign Aid and FDI to Pakistan", *Working Papers*, 2011, http://works.bepress.com/inma_martinez_zarzoso/.

② State Bank of Pakistan, *Handbook of Statistics on the Pakistani Economy 2010*, Statistics and Data Warehouse Department, State Bank of Pakistan, 2011.

③ State Bank of Pakistan, *Handbook of Statistics on the Pakistani Economy 2010*, Statistics and Data Warehouse Department, State Bank of Pakistan, 2011.

④ Udo Kock, Yan Sun, "Remittances in Pakistan: Why They Have Gone Up and Why They Are Not Coming Down", *the Pakistan Development Review*, Vol.50, No.3, 2011, pp. 189-208.

⑤ Udo Kock, Yan Sun, "Remittances in Pakistan: Why They Have Gone Up and Why They Are Not Coming Down", *the Pakistan Development Review*, Vol.50, No.3, 2011, pp. 189-208.

斯坦外汇账户平衡的稳定器。从 2007—2008 财年到 2008—2009 财年，移民汇款已导致巴基斯坦外汇收入增加了约 20%。同时，巴基斯坦经常账户的赤字减少超过 20 亿美元，甚至在 2009 年 2 月出现了盈余，这是自 2007 年 6 月以来首次出现顺差。[①]

上面数据显示，巴基斯坦的移民汇款是逆周期的，因此也是宏观经济的"稳定器"。ODA 似乎也呈现出一定的非周期性和稳定性，而 FDI 是顺周期和不稳定的。因此，相比 FDI 和 ODA，移民汇款是巴基斯坦更重要的外汇来源。巴基斯坦很难再吸引新的 FDI，经济发展越来越依靠移民汇款，特别是在同时缺乏 ODA 的情况下尤为如此。

二、影响经济增长

从历史上看，巴基斯坦移民汇款占 GDP 的 2%—10%，可以媲美许多发展中国家，同时与其他外国资本流入相比也颇具优势。在 20 世纪 70 年代和 80 年代初期，巴基斯坦移民汇款快速增长，占 GDP 的比例不断增加。1982—1983 年是这一时期的高峰阶段，移民汇款已达到 289 亿美元，相当于巴基斯坦 GDP 的 9.39%。此后，移民汇款便呈逐年下降趋势，特别是 1985 年以后流入急剧减少，到 80 年代末只有 18.97 亿美元。1989 年巴基斯坦移民汇款相当于其商品贸易总额的 37%，仅占 GDP 的 5.9%。到了 20 世纪 90 年代末，移民汇款已下降到 10 亿美元左右，仅占 GDP 的 1.5% 了。这种下降趋势一直持续到了 2000 年，此后才出现缓慢的增长。2002—2008 年，移民汇款又开始进入增长的快车道，甚至又翻了两番，超过了 70 亿美元。[②]

虽然近些年巴基斯坦移民汇款在迅速增加，但与此同时其 GDP 总量也在快速增长，因此移民汇款占 GDP 的比例仍只有温和的增长。2008 年，巴基斯坦的移民汇款仅占 GDP 的 4.2%，[③] 明显低于许多其他收款国。相比较而言，其他不少

① Junaid Ahmed & Inmaculada Martínez–Zarzoso, "Blessing or Curse: the Stabilizing Role of Remittances, Foreign Aid and FDI to Pakistan", *Working Papers*, 2011, http://works.bepress.com/inmamartinez_zarzoso/.

② Anum Nisar, Saira Tufail, "An Analysis of Relationship between Remittances and Inflation in Pakistan", *Zagreb International Review of Economics & Business*, Vol.16, No.2, 2013, pp.19–38.

③ Anum Nisar, Saira Tufail, "An Analysis of Relationship between Remittances and Inflation in Pakistan", *Zagreb International Review of Economics & Business*, Vol.16, No.2, 2013, pp.19–38.

发展中国家和中等收入国家的移民汇款占 GDP 的比例更大，如黎巴嫩（24%）、约旦（22%）和菲律宾（11%）。

三、影响收入分配

（一）影响城乡收入分配

表 5-7 显示了巴基斯坦每户收款家庭平均移民汇款分布情况，可知 1996—2007 年全国平均移民汇款增加了 2 倍多，由 48 574 卢比增加到了 151 794 卢比。鉴于消费物价指数在此期间上升了一倍，收款者按不变价格计算的移民汇款实际增长了大约 1/3。农村与城市的分布情况显示，虽然差距有所缩小，但城市地区每户平均移民汇款依然比农村地区更多，其中 1996—2007 年城市移民汇款总量每年增长 2.4%，农村地区增长更快，为 3.3%。在此期间移民汇款分布发生了显著变化，其中农村地区所占的比例从 1996 年的 49.1% 上升到了 2007 年的 72.4%（见表 5-7）。由此看来，移民汇款明显有助于缩小城乡收入差距。

表 5-7　巴基斯坦平均每户每年移民汇款情况

（单位：百卢比／每年，%）

年份	1996—1997	1998—1999	2001—2002	2005—2006	2007—2008
全国平均	48 674（100）	69 568（100）	74 952（100）	132 626（100）	151 794（100）
城市	65 141（50.9）	81 440（43.5）	84 657（40.8）	137 242（33.7）	177 336（27.6）
农村	38 631（49.1）	62 555（56.5）	69 456（59.2）	118 901（66.3）	143 910（72.4）

资料来源：Mohammad Irfan, "Remittances and Poverty Linkages in Pakistan: Evidence and Some Suggestions for Further Analysis", *PIDE Working Papers*, No. 78, Pakistan Institute of Development Economics, 2011.

注：括号内数值单位为 %。

（二）影响家庭收入分配

从表 5-8 显示的巴基斯坦移民汇款和收款家庭 5 个等级群体（Q5 是收入最高家庭群体，Q1 则是收入最低群体）的分布情况来看，收入最低的 2 个群体占移民汇款总额的比例从 1996—1997 财年的 8.6% 下降到了 2007—2008 财年的 5.7%，对应的收款户的比例也从 19.4% 下降到了 13.8%。在此期间，最高收入群体中移民汇款的比例由57.5%增加到了64.5%，同时收款家庭的比例仅略有增加，即由40.1%增加到了41.3%。由此可以看出，移民汇款使巴基斯坦的收入差距继续扩大。

表5-8　巴基斯坦移民汇款和收款家庭分布表

（单位：%）

收入群体	1996—1997 财年		2001—2002 财年		2005—2006 财年		2007—2008 财年	
	移民汇款	家庭	移民汇款	家庭	移民汇款	家庭	移民汇款	家庭
Q1	3.5	9.1	1.4	4.9	2.0	5.0	2.0	5.1
Q2	5.1	10.3	3.0	7.6	3.3	7.8	3.7	8.7
Q3	10.5	15.6	7.8	14.8	7.9	14.9	9.9	15.3
Q4	24.0	25.4	21.2	25.0	21.5	27.9	20.0	29.6
Q5	57.5	40.1	66.0	48.0	65.0	44.5	64.5	41.3

资料来源：Vaqar Ahmed, Guntur Sugiyarto & Shikha Jha, "Remittances and Household Welfare: A Case Study of Pakistan", *ADB Economics Working Paper Series*, No. 194, Asian Development Bank, February, 2010.

注：表中数据各列相加略高于或低于100，应系统计误差所致，原文如此。

　　移民汇款在各群体间分布的转移、变化，可能是技术移民增加以及移民成本上升所致。由于移民汇款占家庭总收入的比例很低（1996年仅为5%），移民汇款在各群体间的上述转移、变化本身并未引起基尼系数出现实质性的变化。

　　从移民汇款分布来看，2001—2002年之后移民汇款对收入较低的几个群体的收入影响不大。从上述数据来看，自2001年以来，由于最低收入群体的移民汇款以及收款家庭的比例始终不高，变化不大，移民汇款对巴基斯坦摆脱贫困的影响已经被大大削弱。

　　另外，从移民成本角度来看，国际移民大多集中在相对比较富裕的家庭。表5-9总结了巴基斯坦人所使用的3种移民方法，即通过中介、目的国的亲属和旅游签证。从中可以看出，每种方法都有其相应的成本，高额费用使得贫困家庭可能需要以较高的利息借钱才能支付移民费用（见表5-9），因此只有较富裕的家庭才有能力比较容易移民出国。从这个角度看，上述分析结果还是有道理的，即移民及其汇款使收入差距继续扩大。

表 5-9　巴基斯坦人的移民方式及其费用和优、劣势

移民方式	费用（1 000 卢比）	比例	优势	劣势
通过中介	250—350	81%	用时短，成功率高	费用高
通过目的国的亲属	100—130	17%	安全	邀请方需要提供担保
通过旅游签证	80—110	2%	便宜	费时，成功率低

资料来源：Suleri, Abid Qaiyum, Kevin Savage, *Remittances in Crisis: A Case Study of Pakistan*, London: Overseas Development Institute, 2006. http://www. odi.org.uk/hpg/papers/BGPaper_ RemittancesPakistan.pdf.

第四节　巴基斯坦国际移民及移民汇款管理的相关政策措施

一、构建国际移民管理体系

巴基斯坦的国际移民管理起步较早，经过多年探索，尤其是 1979 年《移民条例》（*Emigration Ordinance*）出台后，其对国际移民及其移民汇款的管理和服务体系日渐完善。根据 1979 年《移民条例》，劳工部下属的移民与海外就业局负责管理私营部门的移民事务，而公营部门的移民事务则由海外就业公司负责管理。非海外就业的移民事务则由内务部通过其下属机构负责管理，包括联邦调查局、护照总局、移民局、国家数据中心和注册登记机构等。

（一）构建内外联合管理体系

1971 年 10 月 1 日，联邦政府 3 个部门，即全国人力资源部门（National Manpower Council）、移民保护部门（Protectorate of Emigrants）和海员福利部门（Directorate of Seamen's Welfare）联合成立了"移民和海外就业局"。该局依据 1922 年《移民法》（*Emigration Act* 1922）和 1959 年《法则》（*Rules* 1959）（后来被 1979 年《移民条例》所取代）开始行使其职能。该局管理、促进和监督约 1 120 家境外就业中介机构的移民办理。此外，通过自己的努力获得海外就业机会的移民事宜也受此机构监控。该局还处理代理商手续费、技术测试收费、医疗以及外国雇主所要求的其他相关文件。移民招聘代理费比官方规定的费用高了 8 倍以上，直到近几年才有所下降。

移民局在全国各大城市设立移民保护所，负责核发海外就业促进所（中介公

司）的营业执照，指导和监督其经营活动；帮助外派劳务人员了解劳务合同相关内容；严格控制和防范劳动力非法外流；跟踪了解外派劳务人员在境外务工期间的待遇和归国相关安排；为外派劳务人员办理出境和归国方面的相关事宜提供咨询和协助。

劳工部在沙特阿拉伯等 15 个重点劳务输出目的国的使领馆设有 21 名劳工专员，专门负责保护驻在国巴基斯坦籍劳务人员的合法权益，协助劳务人员与外方雇主谈判和解决劳务纠纷等；处理劳务人员待遇和福利方面事宜；听取并妥善处理劳务人员的诉求；定期向本国政府报告驻在国劳务市场供求变化、通货膨胀和劳务人员的生活成本等情况。

（二）强化对劳动力输出机构的监管

巴基斯坦从事对外劳工输出的机构包括海外就业有限公司和海外就业促进所，前者是隶属联邦政府的国有企业，主要受理外国政府向巴基斯坦联邦政府和省政府提出的劳务需求；后者为私营中介机构，全国有 1 400 多家，是巴基斯坦政府重点监管对象。政府的监管主要包括以下 4 个方面。

1. 严格控制营业执照的发放和管理

执照申领人 / 单位须向巴基斯坦移民局提交由其注册登记地点的地区行政长官或联邦政府指定官员出具的资信证明和其他相关文件；申请文件须经移民局审核并报联邦政府批准；申领人须缴纳 30 万卢比担保金，其中 10 万卢比存入联邦政府指定银行，另 20 万卢比以认购国防储蓄券方式缴纳。

执照的有效期为 3 年，持照单位至少应在执照到期前 1 个月申请更换。巴基斯坦劳工部和移民局将根据申请单位过往业绩和经营情况决定是否颁发新的营业执照，如持照单位连续 4 年未输出劳务，则该执照自动失效。

2. 加强日常经营活动的监督

海外就业促进所必须有固定的办公场所，未经批准不得设立分支机构；必须保留通过本机构输出的所有劳务人员的名单、在巴基斯坦的住址、赴境外务工期间待遇，以及外方雇主名单、银行关于其代缴福利基金的证明、经警察局核实的所有职员住址信息、移民保护官允许其输出劳务的完整记录、海外就业促进所全体会员名单等。

3. 加强经营秩序管理，杜绝恶性竞争

如外方雇主因故终止与某促进所的合作并转与另一促进所合作时，后者所接受的合作条件不得低于前者；如外方雇主的工资和待遇低于联邦政府的最低标准，所有海外促进所应拒绝接受；保障输出劳务人员在国外的工资及待遇，不得与曾拖欠劳务人员工资和其他促进所服务费的外方雇主合作。

4. 健全行业中介组织

推动成立海外就业促进所协会。所有海外促进所必须加入协会，并自觉接受协会协调，遵守自律规定。

（三）明确对外劳务输出程序

任何人未经移民局或移民保护官允许，不能擅自组织公民赴境外就业或刊登相关广告、举办招聘会等。海外就业促进所每次组织劳务输出必须取得由移民保护官签发的劳务许可；如雇主为外国政府，应将劳务输出计划上报移民局并获批准；如雇主来自外国私营领域，则外方雇主的劳务需求文件和委托书应经东道国外交部或巴基斯坦政府驻该国使馆认证，再由海外就业促进所提交至移民保护官审查，获批后方可组织劳务输出。

所有外派劳务人员的务工合同须在移民保护官处备案。移民保护官在受理此项业务时须核实拟输出劳务人员是否符合外方雇主要求；中介机构是否已用雇佣双方均能理解的语言明确解释劳务合同内容；拟派出的劳务人员是否完全知晓并自愿接受合同条款；拟派出劳务人员是否已按规定投保并缴纳相关费用。如上述信息核实无误，移民保护官在该名劳务人员的护照上注明合同备案号并签名，同时将相关资料的副本寄给巴基斯坦驻东道国使馆。

对于直接受聘于外方雇主的劳务人员，其劳务合同应由东道国外交部或巴基斯坦驻该国使馆认证。如巴基斯坦公民持非工作签证在海外受聘后，应立即到巴基斯坦驻该国使馆登记注册，并缴纳相关费用。

关于部分外派劳务的特殊规定：从事电站及输变电线路项目建造、维修和运营的劳务人员，须取得巴基斯坦水电发展署总经理或卡拉奇供电公司总经理签发的资质无异议证书和联邦水电部的批准；女性劳务派出年龄不得低于35岁；其他特殊工种人员派出年龄也应不低于相关政策规定年龄。[1]

---

[1] 《巴基斯坦劳动就业立法和管理情况概述》，中国驻巴基斯坦大使馆经济商务参赞处，2010年2月13日，http://pk.mofcom.gov.cn/article/ztdy/201002/20100206785978.shtml.

二、采取汇款激励措施

进入 21 世纪，巴基斯坦已经采取了多项措施以进一步提高移民汇款的潜在贡献。例如：成立海外巴基斯坦人基金会（Overseas Pakistanis Foundation, OPF），不断扩大针对回国移民的自我就业和住房投资计划，为在国外面临实际损失的国际移民提供补助金及其他福利援助，以及由巴基斯坦央行、财政部和海外侨民部共同发起的"巴基斯坦移民汇款刺激计划"（Pakistan Remittance Initiative, PRI），等等。刺激措施降低了移民汇款的整体成本，促进了巴基斯坦海外侨民通过正常渠道的移民汇款稳步增加。最后，投资顾问办公室（Investment Advisory Office）的成立可以帮助移民作出回国投资的明智决定。此外，政府还为海外巴基斯坦人的子女建立了一所特殊学校。这所学校实行发达国家的教学制度，采纳现代教育和课程体系，用最先进的设施，采用国际最先进的教学方法。目前这所特殊学校还在不断扩大，不断更新配备。这是政府挖掘海外侨民潜力以促进经济发展的一个典范。

（一）成立海外巴基斯坦人基金会

海外巴基斯坦人基金会是一个为海外巴基斯坦人及其家庭的福利提供服务的政府机构，成立于 1979 年。这是一个移民通过自己的捐款建立的基金，旨在为移民及其家属在意外事件中的死亡或残疾提供帮助。该组织的工作遍及许多领域，旨在协助海外巴基斯坦人建立教育和卫生机构、完成住房和工业计划、寻求投资机会，以及提供必要的信息为海外巴基斯坦人提供帮助等。然而，所有这些工作对提高正规渠道移民汇款的比例似乎并没有明显效果。

（二）政府实施的扶助措施

1. 资助计划

政府对特困户移民的财政援助由 50 000 卢比增加到了 100 000 卢比。这是针对巴基斯坦非技术移民工人应对在国外面临与工作有关的困难、残疾或死亡时的援助款项。

2. 住宅及商业设施

政府提供住宿设施以满足海外巴基斯坦人的住房需求。策划在不同城市建立住房计划，为海外巴基斯坦人建造了约 10 000 个住宅单位。

3. 福利服务

为了推进海外巴基斯坦人的社会福利，政府采取措施，设立投诉电话、服务和福利部门，其中最重要的是设立了紧急援助部门。

4. 投资支持

政府采取了一些重要的措施以增加国际移民的投资机会，鼓励海外巴基斯坦人投资。如成立"投资咨询部"以提供有关创业程序的关键信息、投资政策、可行性研究，以及对相关业务和小额信贷的联系方式和其他信息。

5. 教育奖励

政府采取措施以提升海外巴基斯坦人的教育水平。在全国各省建立了教育机构及各自的学校和学院。这些学校隶属于联邦 / 省教育委员会和伦敦大学，为海外巴基斯坦人的子女提供从小学一直到研究生的课外活动经费和奖学金。

（三）实施巴基斯坦移民汇款刺激计划

2009 年巴基斯坦国家银行（SBP）、巴基斯坦海外侨民部和财政部联合推出移民汇款刺激计划，旨在促进移民汇款通过正规渠道流入。巴基斯坦移民汇款刺激计划说服和鼓励银行将其业务扩大到全球范围。此外，全球移民汇款运营商如西联、速汇金以及 Express Money 等，也都已经得到了巴基斯坦国家银行的帮助。移民汇款刺激计划一直是改善支付系统的有效工具，如柜台现金交易设施及银行间结算手段等。巴基斯坦移民汇款刺激计划还鼓励银行开设专用的家庭移民汇款中心、小额信贷银行和邮政网络参与移民汇款支付业务。巴基斯坦国家银行采取许多措施来支持支付系统的基建工作，"实时跨行清算"机制（PRISM-RTGS）现在被用于转移和结算银行间的家庭移民汇款交易，使银行间移民汇款交易能尽快送达收款人账户。

除了即时支付结算，移民汇款交易还可以通过其他支付手段解决。这些措施降低了移民汇款交款时间。为了提供可靠和即时的一周 7 天、全天 24 个小时的收款服务点，巴基斯坦移民汇款刺激计划建立了呼叫中心。移民汇款网络国际协会（The International Association of Money Transfer Networks）将 2011 年亚太地区（包括南亚地区）的"移民汇款奖"授予巴基斯坦移民汇款刺激计划。2009 年巴基斯坦移民汇款刺激计划和巴基斯坦国际航空公司（Pakistan International Airlines，PIA）签署了一项谅解备忘录，以促使更多的移民汇款通过正规渠道流入。为了减少移民汇款交易成本，鼓励移民汇款通过正规渠道流入，吸引更多移民汇款，巴基斯坦移民汇款刺激计划规定：动员大量境外金融机构从事移民汇款业务，其用于此目的的营销费用将按照一定比例退还，这将减少国外移民承担的汇款总成本。①

（四）归国移民重新安置就业计划

归国移民一般是经过挑选的受教育程度高的年轻技术人员，在国外经过业务锻炼和培训，归国后又有了一定资产积蓄。因此，在就业、投资方面应实行某种优惠政策，吸引他们在合同期满后回国创业，并将其资金和技术用于国内经济的发展。巴基斯坦建立了一个帮助回国移民恢复正常生活的专门委员会，主要任务是向归国劳务移民提供就业咨询和建议，指导其投资、经商或寻找其他自谋职业的门路。为了吸引和鼓励海外劳工家庭把更多的积蓄用于投资，政府还专门设立机构，为归国移民创业提供一系列切实可行的帮助和方便条件。

（五）福利援助计划

巴基斯坦政府为国际移民实施了福利援助计划，其目的是鼓励劳工在海外就业，改善他们及其家属的福利待遇。该福利援助计划内容：为改善海外巴基斯坦劳工居住条件提供资助，为他们免费提供法律咨询或电话服务，为其子女提供奖学金等福利条件。海外巴基斯坦人基金会的作用已经扩大到诸如为劳工提供投资咨询，帮助潜在的投资者，提供贷款给已故劳工的家属等。

此外，巴基斯坦为提高正规移民汇款的比例采取了有针对性的激励措施。正规移民汇款市场的主角是银行、汇兑公司和巴基斯坦邮局，而非正规渠道则包括汉地和哈瓦拉以及靠人手携带。在巴基斯坦移民汇款市场，负责正规移民汇款建设发展的监管制度框架和新政策的 2 个部门是财政部和巴基斯坦国家银行。

（六）鼓励正规移民汇款的措施

用于提高正规移民汇款比例最主要的两大计划是"引进外汇汇款卡计划"（FERC）和"海外巴基斯坦人退休金计划"。

---

① 《巴基斯坦劳动就业立法和管理情况概述》，中国驻巴基斯坦大使馆经济商务参赞处，2010 年 2 月 13 日，http://pk.mofcom.gov.cn/article/ztdy/201002/20100206785978.shtml.

"引进外汇汇款卡计划"是财政部为鼓励使用正规汇款渠道推出的。据此计划，外币汇款在 2 500—50 000 美元的海外巴基斯坦人可以办理 5 种卡。持卡人有机会获得各种奖励，包括在巴基斯坦国际机场享有专门柜台的特殊待遇、免费发放和提供或续期紧急护照，以及为一些具体的个人物品提供免税单等。

鼓励正规移民汇款流入的第二个计划是"海外巴基斯坦人退休金计划"。在此计划下，国际移民必须通过银行转移规定金额的移民汇款才能享受退休金待遇。遗憾的是，究竟有多少海外巴基斯坦人享受了该退休金计划还缺乏统计，因此很难估算这一激励措施的影响。

巴基斯坦经济发展所面临的一项主要挑战就是如何吸引移民汇款为创业（小型、中型，甚至还包括部分大型企业）投资，以此促进经济增长和创造新的就业机会。同样地，国际移民投资政府资助的各类债券和股票市场可以补充国内储蓄以用于投资（包括急需的基础设施项目）。为了避免国家受金融危机打击而破产，巴基斯坦政府向海外侨民"借款"10 亿美元以缓解经济危局，[①] 并为购买巴基斯坦政府债券的海外侨民投资者建立资金管理机构。

加强移民汇款转移相关的基础设施建设，包括通过使用新技术（特别是 IT 技术和手机技术）渠道转移移民汇款。创新步伐的加快和新技术的迅速涌现提供了许多机会以扩展服务范围和降低国际汇款费用。在巴基斯坦，手机使用快速普及，约 60% 的人口都拥有手机，由此导致手机转账服务或缴费服务迅速增长。

（七）国家银行的额外奖励措施

自 20 世纪 80 年代初以来，巴基斯坦国家银行一直在积极地与本地及国际银行合作，已建立了一个充满活力的移民汇款市场。20 世纪 80 年代巴基斯坦银行在其国际移民最多的海湾国家设立分支机构。由于外汇制度对外开放，海外巴基斯坦人有机会在巴基斯坦开设外币账户，允许账户里的外汇资金自由流入流出。目前巴基斯坦各银行已经在国外设立了 95 家分支机构。"9·11"后，为了增加正规移民汇款，巴基斯坦国家银行采取了进一步行动，如 2002 年在国内设立了统一管理的移民汇款办理点，成立汇兑公司，等等。各家银行将其汇款业务计划提交给巴基斯坦国家银行，并由巴基斯坦国家银行专责小组监察其进度。另外，还组建了投诉和监测机构以解决公众关注的热点难点问题。

---

① 《为避免国家"破产"巴基斯坦向侨民借 10 亿美元》，《环球时报》2008 年 10 月 14 日。

汇兑公司成立后，数以百计小货币兑换商被纳入监管，显著增加了正规移民汇款的流入。汇兑公司业务量现在占正规移民汇款的 17%。巴基斯坦国家银行外汇手册指出，移民汇款的流入不受限制，但所有交易必须上报巴基斯坦国家银行，以确定交易金额和汇款来源。巴基斯坦国家银行开始开发其自动化系统及电子银行等基础设施，以减少处理移民汇款的时间和费用。2007 年颁布了《支付和电子资金转账法》（Payment and Electronic Fund Transfer Act）。

巴基斯坦政府为国际移民提供了一些激励措施和便利设施，如免征个人行李关税及出入境的工作专柜（实际上很少用）。然而，致力于提高正规汇款比例的相关优惠激励措施却少得多。按照"2009 年进口政策"，每位海外巴基斯坦人（包括双重国籍持有人）入关回国可以携带一辆使用 3 年以内的汽车（轿车、客车、面包车、卡车或皮卡，包括 4×4 车辆），或将其作为送给家庭成员的礼物（计入个人随身行李）。2010 年上述礼品限制被放宽，允许使用 5 年以内的车辆入关，但 2012 年底又恢复到 3 年的年限。

第五节　巴基斯坦移民汇款持续增长面临的主要挑战

20 世纪 70 年代后期以来，巴基斯坦的移民汇款经历了 3 个阶段的发展变化，总体上呈现快速增长的趋势。由于国内劳动力大量过剩和国际劳工市场的持续需求，这一趋势在未来相当一段时期内仍将继续。巴基斯坦依然会源源不断地输出更多国际移民，加上熟练工人以及正规渠道移民汇款的增加，必然会促进移民汇款继续增加。

展望未来，巴基斯坦移民汇款的持续增长依然面临两大挑战。

一、非正规渠道盛行，汇款成本较高

移民汇款跨国转移成本严重影响移民汇款渠道的选择。非正规渠道移民汇款尽管在整个南亚地区已经大大减少，在巴基斯坦依然占据重要地位，移民汇款成本依然非常高，最低也有 8.3%，最高则超过了 20%。表 5-10 显示了在 2009 年由部分国家汇款 200 美元到巴基斯坦的平均费用。

表 5-10　2009 年从部分国家汇款 200 美元到巴基斯坦的平均费用

移民汇款来源国	平均费用（美元）
美国	18.9
英国	10.8
沙特阿拉伯	9.1
阿联酋	8.3
新加坡	23.5

资料来源：Remittance Prices Worldwide (Corridors), Available: https://databank.worldbank.org/ reports.aspx?source=remittance–prices–worldwide–(corridors)

二、移民汇款来源过于集中

巴基斯坦移民汇款来源有日益分散化的趋势，但当前依然过于集中在海湾国家。一旦海湾国家经济出现波动，其移民汇款必然会遭受重大打击。因此，未来一段时间政府要继续努力采取措施增加正规渠道的移民汇款，降低汇款成本，同时也要适当使其国际移民更加分散，维持其移民汇款的长期可持续发展。

第六章　尼日利亚移民汇款及其对经济发展的影响

第一节　尼日利亚国际移民及移民汇款概况

一、国际移民

（一）欧美

尼日利亚是非洲人口最多的国家。相应地，与本地区的任何其他国家相比较，尼日利亚拥有最大数量的国际移民。教育一直是尼日利亚人移民的一个重要原因，英国、美国的大学纷纷招收尼日利亚留学生。一些尼日利亚人带着子女到美国或英国去留学，为的是逃离尼日利亚糟糕的教育制度。因此，尼日利亚的学生、专业人士和企业家向英国和北美洲的移民活动一直在持续。

英国的尼日利亚人总量并不大。直到 1985 年英国的尼日利亚人数量才开始显著增加，到 1990 年增加到了 6 000 人左右；1995—2000 年，已经接近 20 000 人；2000—2005 年，总数已经增长到了大约 40 000 人。美国的尼日利亚人后来居上，在 20 世纪 90 年代一举超过了英国。20 世纪 70 年代后期美国的尼日利亚人也不足 10 000 人，但在 1990—1995 年已增加到了 37 000 人左右；2000—2005 年甚至已经增加到了 50 000 人左右。1995—1999 年，到加拿大的尼日利亚移民增长了 20%，增长速度超过了美国和英国。[①]

20 世纪 80 年代，随着尼日利亚的经济下滑和政治局势日益紧张，同时出现了往欧洲移民的多元化趋势，越来越多的尼日利亚人前往德国、法国、荷兰、比

---

① Sola Akinrinade, Olukoya Ogen, "Historicising the Nigerian Diaspora: Nigerian Migrants and Homeland Relations", *Turkish Journal of Politics*, Vol. 2, No. 2, 2011.

利时。20世纪90年代，意大利、西班牙和爱尔兰已成为尼日利亚移民新的移民目的国。[①] 与过去相比，近几十年来欧美的尼日利亚移民出现了永久定居上升的趋势。欧洲对移民的限制和控制越来越多，但并没有导致尼日利亚移民的减少，相反，出现了更多的尼日利亚无证移民，行程往往更长，也更危险。这使得尼日利亚移民更容易受到剥削和排挤。这些移居到欧洲大陆国家的尼日利亚移民平均技术水平更低，往往从事服务业、贸易和农业部门的工作。

（二）海湾国家及其他国家

20世纪80年代以来，海湾国家吸引了大量的尼日利亚移民。同时本地区来自尼日利亚的女性移民也越来越多，如在沙特阿拉伯，来自尼日利亚的女护士和女医生越来越多。前往加纳、喀麦隆、加蓬、博茨瓦纳和南非等相对较为富裕的非洲国家寻找工作的尼日利亚人也日益增加。1994年以来，南非发展成为了尼日利亚人的主要移民目的国之一。南非经济的蓬勃发展吸引了大量的尼日利亚技术移民前往，是其继欧洲、美国和海湾国家之后又一个重要移民目的国。[②]

二、移民汇款现状

自2006年以来，尼日利亚是撒哈拉以南非洲唯一被列入全球最高收款国之列的国家。2012年尼日利亚的移民汇款达到了210亿美元，与上年相比增速达91%。2012年其移民汇款约占撒哈拉以南非洲的67%。[③] 尼日利亚不仅成为移民汇款最多的非洲国家，而且在全球发展中国家中也成为仅次于印度（700亿美元）、中国（660亿美元）、菲律宾（240亿美元）、墨西哥（240亿美元）的第五大移民汇款国。[④] 世界银行2016年移民汇款报告显示，截至目前，2015年尼日利亚移民汇款208亿美元，较上年略有下降，但仍是非洲第一、全球第六大移

---

① World Bank, *Migration and Remittances Fact Book*, 2011.

② World Bank, *Migration and Remittances Fact Book*, 2011.

③ Odoziobodo Severus Ifeanyi, "Africa And Her Diasporas: Building Global Partnerships for Development (A Case Study of Nigeria)", *International Journal of Scientific & Technology Research,* Vol.2, Issue 9, September 2013, pp.185–187.

④ World Bank, Migration and Development Brief, April 2013. http://siteresources.worldbank.org/Intprospects/Resources/334934–1288990760745/MigrationDevelopmentbrief10.pdf.

民汇款国。尼日利亚移民汇款来源最多的 2 个国家分别是美国（57 亿美元）和英国（37 亿美元）。①尼日利亚在美国、欧洲和亚洲都拥有势力强大、人数众多且不断增加的移民。他们在尼日利亚的移民汇款中发挥着巨大的作用。

2010—2019 年，尼日利亚移民汇款继续增加，同时移民汇款与 GDP 的比例也持续增加。其中绝对数量的增长率最高可达到 13% 左右，而占 GDP 的比例则将超过 10%。（见表 6-1）。可见，移民汇款在尼日利亚经济发展中的作用越来越重要。

表 6-1　2010—2019 年尼日利亚移民汇款情况

年份	占 GDP 的比例（%）	增长率（%）
2010	6.4	4.8
2011	6.9	9.8
2012	7.8	12.5
2013	8.2	4.2
2014	8.9	9.7
2015	9.3	3.8
2016	9.8	4.9
2017	10.3	5.5
2018	10.8	5.4
2019	11.4	4.64

资料来源：O.R. Iheke, "The Effect of Remittances on the Nigerian Economy", *International Journal of Development and Sustainability*, Vol.1, No.2, 2012, pp. 615‑616.

表 6-2　2006—2010 年部分非洲国家的移民汇款情况

（单位：百万美元）

国家	2006	2007	2008	2009	2010e	2008—2009增长率（%）	2009—2010e增长率（%）	2009 占 GDP的比例（%）
尼日利亚	5 435	9 221	9 980	9 585	9 975	−4.0	4.1	5.5
苏丹	1 179	1 769	3 100	2 993	3 178	−3.5	6.2	5.5
肯尼亚	1 128	1 588	1 692	1 686	1 758	−0.3	4.3	5.7
塞内加尔	925	1 192	1 288	1 191	1 164	7.5	2.3	9.3
南非	734	834	823	902	1 008	9.7	11.8	0.3
乌干达	411	452	724	694	773	−4.1	11.3	4.3

---

① 杨丽：《2015 年尼日利亚侨汇收入 208 亿美元》，搜狐网，2015 年 12 月 25 日，http://mt.sohu.com/20151225/n432602115.shtml.

（续表）

国家	2006	2007	2008	2009	2010e	2008—2009 增长率（%）	2009—2010e 增长率（%）	2009 占 GDP 的比例（%）
莱索托	361	451	439	450	525	2.6	16.7	28.5
马里	212	344	431	405	385	−6.1	−4.8	4.5
埃塞俄比亚	172	385	387	353	387	−8.8	9.7	1.2
多哥	232	284	337	307	302	−9.0	−1.7	10.7
埃及	5 330	7 656	8 694	7 150	7 681	−17.8	7.4	3.8
摩洛哥	5 451	6 730	6 895	6 271	6 447	−9.0	2.8	6.9
阿尔及利亚	1 610	2 120	2 202	2 059	2 031	−6.5	−1.3	1.5
突尼斯	1 510	1 716	1 977	1 966	1 960	−0.5	−0.3	5.0
吉布提	28	29	30	28	28	−6.8	−0.3	2.7
利比亚	16	16	16	14	16	−10.1	9.3	0.0

资料来源：World Bank, *Migration and Remittances Unit,* based on IMF Balance of Payment Statistics, 2011.

注：e = 估计。

第二节　移民汇款对尼日利亚经济发展的影响

一、对经济增长的影响

除了 2002—2003 年外，1999—2010 年尼日利亚移民汇款占 GDP 的比例都超过了 FDI 占 GDP 的比例。其移民汇款占 GDP 的比例曾经增长很快，1996 年仅为 0.4%，2007 年增长到了 8.5%。[①] 其中，2005 年最高，达到 13.04%，2009 年为 11%。1970—2010 年，尼日利亚移民汇款占 GDP 的比例平均为 8.31%。相较于全球排名前十的收款国而言，这个比例很小。[②] 但与全球发展中国家的平均

[①] Adeagbo Oluwafemi, Ayansola O. Ayandibu, "Impact of Remittances on Development in Nigeria:Challenges and Prospects", *Source Business & Management Review,* Vol.5, No.3, 2014, pp. 311–318.

[②] 这 10 个国家移民汇款占 GDP 的比例：塔吉克斯坦（35.1%）、汤加（27.7%）、莱索托（24.8%）、摩尔多瓦（23.1%）、尼泊尔（22.9%）、黎巴嫩（22.4%）、萨摩亚（22.3%）、洪都拉斯（19.3%）、圭亚那（17.3%）、萨尔瓦多（15.7%）。

水平相比，尼日利亚移民汇款占 GDP 的比例依然是比较高的。所有发展中国家的移民汇款占 GDP 的比例在 1995—2004 年平均只有 3.6%。在此期间，有 60 多个国家的移民汇款占其 GDP 的比例平均超过了 1%，7 个国家达到或超过了 15.0%。[①]

在财政能力方面，移民汇款流入能支持联邦政府支出的 70%—86%，亦即高达 70% 的政府预算（平均）都是收款人以各种方式开支掉的（见表 6-3）。

表 6-3 移民汇款与其他资金来源的比较

（单位：%）

年份	移民汇款 /GDP	FDI/GDP	证券投资 / GDP	原油出口 / GDP	政府开支 / GDP	移民汇款 / 政府预算
2005	5.78	4.44	0.79	48.46	6.81	84.84
2006	11.51	3.34	1.93	38.43	6.86	167.81
2007	10.69	3.63	1.59	38.73	12.46	85.83
2008	9.17	3.94	0.64	40.19	12.71	72.15
2009	10.76	5.05	0.28	31.98	12.74	84.48
2010	9.98	3.07	1.89	36.07	14.46	68.98

资料来源：Ebenezer A Olubiyi, Workers' Remittances, Governance Institution No. Private Investmentin Nigeria, *The Review of Finance and Banking*, Vol. 5, No. 1, 2013, pp.64–69.

二、对外汇的影响

在过去的近 20 年里，尼日利亚是撒哈拉以南非洲最大的收款国，其移民汇款仅次于石油出口，为国家外汇收入的第二大来源。[②]20 世纪六七十年代，流入尼日利亚的外国资本大部分都是 ODA，或通过银行系统流入的私营部门的资本。20 世纪 80 年代，这种情况改变了，外国资本的流入也出现了 FDI 和外国证券投资（FPI）的形式。1986 年以前，尼日利亚 BOP 账户还没有任何证券投资（流入或流出）的相关记录。几十年来，FDI 是尼日利亚最主要的外汇来源。直至 2012 年，FDI 和外国证券投资依然是尼日利亚重要的国外资金来源，但移民汇款已经

---

① Ralph Chami, Adolfo Barajas, Thomas Cosimano, Connel Fullenkamp, Michael Gapen and Peter Montiel, "Macroeconomic Consequences of Remittances", *IMF Occasional Paper*, No. 259, 2008.

② Adeagbo Oluwafemi, Ayansola O. Ayandibu, "Impact of Remittances on Development in Nigeria:Challenges and Prospects", *Source Business & Management Review*, Vol.5, No.3, 2014, pp. 311–318.

取代 FDI 成为尼日利亚最主要的外国资本来源。①

为了清楚地显示移民汇款在尼日利亚的重要性，下面以 2005—2010 年为例来看一下尼日利亚的移民汇款、ODA 和 FDI 的比较情况。2005 年，移民汇款是 GDP 的 5.78%，同时 FDI 和证券投资分别为 4.44% 和 0.79%（见表 6-3）。在此期间，原油出口外汇占该国 GDP 的近一半。2006 年，FDI 占 GDP 的比例降到了 3.34%，原油出口也下跌至 38.43%，但同时移民汇款却增长到了 11.51%（见表 6-3）。2006 年，移民汇款占 GDP 的比例几乎是政府支出占 GDP 比例的 2 倍。2007—2008 年移民汇款经历了小幅下行。必须指出，这一时期正处于全球金融危机爆发时期，因此移民汇款不可避免也受到了影响。

三、对私人投资的影响

我们从 1980—2005 年移民汇款对私人投资的比较来看其影响。

这一时期移民汇款始终保持着增长趋势，但私人投资却在 2002—2004 年减少了，这表明相对于私人投资而言移民汇款更稳定。除了 2002—2004 年私人投资出现短暂的下降外，在此期间移民汇款和私人投资都增加了。这表明移民汇款和私人投资有可能呈正相关关系。②

1980—1985 年移民汇款的增长快于私人投资，而 1985—1995 年移民汇款保持着相对稳定的平均增长率，1990 年达到高峰。③1990 年以后移民汇款的增长速度出现了大幅下滑，2000—2005 年，私人投资增速快于移民汇款。当移民汇款增长时，私人投资也在增长，但移民汇款增长比私人投资更快。当移民汇款减少时，私人投资也减少，移民汇款减少的速度也超过了私人投资。因此，可以推测，移民汇款和私人投资之间存在正相关关系，即移民汇款促进了私人投资的增长。

---

① O.R. Iheke, "The Effect of Remittances on the Nigerian Economy", *International Journal of Development and Sustainability*, Vol.1, No.2, 2012, pp. 615–616.

② Adeagbo Oluwafemi, Ayansola O. Ayandibu, "Impact of Remittances on Development in Nigeria:Challenges and Prospects", *Source Business & Management Review*, Vol.5, No.3, 2014, pp. 311–318.

③ Adeagbo Oluwafemi, Ayansola O. Ayandibu, "Impact of Remittances on Development in Nigeria:Challenges and Prospects", *Source Business & Management Review*, Vol.5, No.3, 2014, pp. 311–318.

第三节　尼日利亚移民汇款促进经济发展面临的主要挑战

移民汇款对尼日利亚的经济发展具有潜在的促进作用，但遗憾的是其移民汇款没有得到充分的开发和利用。2013 年尼日利亚的移民汇款是非洲国家中最多的（210 亿美元）。但根据尼日利亚移民汇款对国家经济发展影响的证据和现有的文献来看，除了收款家庭的普通消费行为外，移民汇款对国家经济的潜在积极影响还远未挖掘出来。尼日利亚要更加充分地发挥移民汇款的积极作用，面临不少挑战。

一、过度依赖原油

过度依赖原油是阻碍移民汇款对尼日利亚经济发展产生积极作用的重要因素。尼日利亚政府如此依赖石油，将其作为主要财政收入，却忽视了移民汇款可以为国家发展带来财政收入的渠道。相对于原油收入，尼日利亚政府通过汇款更能促进其经济增长，因为汇款已经成为了同类国家实现经济增长的工具。

二、政府腐败严重

尼日利亚高层的腐败是另一个影响移民汇款对经济发展产生积极影响的重要因素。腐败已经成为尼日利亚的传统，已传给了新一代领导人。尼日利亚政府一直试图鼓励和引导海外尼日利亚人投资母国，但由于腐败太严重，几乎没有人愿意回国投资。[①]

三、缺乏战略计划

长期以来，尼日利亚政府都没有制定专门针对引导移民汇款用于促进发展项目和经济增长的战略计划。虽然尼日利亚是非洲第一大经济体，但其金融系统很

---

① Adeagbo Oluwafemi, Ayansola O. Ayandibu, "Impact of Remittances on Development in Nigeria:Challenges and Prospects", *Source Business & Management Review,*Vol.5, No.3, 2014, pp. 311–318.

不健全，56% 的居民未开设银行账户，居民收款面临很大的困难。①

此外，尼日利亚存在诸如非正规渠道盛行、过度依赖自然资源、政治不稳定、官僚腐败等不利因素。②庆幸的是，尼日利亚政府已认识到这一点，开始着手相关改革。最卓有成效的就是开始发行侨民债券。尼日利亚债务管理办公室（DMO）已经于 2013 年底面向其海外侨民发行 5 年期、总额 1 亿美元的尼日利亚散居侨民债券，以 5 年期美国国债收益率上浮约 3.5% 的利率水平发行。③

四、移民汇款未用于生产投资

从表 6-4 可以看出，尼日利亚移民汇款来源不同，其用途也有差别。来自非洲以外的移民汇款用于购置土地的最多，占 24.8%；第二是教育，占 22.1%；经商排在第三，占 21.7%。来自非洲其他国家的移民汇款最多的是用于经商（20.1%）和购买食品（20.1%），教育排在第三，占 19.6%，第四和第五分别为购置土地（16.6%）和健康投资（12.0%）。从上面的数据可以看出，尼日利亚移民汇款主要用于经商、购置土地、教育和食品消费方面；而在生产投资方面，如投资、农场改善等，则根本就没有移民汇款投入。

表 6-4　尼日利亚不同来源移民汇款的用途（占移民汇款总额的比例）

（单位：%）

用途	来源	
	非洲以外地区	非洲地区
食品	10.1	20.1
教育	22.1	19.6
健康	5.1	12.0
服装	—	—
出租（房屋、土地）	4.4	4.9
汽车 / 卡车	0.0	0.0
结婚 / 葬礼	0.4	1.0

① 杨丽：《2015 年尼日利亚侨汇收入 208 亿美元》，搜狐网，2015 年 12 月 25 日，http://mt.sohu.com/20151225/n432602115.shtml.

② 如博科圣地冲突不断就可能会阻碍国际移民的投资。

③ 《尼日利亚正为计划发行的 1 亿美元散居侨民债券遴选财务顾问》，2013 年 9 月 3 日，中国驻尼日利亚大使馆经济商务参赞处，http://www.mofcom.gov.cn/article/i/jyjl/k/201309/20130900283830.shtml.

（续表）

用途	来源	
	非洲以外地区	非洲地区
新建房	5.8	0.0
房屋修缮	4.7	3.2
购置土地	24.8	16.6
农场改善	—	—
经商	21.7	20.1
投资	—	—
其他	0.9	2.5

资料来源：Ratha, D., S. Mohapatra, C. Ozden, S. Plaza W. Shaw and A. Shimeles, *Leveraging Migration for Africa: Remittances, Skills, and Investments*, Washington and Tunis: World Bank and African Development Bank, 2011.

五、非正规汇款渠道依然盛行

表 6-5 显示的是尼日利亚移民汇款的来源和渠道。由表 6-5 可知，正规渠道已经成为来自非洲以外的尼日利亚移民汇款的主要渠道，其中通过汇款公司的占有最高比例，为 57.0%，通过银行（包括转账和柜台汇款）的占 22.3%。但由于成本高、正规渠道有限以及移民的季节性等因素，非正规渠道在尼日利亚移民汇款中也占有重要的地位。其中最流行的是委托亲友或者自己随身携带回国，占18.2%（所有非正规渠道占 20.7%）。

来自其他非洲国家的移民汇款通过非正规渠道的更多。其中通过汇款公司的只有 35.2%，而通过银行（包括转账和柜台汇款）的则更少一些，有 29.7%，还有 2.2% 是通过邮局和外汇局。而通过非正规渠道的占了 33%。如果能将所有非正规渠道改造为正规渠道，那么通过正规渠道流入尼日利亚的移民汇款可能会增长 25.0%。[1]

---

① Ratha, D.S. Mohapatra, C. Ozden, S. Plaza, W. Shaw and A. Shimeles, *Leveraging Migration for Africa: Remittances, Skills, and Investments*, Washington and Tunis: World Bank and African Development Bank, 2011. http://aps.journals.ac.za/.

表 6-5　2009 年尼日利亚的正规和非正规汇款渠道占收款总额的比例

（单位：%）

	来自非洲以外汇款	来自非洲内汇款
汇款公司	57.0	35.2
朋友或亲戚	12.8	15.4
直接转移到银行账户	11.8	12.1
银行柜台汇款	10.5	17.6
移民回家探亲随身携带	5.4	13.2
非正规的个人代理	2.5	4.4
邮政汇票	0	1.1
外汇局	0	1.1
信用社	0	0
旅行社	0	0
快递、巴士或其他交通工具	0	0
移动电话或电信服务商	0	0
充值卡或 ATM 卡	0	0
网上汇款	0	0
其他	0	0
总计	100.0	100.0

资料来源：Ratha, D., S. Mohapatra, C. Ozden, S. Plaza, W. Shaw and A. Shimeles, *Leveraging Migration for Africa*：*Remittances, Skills, and Investments*, Washington and Tunis：World Bank and African Development Bank, 2011.

注：表中"来自非洲内汇款"一列各项相加为 100.1，应系统计误差所致，原文如此。

第七章　墨西哥移民汇款及其
对经济发展的影响

第一节　墨西哥国际移民概况

一、发展轨迹

墨西哥是世界上国际移民最多的国家，旅居海外的墨西哥人占其总人口数量的 10.6%。[1] 拉美与加勒比地区各国居住在非出生地的总人口约 2 850 万，其中居住在非出生地的墨西哥人占 40%，绝大多数在美国（95%），[2] 是当今美国最大的单一移民族群，在美国移民史上占有重要的地位。排在墨西哥之后的是哥伦比亚和萨尔瓦多，分别有 200 万和 130 万人。[3]

墨西哥人大规模移民美国始于 20 世纪初，迄今已有一个多世纪的历史，经过几次移民浪潮，直至今日其移民势头依然不减。现在墨西哥和美国之间的移民走廊已经成为世界上最重要的移民通道，通过该走廊的移民有 930 万左右。[4]

美国的墨西哥人分为 2 个类别：出生在墨西哥而后到美国的移民和墨西哥移民在美国生育的后代。20 世纪 70 年代美国的墨西哥人有 500 万，其中墨西哥移民有 1/5。[5] 据 2000 年美国人口普查资料，美国的外国出生人口为 3 100 余万，

---

[1] 《海外墨西哥人达到 1 180 万》，文章来源：墨西哥通讯社，2014 年 11 月 14 日，中华人民共和国商务部官方网站，http://www.mofcom.gov.cn/.

[2] 《海外墨西哥人达到 1 180 万》，文章来源：墨西哥通讯社，2014 年 11 月 14 日，中华人民共和国商务部官方网站，http://www.mofcom.gov.cn/.

[3] 《海外墨西哥人达到 1 180 万》，文章来源：墨西哥通讯社，2014 年 11 月 14 日，中华人民共和国商务部官方网站，http://www.mofcom.gov.cn/.

[4] 管彦忠：《墨西哥成为世界上移民最多的国家》，2011 年 1 月 2 日，人民网，http://world.people.com.cn/.

[5] 管彦忠：《墨西哥成为世界上移民最多的国家》，2011 年 1 月 2 日，人民网，http://world.people.com.cn/.

其中墨西哥人接近 918 万，占美国全部外国出生人口的 30%。[①] 到 2005 年，有
1 085.6 万出生于墨西哥的人生活在美国。根据美国商务部人口普查局 2000 年人
口普查特别报告，2000 年美国西班牙语裔人口总数为 3 520 万，占美国总人口的
12.5%，其中墨西哥人接近 2 100 万，占美国西班牙语裔人口的 57.4%。[②]2006 年
美国的墨西哥移民总数已达 1 090 万人，占全部移民总数的 30.6%，分别比 1996
年增长了约 422 万人和 3.4%。[③] 在 21 世纪的头 5 年，美国大部分新增的墨西哥
人都来自墨西哥新移民。然而，金融危机后在美国出生的新一代墨西哥人增长近
100%。

一般来说，美国的墨西哥移民往往是在美国经济复苏过程中受惠最多的移
民群体，但在金融危机期间也是遭受打击最大的移民群体。2008 年爆发金融危
机之后，由于金融危机的影响以及美国施加更严格的入境限制，美国作为墨西
哥主要移民目的国的相对重要性有所下降，不少墨西哥人选择了其他移民目的
国，最终导致墨西哥国际移民人数减少。2006—2010 年的人口普查数字显示，
在此期间墨西哥有 110 万人移民国外。2010 年的数据显示，与 2000 年相比，墨
西哥的国际移民总量减少了 32%，移民到美国的数量减少了 36%，[④] 美国的墨西
哥人在墨西哥国际移民总量中占的比例由 96% 减少到了 89%。[⑤]2007—2010 年，
在美国的墨西哥移民数量基本保持稳定，从 1 181 万缓慢增加到了 1 187 万，仅
增加了 6 万人。[⑥]

上述这种停滞是暂时的，与美国以往爆发金融危机时的情况一样，一旦美国
经济恢复增长，墨西哥移民汇款也会恢复到金融危机前的水平。这是因为促进移
民汇款的经济因素在金融危机期间减少了。但随着美国经济的复苏，这些因素也
将恢复。

① Jorge Eduardo Mendoza Cota, "Are Remittances a Stabilizing Faction the Mexican Economy? ", *Econo Quantum*, Vol. 9, Núm.1, 2011, pp.86–87.

② 管彦忠：《墨西哥成为世界上移民最多的国家》，2011 年 1 月 2 日，人民网，http://world.people.com.cn/.

③ Jorge Eduardo Mendoza Cota, "Are Remittances a Stabilizing Faction the Mexican Economy? ", *Econo Quantum*, Vol. 9, Núm.1, 2011, pp.86–87.

④ 吴志华：《3 000 万拉美人移居外国》，2012 年 8 月 22 日，http://world.people.cn/n/2012/0822/.

⑤ Marcos Valdivia lópez Fernando lozano Ascencio, "A Spatial Approach to the Link between Remittances and Regional Growth in Mexico", *Migraciones Internacionales*, Vol. 5, No.3, 2010, pp.16–17.

⑥ 吴志华：《3 000 万拉美人移居外国》，2012 年 8 月 22 日，http://world.people.cn/n/2012/0822/.

二、人口结构

美国的墨西哥移民性别比例一直相对稳定：男性约为 55%，女性约为 45%。但其年龄结构出现变化：30 岁以下年轻群体的比例有所下降，30—54 岁群体的比例一直增加，退休年龄群体的比例则相对稳定。人口普查数据显示，墨西哥国际移民仍然以男性为主。上述这 2 种情况显示，75% 的国际移民是男性。2000 年人口普查数据显示，25 岁以下年龄组的移民人数最多；2010 年人口普查显示，国际移民集中在其他年龄组，平均年龄从 25 岁增加到了 27 岁。

墨西哥非法移民现象一直比较严重，总数曾一度高达 657 万，占美国所有非法移民的 57%。① 但近些年来从墨西哥向美国的非法移民数量呈下降的趋势，从 2006 年的 100 万人已经下降到 2009 年的 60 万人。② 这是由于美国政府对无证移民入境实施更严格的限制，以及美国国内加强了针对移民雇主的内部监管力度所致。

第二节　墨西哥移民汇款概况

一、增长迅速

与其移民大国地位相适应，墨西哥也是拉美与加勒比地区最大的收款国，其移民汇款来自全球 192 个国家和地区，美国是墨西哥移民汇款第一大来源国。③20 世纪 90 年代中期开始，直到 2008 年爆发全球金融危机，墨西哥移民汇款稳步上升。根据墨西哥银行的数据，墨西哥移民汇款 1995—2002 年平均增长率为 15.39%，2003—2006 年平均增长率为 27.8%（见表 7-1）。1995—2009 年墨西哥移民汇款年均增长率为 14.41%。值得一提的是，受全球金融危机的影响，迁移美国的墨西哥工人数量减少，移民汇款在 2008 年和 2009 年出现负增长（分别为 –3.57% 和 –15.74%）。即便如此，移民汇款总额依然由 2002 年 12 月的

---

① 吴志华：《3 000 万拉美人移居外国》，2012 年 8 月 22 日，http://world.people.com.cn/n/2012/0822/.

② 管彦忠：《墨西哥成为世界上移民最多的国家》，2011 年 1 月 2 日，人民网，http://world.people.com.cn/.

③ 《墨西哥 1—10 月侨汇收入创 7 年最高》，《经济学家报》2015 年 12 月 4 日，http://www.tdb.org.cn/news/.

98.1445 亿美元增加到了 2008 年的 211.811 亿美元。①

表 7-1　1995—2009 年墨西哥移民汇款增长率

时间	增长率	时间	增长率
1995	—	2004	21.88%
1996	15.00%	2005	18.32%
1997	15.18%	2006	17.88%
1998	15.66%	2007	1.96%
1999	5.02%	2008	−3.57%
2000	11.22%	2009	−15.74%
2001	35.34%	1995—2009 年均	14.41%
2002	10.33%	1995—2002 年均	15.39%
2003	53.25%	2003—2006 年均	27.8%

资料来源：World Bank Organization, World Bank Indicators, 2011. Migration and Development Brief, April 2013.

　　然而，全球爆发金融危机以后，在美国等地的墨西哥移民寄回墨西哥的汇款金额大幅减少。2009 年总额下降 2%—3%。②此后，随着美国经济的复苏，墨西哥移民汇款仍在继续增加。2011 年墨西哥移民汇款 227.3 亿美元，较上年增长了 5.3%，③排在印度和中国之后，保持全球移民汇款第三大国的地位。2012 年墨西哥移民汇款为 224.46 亿美元。④2013 年墨西哥移民汇款基本保持增长趋势。2014 年前 4 个月墨西哥移民汇款为 74.4 亿美元，同比增长 8.9%，这是自 2006 年以来同期最高值。⑤截至 2014 年 10 月，墨西哥移民汇款达 2 566 亿美元，同比增长

① World Bank, *Migration and Remittances Fact book*, 2011.

② World Bank, *Migration and Development Brief*, April 2013, http://siteresources.worldbank.org/Introspects/Resources/334934-1288990760745/MigrationDevelopmentBrief10.pdf.

③《墨西哥继续为世界侨汇收入第三大国家》，2012 年 2 月 16 日，中华人民共和国商务部官方网站，http://mx.mofcom.gov.cn/.

④ World Bank, *Migration and Development Brief*, April 2013, http://siteresources.worldbank.org/Introspects/Resources/334934-1288990760745/MigrationDevelopmentBrief10.pdf.

⑤《海外墨西哥人达到 1 180 万》，文章来源：墨西哥通讯社，2014 年 11 月 14 日，中华人民共和国商务部官方网站，http://www.mofcom.gov.cn/.

10.7%，成为有纪录以来的最高水平。[①]2015 年 3 月墨西哥移民汇款 22.58 亿美元，年增长 7.61%，是自 2012 年 5 月以来的最高值；2015 年第一季度，墨西哥移民汇款 57.27 亿美元。[②] 2015 年 1—10 月，墨西哥累计移民汇款 207 亿美元，同比增长 5.39%，是 2008 年全球金融危机以来的最高值。单就 10 月而言，墨西哥移民汇款 20.6 亿美元，同比增长 5.4%。[③]

二、地区结构

就墨西哥全国而言，2000—2010 年收款家庭所占的比例从 4.3% 下降至 3.6%。此外，2000—2010 年，墨西哥 32 个州中的 23 个州收款家庭所占的比例都下降了，很大程度上是由于受到金融危机的影响。2010 年人口普查数字显示，墨西哥有 2 860 万个家庭，其中 3.6% 的家庭有移民汇款，在 2006—2010 年，2.1% 的墨西哥家庭有亲友曾移民美国，同一时期 1% 的家庭至少有一位家庭成员移居海外然后回国。[④]

尽管如此，墨西哥一些州的收款家庭所占的比例依然上升了，如尤卡坦州、奇瓦瓦州、塔巴斯科州、金塔纳罗奥州、特拉斯卡拉州、恰帕斯州、南下加利福尼亚州、普埃布拉州和瓦哈卡州。除奇瓦瓦州外，上述所有州的国际移民人数都增加了。墨西哥收款家庭所占比例较大的州是萨卡特卡斯州（11%）、米却肯州（9.3%）、纳亚里特州（9.1%）、瓜纳华托州（7.7%）和圣路易斯波托西州（6.6%）。[⑤] 这几个州都拥有非常悠久的移民传统，但近些年其收款家庭的比例也都呈下降的趋势。

---

① 《海外墨西哥人达到 1 180 万》，文章来源：墨西哥通讯社，2014 年 11 月 14 日，中华人民共和国商务部官方网站，http://www.mofcom.gov.cn/.

② 《墨西哥 1—10 月侨汇收入创 7 年最高》，《经济学家报》2015 年 12 月 4 日，http://www.tdb.org.cn/news/.

③ 《墨西哥 1—10 月侨汇收入创 7 年最高》，《经济学家报》2015 年 12 月 4 日，http://www.tdb.org.cn/news/.

④ Marcos Valdivia lópez Fernando lozano Ascencio, "A Spatial Approach to the Link between Remittances and Regional Growth in Mexico", *Migraciones Internacionales*, Vol.5, No.3, 2010, pp.16–17.

⑤ Marcos Valdivia lópez Fernando lozano Ascencio, "A Spatial Approach to the Link between Remittances and Regional Growth in Mexico", *Migraciones Internacionales*, Vol.5, No.3, 2010, pp.16–17.

三、增长原因

是什么因素使得墨西哥移民汇款如此快速增长？这个问题一直困扰着研究人员，因为最有可能的经济和人口因素似乎同期并未出现太大的变化。一些基本因素，如墨西哥的国际移民人口及其收入，以及他们与墨西哥关系强度大小等，在此期间并未像移民汇款那样快速增长。例如：2000—2005 年实际移民汇款几乎翻了一倍，而在美国的墨西哥移民人口只增长了 20%。2001—2003 年，由于美国经历了经济衰退，随后劳动力市场复苏又很缓慢，墨西哥移民（合法和非法移民）实际上减少了。2004—2005 年从墨西哥移民到美国的人数仍远低于 2000 年的水平。同时，2000—2005 年美国的墨西哥移民真正的周薪中位数涨幅还不到 7%，同期美元相对比索升值也只有 7.4%。[①] 这一时期墨西哥移民汇款快速增长的主要原因有 2 个：一是交易成本降低；二是移民来源地多元化。

（一）交易成本降低

导致 21 世纪初墨西哥移民汇款快速增长最显著的原因是汇款平均交易成本的降低，2000—2006 年该项成本减少了 50% 以上。导致成本下降的主要原因之一是市场竞争更激烈了。2005 年墨西哥有 100 多家汇款机构，而 1995 年只有 5 家。成本下降还有技术变革方面的原因，如借记卡和信用卡使用的增加，以及更多的转账手段转让股权，如墨西哥的自动交换中心系统。随着成本下降，大批移民改变了原来随身携带钱回家的习惯，转而使用电子转账。电子转账占移民汇款的比例由 1996 年的 53% 增加到 2003 年的 86%，继而在 2006 年达到了 93%。

部分非正规渠道汇款通过电子转账向正规渠道汇款的转型也为移民汇款的增长作出了贡献。进入 21 世纪，电子转账改进了移民汇款的统计方法，显著促进了移民汇款的快速增长。此外，墨西哥银行移民汇款数据收集和记录也取得了重大进展。如 2002 年 10 月，墨西哥银行规定所有银行和电汇公司都必须在央行注册，接收移民汇款的各州必须每月报告移民汇款情况。这些变化使得移民汇款能够得到更准确的统计。总之，降低交易成本、增加正规汇款渠道和采用新的统计测量方法，是 21 世纪墨西哥移民汇款增长的主要原因。

---

①   Marcos Valdivia lópez Fernando lozano Ascencio, "A Spatial Approach to the Link between Remittances and Regional Growth in Mexico", *Migraciones Internacionales*, Vol.5, No.3, 2010, pp.16–17.

（二）移民来源地多元化

1. 移民汇款全国分布不均匀

移民汇款集中在国际移民主要输出地区。这些地区往往是相对贫困的农村地区。移民汇款占这些地区生产总值（GSP）的比例高达 15%。中西部地区吸收了移民汇款的大部分，其中米却肯州最多，2006 年为 25 亿美元左右，占其 GSP 的 16.1%；第二是瓜纳华托州，21 亿美元，占其 GSP 的 14.8%；第三是哈利斯科州，20 亿美元，占其 GSP 的 2.4%；第四是新墨西哥州，19 亿美元，占其 GSP 的 6.3%。[①] 仅就占 GSP 的比例而言，格雷罗州、萨卡特卡斯州、瓦哈卡州、纳亚里特州的移民汇款也占有重要地位。

相比之下，无论是汇款总量还是汇款占 GDP 的比例，墨西哥北部边境的下加利福尼亚州、索诺拉州、奇瓦瓦州、科阿韦拉州、新莱昂州和塔毛利帕斯州都是吸收移民汇款最少的几个州。2008 年这几个州收到的移民汇款还不足 17 亿美元，仅占其 GSP 总量的 0.9%。[②] 不同的州在不同时期吸收移民汇款的情况差别很大。造成这些差异的主要原因有该州的国际移民数量、收入状况、经济发展水平以及历史。中西部州，如米却肯州和瓜纳华托州，自墨西哥革命以来就有移民前往美国。由于几十年以来美国需要的移民主要是季节性农业工人，墨西哥移民大都来自农场。移民网络一旦形成，加上 20 世纪 70、80 年代直到 90 年代中期墨西哥经济急转直下，向北的移民活动便加剧了。随着时间推移，美国的墨西哥移民开始蔓延到非农产业，如建筑业、制造业和服务业，而移民来源地也越来越多元化。相对较新的来源地包括墨西哥州和瓦哈卡州。各州移民汇款的增长模式也各不相同。移民输出量、移民的特点、移民就业的行业以及移民目的国经济增长的变化等因素，导致了各州移民汇款的年度变化。

但总体来看，移民汇款对墨西哥地区收入差距的影响不明显。墨西哥国际移民不一定来自最贫困的或最不发达的地区，大部分来自处于中等发展水平的州。2010 年人口普查数据和全国人口委员会关于城市周边地区的普查数据表明，处于中等发展水平的城市地区接收的移民汇款往往比发达和不发达的地区更多。

---

① Marcos Valdivia lópez Fernando lozano Ascencio, "A Spatial Approach to the Link between Remittances and Regional Growth in Mexico", *Migraciones Internacionales*, Vol.5, No.3, 2010, pp.16–17.

② Marcos Valdivia lópez Fernando lozano Ascencio, "A Spatial Approach to the Link between Remittances and Regional Growth in Mexico", *Migraciones Internacionales*, Vol.5, No.3, 2010, pp.16–17.

2. 新来源地的移民成为汇款生力军

全球金融危机导致 2008—2009 年墨西哥各州移民汇款一度减少。同时移民的国内地理分布结构有所变化，其中最明显的是原来移民数量相对较少的州其移民数量获得了更快的增长。2000—2010 年墨西哥国际移民整体减少，但有几个州的移民仍在持续增长。这几个州是瓦哈卡州、普埃布拉州、克雷塔罗州、尤卡坦半岛、南下加利福尼亚州、索诺拉州、金塔纳罗奥州、塔巴斯科州、特拉斯卡拉州和恰帕斯州。[①] 除恰帕斯州、瓦哈卡州、普埃布拉州、克雷塔罗州以外，其余州在金融危机前移民率相对都比较低。金融危机爆发以后，这些州的移民数量在全国所占的比例都略有增加。相应地，这些所谓"新"的移民来源地的移民汇款增长更快一些，所谓"旧"的来源地则增长更慢一些。重要原因之一是来自新来源地的移民更倾向于去那些经济增长更快而以前墨西哥人很少的地方。此外，这些新移民往往是最活跃的汇款人，在美国时间越长其移民汇款就越少。[②] 例如：以前传统的移民来源地米却肯州移民汇款的数额比其他州都多，但自 2006 年开始其移民汇款增长速度却是最慢的。米却肯人倾向于去的美国中西部地区比美国其他地区更早进入经济衰退期。这就是导致其移民汇款增长缓慢的重要原因。同时米却肯人也是较早在美国定居的移民群体，其家人也都已经来到了美国，与墨西哥的联系已经很少。这也是移民汇款增长减缓的一个重要原因。

3. 移民社会网络的作用

移民社会网络对于墨西哥国际移民规模的扩大至关重要。一方面，网络有利于加快墨西哥移民相关资源的转移，支持移民在目的国劳动力市场找到工作；另一方面，网络对于保持和扩大双向的移民活动，确保货币转移的安全和共享家庭财产所有权，以及维系移民和家乡亲人之间的联系来说是必不可少的。

社会网络促进了资源、产品、价值和社会行为的"环流"运动，产生了更稳定的移民流动以及移民汇款和小规模投资的可持续增长。移民汇款流动的本质可以说更多地来自于社会交往的主要特点及其经济性质，因为移民汇款就是社会和情感关系的货币表现。最终移民汇款是在母国花费的。也许，这就是汇款人倾向于避免将移民汇款用于生产性投资的原因。随着时间的推移，社会网络逐渐扩大

---

① Marcos Valdivia lópez Fernando lozano Ascencio, "A Spatial Approach to the Link between Remittances and Regional Growth in Mexico", *Migraciones Internacionales*, Vol.5, No.3, 2010, pp.16–17.

② Marcos Valdivia lópez Fernando lozano Ascencio, "A Spatial Approach to the Link between Remittances and Regional Growth in Mexico", *Migraciones Internacionales*, Vol.5, No.3, 2010, pp.16–17.

和发展成为复杂的移民社会系统。如果没有社会网络，墨西哥移民汇款金额几乎不可能增长。反之，社会网络越巩固，移民数量就越稳定，移民汇款就增加得越多。美国劳动力市场萎缩、失业增加、实际收入下降、移民政策越来越严格，但移民流动及其移民汇款转移并未显著减少，到 21 世纪初已纷纷恢复增长，一定程度上就是社会网络的功劳。

第三节　移民汇款对墨西哥经济发展的影响

一、对外汇收入的影响

墨西哥的传统外汇主要来源是出口和 FDI，但进入 21 世纪，移民汇款已经逐渐成长为新的主要来源。[①]2003 年移民汇款相当于 FDI 的 86.5%，2006 年增加到了 100.74%，终于超过了 FDI，2007 年一度减少到了 72.34%（见表 7-2）。2008 年迅速恢复增长，达到了 93.98%，2009 年已恢复到了 97.78%（见表 7-2）。至 2015 年上半年，移民汇款依然相当于墨西哥 FDI 总额的 85%。2008 年墨西哥移民汇款仅次于石油和马奎拉多拉[②]的出口，位列墨西哥外汇收入第三，相当于外国援助的 118.35 倍和服务出口的 1.42 倍。2015 年前 9 个月，移民汇款相当于石油收入的 120%。[③]由表 7-2 可知，移民汇款占墨西哥 GDP 的比例不算高，进入 21 世纪后稳定中略有增长，从 2003 年的 2.27% 增加到了 2006 年的 2.8%（见表 7-2）。2014 年移民汇款相当于墨西哥 GDP 的 1.8%。[④]由下面所列几个表格的统计数据可以看出，2003—2008 年，移民汇款的变化与主要宏观经济变量的扩张和衰退趋势完全一致。

---

① 《墨西哥继续为世界侨汇收入第三大国家》，2012 年 2 月 16 日，中华人民共和国商务部官方网站，http://mx.mofcom.gov.cn/.

② 即 maquiladora，指外资公司在墨西哥开办的产品回销本国的组装工厂。

③ 《墨西哥侨汇收入超过石油收入》，国际能源网能源资讯频道，2015 年 11 月 25 日，http://www.in-en.com/article/html/energy-2241444.shtml.

④ 《墨西哥侨汇收入超过石油收入》，国际能源网能源资讯频道，2015 年 11 月 25 日，http://www.in-en.com/article/html/energy-2241444.shtml.

表 7–2　墨西哥的移民汇款、GDP、FDI 及其关系

（单位：美元）

年份	移民汇款（A）	GDP（B）	A/B（%）	FDI（C）	A/C（%）
2003	15 040 730 000	663 751 644 242	2.27	17 387 878 400	86.50
2004	18 331 310 000	723 934 708 060	2.53	26 828 800 400	68.33
2005	21 688 700 000	810 421 268 067	2.68	28 461 645 000	76.20
2006	25 566 830 000	911 928 299 700	2.80	25 378 658 500	100.74
2007	26 068 680 000	993 291 243 154	2.62	36 034 696 100	72.34
2008	25 137 370 000	1 062 681 813 970	2.37	26 747 246 800	93.98
2009	21 181 140 000	—	—	21 663 000 000	97.78

资料来源：根据墨西哥央行统计数据计算的结果。转引自 Jorge Eduardo Mendoza cota, Are Remittances a Stabilizing Factor in the Mexican Economy? *Econo Quantum*, Vol. 9, Núm. 1, 2011, pp.86–87.

表 7–3　墨西哥的移民汇款与出口

（单位：千美元）

年份	移民汇款（A）	出口总额（B）	石油出口（C）	制造业出口（D）	A/B	A/C	A/D
2003	15 040 730	164 766 436	18 597 225	140 650 306	9.13%	80.88%	10.69%
2004	18 331 310	187 998 555	23 663 079	157 768 214	8.00%	63.56%	9.53%
2005	21 688 700	214 232 956	31 888 572	175 195 588	7.02%	47.17%	8.59%
2006	25 566 830	249 925 144	39 016 849	202 751 837	6.02%	38.55%	7.42%
2007	26 068 680	271 875 312	43 013 838	219 709 422	5.53%	34.97%	6.85%
2008	25 137 370	291 342 595	50 635 372	230 881 575	5.16%	29.70%	6.51%
2009	21 181 140	229 783 026	30 910 823	189 698 395	6.55%	48.66%	7.93%
2010（1—6月）	10 035 000	141 262 022	19 381 992	115 733 427	10.65%	77.60%	13.00%
2003—2010（1—6月）	163 049 760	1 751 186 046	257 107 750	1 432 388 764	9.31%	63.42%	11.38%

资料来源：Balance of Payments Statistics, Bank of Mexico and Populations Projections of the National Council of Population . 转引自 Jorge Eduardo Mendoza cota, Are Remittances a Stabilizing Factorin the Mexican Economy? *Econo Quantum*, Vol. 9, Núm. 1, 2011, pp.86–87.

二、对宏观经济的影响

在美国经济衰退阶段，特别是在 2001—2008 年，墨西哥经济的脆弱性已经日益明显。传统上，美国经济衰退是通过对外贸易和 FDI 为主的渠道对墨西哥经济产生影响。由于美国和墨西哥经济一体化进程加快，以及移民美国的墨西哥人数量的持续增长，20 世纪 90 年代来自美国的移民汇款迅速增加。因此，当美国经济在 2008 年进入衰退阶段，上述经济一体化渠道便对墨西哥宏观经济产生了负面影响。[①] 如上所述，来自美国的移民汇款已成为墨西哥外汇的重要来源之一，并已通过补充外国私人融资发挥了重要的融资作用。不少人认为在收款国进入经济衰退阶段时移民汇款会增加，而在收入水平不断增长时则可能减少，因此，移民汇款在收款国可以充当宏观经济稳定器。按照这种观点，通过金融结构多元化的调整措施和增加高回报的投资机会，可以将移民汇款用于稳定经济周期波动。这一点对于实施更好地利用发展中国家的移民汇款资源的相关政策就显得尤为重要。从这个角度来看，移民汇款对经济增长产生了积极的影响，因为移民汇款有助于鼓励投资和增加消费。

在财政约束的背景下，移民汇款可以成为一种改善国内信贷的机制，进一步增加消费和投资。然而，在收款国（通常是发展中国家）经济与汇款国（通常是发达国家）高度一体化的背景下，2 个经济体经济周期的同步性短期内限制了移民汇款成为稳定经济周期波动机制的可能性。事实上，当汇款国与收款国经济一体化程度较深时，如美国和墨西哥，移民汇款不一定能演化为逆周期机制。因为在两国都面临商业周期的衰退阶段时，两国间经济周期的高度同步性减少了双方间的移民汇款流动。正因为如此，移民汇款流动就与出口和 FDI 一样成为亲周期性（Procyclicality）的经济现象，移民汇款在其他国家所表现出来的危机（灾难）救护作用在墨西哥就不太容易看得见。

---

① Jorge Eduardo Mendoza Cota, "Are Remittances a Stabilizing Faction the Mexican Economy? ", *Econo Quantum*, Vol. 9, Núm. 1, 2011, pp.86–87.

第四节　墨西哥国际移民及移民汇款相关政策措施

墨西哥这种与主流观点相反的汇款现象，有助于促进我们对移民汇款与移民来源国经济周期关系问题进行更深入的思考。特别是那些不仅在移民输出方面，而且在其他宏观经济变量，如出口、FDI 及其他资金流动方面与发达国家有密切联系的发展中国家，更有必要就此问题展开更深入的探索。

移民汇款的逆周期性并没有妨碍墨西哥成为促进汇款增长方面很有成效的国家之一。墨西哥只是在利用移民汇款促进经济发展方面并不是很成功。墨西哥比较有特色的措施主要有以下 3 项。

一、加强领事保护

随着墨西哥移民在美国地域分布日益多元化，墨西哥政府采取措施加强了对本国移民的领事保护工作，墨西哥驻美领事馆不断扩增。自 2000 年以来，墨西哥先后在那些墨西哥移民显著增加的城市开设领事馆，包括明尼苏达州首府圣保罗、印第安纳州首府印第安纳波利斯、密苏里州的堪萨斯城、内布拉斯加州的奥马哈和北卡罗来纳州首府罗利。据《纽约时报》2007 年 5 月 23 日报道，墨西哥于是年 4 月在阿肯色州首府小石城开设领事馆。这是墨西哥在美国开设的第四十七个领事馆。墨西哥成为在美国开设领事馆最多的国家。

墨西哥政府在外交部下设专门机构以满足其海外公民的需要。墨西哥海外研究所（IME）确定了与咨询委员会进行磋商的重点。该委员会由 105 名各界代表组成，其中很多是在美国的移民工人和移民组织的领导人。海外研究所通过将政府机构与海外墨西哥人聚集到一起，确保了在政策制定和实行过程中协调与考虑移民工人所关注的问题。墨西哥海外研究所还开展研究活动，开发面向移民的援助计划，通过媒体向移民及其家庭传送相关信息。

二、保护和鼓励移民汇款

墨西哥还采取了一系列旨在保护和鼓励移民汇款的措施。设在美国的墨西哥领事馆提供面向侵犯人权行为受害者的法律援助计划和面向老年移民的计划，以及社会工作援助与文化服务。此外，还提供 Matrcula Consular。这是由领事馆颁发的身份证，表明持有人为墨西哥海外公民。墨西哥政府鼓励银行、警察当局和其他机构接受该卡作为一种身份证明。该卡对非法身份的墨西哥移民特别有用。2005 年，美国 118 家银行接受 Matrcula Consular 作为可供选择的身份证明用于开设银行账户。使用 Matrcula Consular 在银行开户有助于降低汇款费用。

三、通过 HTA 引导国际移民集体汇款

最著名的是 1997 年在墨西哥发起的资金匹配型移民汇款投资项目，即"3×1"方案。按照这个方案，移民每贡献 1 元，墨西哥联邦政府、州政府及地方政府便匹配 3 元，而西联亦会投入 1 元。[①] 这项方案最初由萨卡特卡斯州的各 HTA 和地方政府发起，现由联邦社会发展部在许多州和地方政府以及 HTA 的配合下进行管理。提供移民汇款资金的移民个人向地方政府或墨西哥驻外某个使领馆提出开展基础设施开发、公共服务或创造就业岗位项目的建议。如果该地方政府批准了这项建议，由某个移民协会提供的每 1 美元就会被匹配到由地方、州或联邦政府提出的每个项目。

自 20 世纪 90 年代末以来，墨西哥 HTA 遍布加拿大和美国的拉美与加勒比地区移民当中。按照这一方案，HTA 向社区指定的开发项目捐献 1 美元的汇款，联邦政府、州政府、地方政府三方各自也都捐出 1 美元。到 2002 年，3×1 的方案已经为该项目筹集资金达 4 350 万美元，其中在 4 个高移民率的州，2/3 用于劳动密集型农业经济。[②] 2002—2004 年实施了 3 000 多个这样的项目，墨西哥各州约 100 万居民由此获益。[③] 遍及美国的 100 多万并不富裕的墨西哥人，通过购买巴士、救护车，为小型商务活动提供种子基金，为地方建学校、修路、建桥、建水电系统等，为改善墨西哥社区筹集资金，推动墨西哥慈善事业迅速发展。在 3×1 方案中，HTA 能够促进地方当局提高透明度和问责制的标准以及劳工标准，

① Karina Córdova, *Collective Remittances in Mexico: Their Effect on the Labor Market for Males,* University of Arizona, 2009, pp.2-3.

② Karina Córdova, *Collective Remittances in Mexico: Their Effect on the Labor Market for Males,* University of Arizona, 2009, pp.2-3.

③ Karina Córdova, *Collective Remittances in Mexico: Their Effect on the Labor Market for Males,* University of Arizona, 2009, pp.2-3.

确保移民汇款主要流向农村地区，改善了农村的基本服务（医疗、教育、道路和电力），彰显了集体移民汇款的力量，同时加强了在美国和墨西哥的 HTA 的作用。

HTA 的活动十分多样化，没有很完整的记录，活动范围包括移民在东道国的生存和在家乡的社会投资项目。当墨西哥一个小镇至少有 30% 的家庭有移民汇款时，HTA 通常有能力帮助改善家庭的生活质量，但 HTA 集体汇款的重点是投资基础设施以及由社区和当地非政府组织或银行管理的创收项目。[①] 有时，各国政府为侨民团体或 HTA 的汇款提供配套资金，以吸引他们为特定的社区项目提供资金。在拉美，通过 HTA 和匹配方案的集体汇款不少用于购买农业装备。但通过 HTA 的集体汇款影响十分有限，到 21 世纪初仅占中美洲所有汇款的 1%。多数 HTA 往往规模小，主要捐助慈善活动，一般投资不超过 1 万美元的项目。[②]

HTA 传统上侧重于基础设施建设和社会项目（学校、教堂、公园休闲、医疗诊所和扶助困难家庭）和灾后人道主义援助（如在萨尔瓦多）。[③] 此外，HTA 没有当地社区需求的及时信息，同时成员都是志愿者，筹款能力很有限，其扩大或建立伙伴关系的能力有限。[④] 因此，能否促进国际移民集体汇款发挥积极作用，关键在于移民及其家人能否组成有组织的团体、成功协调和实施适当的项目，以及获得政府和相关社会组织的支持。

第五节　墨西哥移民汇款促进经济发展面临的主要挑战

一、移民汇款对美国依赖性过大

墨西哥国际移民 95% 左右在美国，其移民汇款 99% 都来自美国。由于墨西哥国际移民严重集中于美国，墨美两国间的经济一体化高度发展。自 2007 年以

---

① Manuel Orozco, "Hometown Associations and Their Present and Future Partnerships: New Development Opportunities? ", Inter-American Dialogue, Washington, DC, 2003, pp.1-55.

② Manuel Orozco, "Hometown Associations and Their Present and Future Partnerships: New Development Opportunities? ", Inter-American Dialogue, Washington, DC, 2003, pp.1-55.

③ 王敏云：《巧借移民汇款度经济衰退》，《国际金融报》2009 年 4 月 22 日。

④ World Bank, *Global Economic Prospects 2006: Economic Implications of Migration and Remittances*, 2006.

来，墨西哥的移民汇款和移民数量增长速度的放缓都与美国经济衰退密切相关。美国经济的一点风吹草动，就会引起移民汇款剧烈动荡，给墨西哥的经济安全带来威胁。

美国的立法与移民政策变化严重左右了墨西哥国际移民及其移民汇款的发展变化。最初可能是实施《布拉塞洛计划》的影响。该计划实施期间墨西哥移民的目的国模式就已经呈现出最初的分散化趋势。《布拉塞洛计划》扩展了墨西哥人定居的地理分布。《移民改革与控制法》（1986年）的颁布对墨西哥移民在美国的地域分布模式也产生了重大影响。此后230万墨西哥人获得了合法身份，从而使他们摆脱了过去被强制奴役的非法身份地位，拥有了美国劳工的权利，摆脱了被拘捕的恐惧。《移民改革与控制法》（1986年）赋予了墨西哥移民自由流动的权利，其中的雇主制裁和加强边境强制条款对墨西哥非法移民而言又是促使其流动的动机。几百万墨西哥移民获得了合法身份，意味着他们获得了职业和地理双重自由流动的机会。为了尽可能满足自身利益，许多人离开从前的定居地去其他地方寻求发展。

20世纪90年代后，美国加强了对非法移民的打击力度，其中对边境地区非法移民的拘捕是一个重要手段。1993年得克萨斯州埃尔帕索实施了"封锁行动"（Operation Blockage），次年加利福尼亚州圣迭戈实施了"守门行动"（Operation Gatekeeper），旨在打击非法移民。这些行动导致从其他州入境的非法移民比例剧增。1996—1998年从加利福尼亚州以外入境的无证件移民比例从39%攀升到58%，3年内增加了19个百分点。[1]同时，这些行动间接促进了移民目的州多样化。美国移民归化局对内陆地区非法移民拘捕的政策相对宽松。1992年，在"封锁行动"前夕，只有15%的非法移民前往非传统目的州。随着1993年大规模边境强制军事化的实施，非法移民潮立即从传统目的州转向新目的州。1992—1998年，前往非传统目的州的份额从15%上升到45%。[2]

美国政府限制银行的国际汇款业务也严重影响墨西哥移民汇款。美国主要银行自2012年以来收紧国际汇款业务，也影响拉美其他国家和部分非洲国家。许多大银行放弃从美国到其他国家的汇款业务。这种做法扭转了多年来移民汇款收

① 《美国限制银行国际汇款业务，移民普遍受影响》，2014年7月8日，中国新闻网，http://www.chinanews.com/.

② 《美国限制银行国际汇款业务，移民普遍受影响》，2014年7月8日，中国新闻网，http://www.chinanews.com/.

费下降的趋势。墨西哥受此影响最大，因为美国 2012 年汇往境外的 511 亿美元当中有一半都到了墨西哥。[1] 大通银行（J. P. Morgan Chase）和美国银行（Bank of America）均已取消墨西哥人汇款回国的低价服务。受影响最明显的花旗集团（Citigroup）汇款部 Banamex USA 关闭了设在得克萨斯州、加利福尼亚州和亚利桑那州的许多分支机构。与此同时，西班牙 BBVA 银行为墨西哥和其他拉美国家提供的汇款业务却出现了爆炸性增长。[2]

二、移民汇款发展模式不可持续

随着具有墨西哥特色移民汇款的迅速增长及其经济效应的逐渐显现，最终形成了以汇款为基础的墨西哥移民经济发展模式。[3] 与其他移民经济模式不同的是，墨西哥移民汇款具有亲周期性。如上所述，这一特性源于墨西哥与美国的经济一体化。在墨西哥，以汇款为基础的经济发展模式是墨西哥与美国经济一体化背景下劳务输出主导的发展进程的副产品。[4] 这种基于一系列不公平交易关系的一体化模式，加剧了两国之间存在的不对称状态，并没有为促进墨西哥的经济发展提供有效机制，也没有为提供廉价劳动力的主要移民地区提供有效补偿。这种一体化模式建立在廉价劳动力出口导向型模式的基础之上，创造了两国的就业市场，使美国拥有来自墨西哥的庞大劳工队伍，可以满足其劳动力需要。

《北美自由贸易协定》（North American Free Trade Agreement, NAFTA）生效以来，墨西哥已向美国输出了数百万的移民，[5] 但墨西哥不是美国劳动力市场补

---

[1] 《美国限制银行国际汇款业务，移民普遍受影响》，2014 年 7 月 8 日，中国新闻网，http://www.chinanews.com/.

[2] 《美国限制银行国际汇款业务，移民普遍受影响》，2014 年 7 月 8 日，中国新闻网，http://www.chinanews.com/.

[3] Jorge Eduardo Mendoza Cota, "Are Remittances a Stabilizing Faction the Mexican Economy? ", *Econo Quantum*, Vol. 9, Núm. 1, 2011, pp.86–87.

[4] Raúl Delgado Wise, Humberto Marquez, Migration and Development in Mexico: Toward a New Analytical Approach, *The Journal of Latino-Latin American Studies*, Vol.2, No.3, 2007, pp.101–119.

[5] Rodríguez, H, "Tendencias recientes de la migración de mexicanos a Estados Unidos", Seminario Problemas y Desafíos de la Migración y el Desarrollo en América, *Red Internacional de Migración y Desarrollo*, April 7–9, 2005, Cuernavaca.

充廉价劳动力的不竭源泉，[①]依靠输出劳动力获取移民汇款来支持经济发展的模式很脆弱。廉价劳工出口导向模式与其副产品——以移民汇款为基础的墨西哥经济发展模式相辅相成，一定时期之内可能有助于墨西哥社会的经济稳定，却是一条不可持续的发展路径。

---

① Raúl Delgado Wise, Humberto Marquez, Migration and Development in Mexico: Toward a New Analytical Approach, *The Journal of Latino-Latin American Studies*, Vol.2, No.3, 2007, pp.101–119.

第八章 菲律宾移民汇款及其对经济发展的影响

第一节 菲律宾国际移民概况

一、现状

菲律宾是劳务输出大国，移民汇款已成为其国民经济重要支柱。各行各业务工的菲律宾移民约占全球移民总数（2.14 亿）的 4.42%，超过菲律宾总人口的 10%。[1]1999—2011 年，菲律宾国际移民从 700 万增加到了 1 005 万。[2] 截至 2012 年，海外菲律宾人已经达到了 1 048.96 万，分布在全球 218 个国家和地区。其中，永久移民 4 925 797 人，占 42%；短期移民 4 221 041 人，占 40%；非正规渠道移民 1 342 790 人，占 13%。[3] 从全球地理分布来看，海外菲律宾人分布最为集中的是中东和北美洲。2012 年，海外菲律宾人的十大目的国分别为美国（3 494 281 人）、沙特阿拉伯（1 267 660 人）、阿联酋（931 562 人）、加拿大（852 401 人）、马来西亚（686 547 人）、澳大利亚（391 705 人）、日本（243 136 人）、英国（218 777 人）、科威特（213 638 人）和卡塔尔（200 016 人）。[4] 由于海外劳工对菲律宾经济发展的贡献举足轻重，政府将每年的 6 月 7 日定为"外

---

[1]　Saul De Vries, "Mobilizing the Use of Remittances Towards Poverty Reduction And Economic and Social Development Through Government Initiatives: The Philippine Experience", Single‑Year Expert Meeting on Maxing The Remittances Development Impact, Geneva, 14–15 February, 2011.

[2]　International Monetary Fund, Philippines: Selected Issues. IMF Country Report No.13/103, 2013, http://www.imf.org/external/pubs/ft/scr/2013/cr13103.pdf.

[3]　路阳:《菲律宾政府的海外菲律宾人政策探析》,《华侨华人历史研究》2014 年第 3 期, 第 12 页。

[4]　路阳:《菲律宾政府的海外菲律宾人政策探析》,《华侨华人历史研究》2014 年第 3 期, 第 12 页。

籍劳工日",以资纪念和表彰。政府给予海外劳工崇高的荣誉,将他们称为"现代英雄"。①

二、海外分布

菲律宾国际移民主要是那些在中东和亚洲从事有报酬活动的劳工,包括有证的临时工人和无证或非正规劳工;其永久移民大多是在西方发达国家,如澳大利亚、加拿大和美国等。海外菲律宾劳工具体分布情况:中东(52.7%)、东亚和东南亚(27.3%)、欧洲(8.3%)、北美洲和南美洲(7.9%)、大洋洲(2%)和非洲(1.8%)。

(一)中东

中东是菲律宾最大的海外劳务就业市场,占其海外劳务输出总量的40.2%(以2003年底合同劳务人员数量计算),也是对菲律宾移民需求增长最快的地区。输往中东地区的菲律宾移民以年均约2.4%的速度增长。②中东地区对菲律宾移民的需求主要在医护服务、建筑、石油、通讯、运输、海水淡化、家庭服务、零售和酒店业等领域。其中沙特阿拉伯是菲律宾在中东最大的海外劳务就业国,已有近100万菲律宾移民在沙特阿拉伯工作。其他主要海外劳务就业国为阿联酋、卡塔尔、科威特、以色列等。

(二)东亚和东南亚

东亚和东南亚是菲律宾第二大海外劳务就业市场,占其海外劳务输出总量的27.9%,年均输入菲律宾劳务人员29万。③日本是菲律宾第二大海外劳务就业国,在日本工作的菲律宾移民近20万。近些年,日本成为接收菲律宾新出国劳务人

---

① 《菲律宾海外劳务输出简析》,中国—东盟博览会网站,http://www.caexpo.com/special/economy/.

② Tchantchane A., Rodrigues G., Fortes P.C., Impact of Remittance, Education and Investment on Growth in the Philippines,in Philippines, *Applied Econometrics and International Development*,Vol.13, No.1, 2013, pp.174–186.

③ Tchantchane A., Rodrigues G., Fortes P.C., Impact of Remittance, Education and Investment on Growth in the Philippines,in Philippines, *Applied Econometrics and International Development*,Vol.13,No.1, 2013, pp.174–186.

员最多的国家。菲律宾移民在日本主要从事 ICT 服务。① 在中国香港、澳门地区工作的菲律宾移民超过 22 万，主要从事家庭服务和酒店服务。在中国台湾地区工作的菲律宾移民约 16 万，主要从事家庭服务、教育、制造业和建筑业。在新加坡的菲律宾移民有 5.8 万，② 主要从事医护服务和酒店服务。到中国大陆（内地）工作的菲律宾移民只有几千人，主要集中在北京、上海、广州等大城市，多数是专业人员，从事教育、工程、医生、经理和会计等职业，还有部分在娱乐场所表演和做家政服务。

（三）欧洲和美洲

在欧洲工作的菲律宾移民约 46 万。③ 欧洲国家对菲律宾移民的劳务需求主要是医护、酒店和旅游服务等行业。年均输往欧洲的菲律宾移民约 4 万。意大利和英国是菲律宾移民的主要就业国。新兴的东欧劳务市场，如斯洛文尼亚的医护人员，克罗地亚的酒店和旅游业，都为菲律宾海外劳务拓展市场带来了契机。

在美洲就业的菲律宾移民为 28.6 万，就业人口以年均 1 万的速度增长。美国和加拿大是菲律宾移民在美洲的主要就业国，分别约 10 万和 3 万。菲律宾移民在美国和加拿大主要从事医护服务和教育工作。加勒比地区对菲律宾移民的需求主要是酒店服务业。21 世纪初，北美洲海员市场成为菲律宾海外劳务输出的重点。

（四）大洋洲

在大洋洲工作的菲律宾移民有 5.6 万。每年前往本地区就业的菲律宾移民总体呈下降趋势。巴布亚新几内亚是本地区菲律宾移民的主要就业国。平均每年有 2000 多菲律宾移民在巴布亚新几内亚找到工作，主要从事工程服务。在澳大利亚和新西兰的菲律宾移民主要从事医护服务业。

---

① ICT 是信息（Information）、通信（Communication）、技术（Technology）等 3 个词的英文首字母组合。

② Tchantchane A., Rodrigues G., Fortes P.C., Impact of Remittance, Education and Investment on Growth in the Philippines, in Philippines, *Applied Econometrics and International Development*, Vol.13, No.1, 2013, pp.174–186.

③ Tchantchane A., Rodrigues G., Fortes P.C., Impact of Remittance, Education and Investment on Growth in the Philippines, in Philippines, *Applied Econometrics and International Development*, Vol.13, No.1, 2013, pp.174–186.

（五）非洲

在非洲工作的菲律宾移民有 5.4 万。每年到非洲国家谋生的菲律宾移民平均有 6 000 多人，近几年输出量明显上升。2003—2012 年，每年前往非洲国家的菲律宾移民都在 8 500 人以上。菲律宾移民在非洲的主要就业国为尼日利亚、安哥拉、阿尔及利亚和赤道几内亚。此外，还有约 22.9 万菲律宾移民在各类外籍轮船上当海员。[①]

20 世纪 70 年代，菲律宾的海外就业计划才刚开始实施，每年只有数千菲律宾人赴海外工作。菲律宾与中国、印度、墨西哥和巴基斯坦成为了世界上最大的移民输出国之一。这也充分反映出全球劳动力市场对菲律宾劳工的需求持续高企的趋势。

第二节　菲律宾移民汇款概况

一、增长迅速

菲律宾是世界上最大的收款国之一，也是东南亚移民汇款最多的国家。[②] 菲律宾的移民汇款自 20 世纪 80 年代以来获得了迅速的发展。1980—2010 年菲律宾的移民汇款增加了 221.1%。[③] 在 2002 年流入整个亚太地区的 270 亿美元移民汇款中，菲律宾的移民汇款约占 25%。[④]2004 年的菲律宾移民汇款总额达到 85.5 亿美元。2010 年的菲律宾移民汇款达到 188 亿美元，2011 年以来取得了持续增长，2012 年总额为 244.5 亿美元。[⑤]2012 年菲律宾的移民汇款总量在亚洲仅次于印度

---

① Tchantchane A., Rodrigues G., Fortes P.C., Impact of Remittance, Education and Investment on Growth in the Philippines,in Philippines, *Applied Econometrics and International Development*,Vol.13,No.1, 2013, pp.174–186.

② World Bank, *Migration and Remittances Fact book*, 2011.

③ World Bank, *Migration and Remittances Fact book*, 2011.

④ World Bank, *Global Economic Prospects 2006: Economic Implications of Remittances and Migration*, 2006, pp.104.

⑤ International Monetary Fund, Philippines: Selected Issues. IMF Country Report No.13/103, 2013, http://www.imf.org/external/pubs/ft/scr/2013/cr13103.pdf.

和中国。这 3 个国家的移民汇款加起来占亚洲全部移民汇款总量的 75%。[1]2013
年菲律宾移民汇款达到 225 亿美元左右，同比增长 5%。2014 年 1—6 月，来自
海外菲律宾劳工的移民汇款达到 114.21 亿美元，比上一年同期的 108 亿美元增
加了 6.21 亿美元，增幅为 5.75%。其中，陆基（从事陆地上的工作）劳工移民汇
款达到 86.75 亿美元，比上一年同期的 82.76 亿美元增加了 3.99 亿美元，增幅为
4.82%。[2] 2015 年前 8 个月，菲律宾移民汇款较上一年同期又增长了 4.1%，已经
达到了 180 亿美元。[3]

表 8-1　菲律宾移民的行业变化

（单位：人）

行业	2005	2010	变化（%）
专业人员、医疗、技术及相关职业	63 941	41 835	−34.57
行政管理	490	1 439	+193.67
办公室文员	5 538	10 706	+93.32
零售	4 261	7 242	+69.96
服务业	133 907	154 535	+15.40
农业	350	1 122	+220.57
制造业	74 802	120 647	+61.29
其他	996	2 753	+176.41
合计	284 285	340 279	

资料来源：International Monetary fund, Philippines：Selected Issues, *IMF Country Report*, No.13.

　　菲律宾移民汇款的主要来源是陆基工人，约占移民汇款总量的 83%，来自海
基（从事海上的工作，如海员等）工人的移民汇款占总量的 17%。[4] 就来源地区
而言，与中国一样，菲律宾最大的移民汇款来源地也是北美洲。就 2008 年而言，

---

[1]　International Monetary Fund, Philippines: Selected Issues. IMF Country Report No.13/103, 2013, http://
　　www.imf.org/external/pubs/ft/scr/2013/cr13103.pdf.

[2]　World Bank, *Migration & Remittances: Recent Developments and Outlook*, April 11, 2014, p.1.

[3]　Migration and Remittances Team, *Migration and Remittances: Recent Developments and Outlook*,
　　Development Prospects Group, Migration and Development Brief, World Bank, April 13, 2015, p.8.

[4]　Saul De Vries, "Mobilizing the Use of Remittances Towards Poverty Reduction and Economic and Social
　　Development Through Government Initiatives: The Philippine Experience", Single‐Year Expert Meeting on
　　Maxing the Remittances Development Impact, Geneva, 14–15 February, 2011.

该国移民汇款超过一半来自北美洲。第二是欧洲，约占 16%，[1] 以英国和德国为主。第三是中东，约占 15%，主要是沙特阿拉伯和阿联酋。来自其他亚洲国家的移民汇款约占 11% 左右，主要是日本、中国和新加坡。[2] 以来源国而言，美国是菲律宾移民汇款的最大来源国，2004 年来自美国的移民汇款占菲律宾移民汇款总量的 43%。[3] 沙特阿拉伯是菲律宾移民汇款的第二大来源国，约占移民汇款总量的 10%。来自意大利的移民汇款约占移民汇款总量的 5%，位居第三。[4] 其他主要移民汇款来源国是英国、日本和新加坡。从不同职业群体对菲律宾移民汇款的贡献来看，按移民汇款总量分析，来自服务人员、专家和技术人员、制造业工人的移民汇款位列前三；按人均移民汇款额分析，经理和高级管理人员、专家和技术人员、制造业工人的移民汇款额位列前三。如果菲律宾经济条件没有很大改观，同时制度环境依然有利于国际移民，那么其国际移民仍将继续。

二、增长的原因

移民汇款的持续增长得益于全球对专业和熟练的菲律宾工人需求强劲，以及菲律宾政府对吸引移民汇款政策工具的改进。政府的政策措施在其中发挥了重要的作用。具体来说，以下原因值得关注。

（一）移民结构变化严重影响移民汇款发展

东道国不同，移民的工资差别也很大。例如：菲律宾女佣在沙特阿拉伯平均每月工资为 200 美元，在中国香港为 500 美元，在美国和英国则超过了 1 000 美元。娱乐艺人在日本的收入几乎是在新加坡的 2 倍。护士在沙特阿拉伯每月收入约为 500 美元，在英国和爱尔兰则可达到 2 000 美元，而在美国甚至高达 3 000

---

[1]　Saul De Vries, "Mobilizing the Use of Remittances Towards Poverty Reduction and Economic and Social Development Through Government Initiatives: The Philippine Experience", Single‐Year Expert Meeting on Maxing the Remittances Development Impact, Geneva, 14–15 February, 2011.

[2]　Bangko Sentral ng Pilipinas, 10 September, 2009, www.bsp.gov.ph/statistics/keystat/ofw.htm.

[3]　Bangko Sentral ng Pilipinas, 10 September, 2009, www.bsp.gov.ph/statistics/keystat/ofw.htm.

[4]　Saul De Vries, "Mobilizing the Use of Remittances Towards Poverty Reduction and Economic and Social Development Through Government Initiatives: The Philippine Experience", Single‐Year Expert Meeting on Maxing the Remittances Development Impact, Geneva, 14–15 February, 2011.

美元。①造成这种差别的原因可能是各国工资水平的差别以及人员素质、技术水平和经验的差别等。此外，移民自身状况和人口因素也影响了移民汇款数额的变化，如欧美永久移民的汇款往往低于亚洲短期移民工人。

（二）正规渠道移民汇款比例将继续增加

移民汇款通过正规和非正规渠道进入菲律宾，包括银行系统、非正规移民汇款业务、移动电话，以及通过移民自己或委托别人随身携带。非正规的移民汇款流入没有具体、一致的记录。1982 年菲律宾移民汇款的 55% 是通过非正规渠道进来的。1990 年这个比例变成了 50%。2006 年，菲律宾非正规移民汇款下降到了 20%—25%。2002 年的移民汇款总额中，有 52% 是通过银行渠道的。1995 年这个比例为 46.2%。菲律宾央行 2007 年通过银行系统记录的移民汇款占总额的 95%，2001 年为 72%。2011 年对海外菲律宾人的调查显示，移民汇款的 78.1% 通过正规渠道，其中 71.9% 通过银行，人工携带的只有 6.2%。②

菲律宾移民之所以越来越多地通过正规渠道汇款到菲律宾，主要原因在于金融机构的产品创新和汇款网络的扩张。到 2010 年只有约 4% 的移民汇款没有经过银行系统，而在 2001 年这一比例曾经高达 25%。③

三、金融危机的影响

整体而言，菲律宾国际移民及其移民汇款受金融危机影响相对较小。如前所述，2009 年底移民汇款总量反而增加了 5%。④这充分显示出其明显的逆周期特性，对于减轻母国遭受金融危机的负面影响起到了很重要的作用。这可能与以下几个因素不无关系。其一，菲律宾国际移民及移民汇款市场比亚洲其他国家发达。一方面其经由正规渠道的移民汇款比例较高，另一方面约有一半移民已经是海外永久居民。其二，菲律宾在移民及其汇款方面相关的政策措施和制度安排也是亚洲

---

① Saul De Vries, "Mobilizing the Use of Remittances Towards Poverty Reduction and Economic and Social Development Through Government Initiatives: The Philippine Experience", Single‐Year Expert Meeting on Maxing the Remittances Development Impact, Geneva, 14–15 February, 2011.

② World Bank, Philippine Economic, 2013, http://www.worldbank.org/.

③ World Bank, Philippine Economic, 2013, http://www.worldbank.org/.

④ World Bank, Philippine Economic, 2013, http://www.worldbank.org/.

最成熟的。如菲律宾政府的"经济弹性计划"（Economic Resiliency Plan）旨在保护金融危机期间最脆弱的群体，其中包括保护国际移民及其家庭，因为金融危机期间移民汇款的减少可能对移民家庭造成严重后果。

除了移民汇款本身的逆周期特质和上述原因外，金融危机期间菲律宾移民汇款能够继续增加的原因还有很多。

第一，金融危机对移民东道国的影响是不均衡的。东道国受影响严重的，移民汇款也受到了一定影响；而未受影响或影响很小的东道国，其移民汇款变化也不会太大。菲律宾侨民遍布世界各地，由此来自世界各地的移民汇款的多元化结构也减轻了金融危机整体的负面影响。

第二，金融危机对就业的影响主要集中在某些特定行业，如金融、建筑和制造业等，但菲律宾人的职业分布十分广泛，包括医疗保健、家政服务、工程技术、计算机硬件和软件等。因此，大多数菲律宾移民所从事的行业受金融危机影响并不严重。

第三，菲律宾人适应新形势的能力和用英语交流的能力较强，同时海外劳动市场对菲律宾人的需求旺盛。因此，在金融危机期间菲律宾移民的就业实际上有所增加。

第四，国际移民网络较为成熟。菲律宾约 23% 的家庭有成员移民海外，[①]其中有些家庭有 2 个以上的国际移民。这在一定程度上说明这个国家的国际移民网络较为成熟，移民文化较为发达。

政府制定了旨在保护金融危机期间最脆弱群体的"经济弹性计划"，一定程度上也为国际移民提供了保护。海外菲律宾人及其家庭应对金融危机的首选方法，通常是向亲戚和朋友求助，其次是向政府求助。政府为海外菲律宾人寻找替代市场的努力减轻了全球金融危机的冲击。

四、移民汇款的用途

除了食物、衣着和住房支出外，菲律宾移民汇款用于储蓄、投资、教育、医疗保健、购买房地产的比例也在增加。调查结果显示，将移民汇款储蓄起来的菲律宾家庭大幅增加。在 2007 年第一季度的调查中，此类家庭所占的比例只有

---

① 　World Bank, Philippine Economic, 2013, http://www.worldbank.org/.

7.2%，2010 年第四季度已增加到 43.7%。同时，那些用移民汇款进行投资的家庭所占的比例也呈现出相同的增长趋势，2007 年第一季度只有 2.3%，2010 年第四季度增加到了 5.8%（见表 8-2）。

表 8-2　2007—2010 年菲律宾移民汇款的用途

（单位：%）

移民汇款的用途	2007 年第一季度	2008 年第一季度	2009 年第一季度	2010 年第一季度	2010 年第二季度	2010 年第三季度	2010 年第四季度
储蓄	7.2	14.0	40.0	50.4	38.0	43.0	43.7
投资	2.3	1.8	5.9	5.8	7.2	7.0	5.8

资料来源：BSP Consumer Expectations Survey, 2010.

第三节　移民汇款对菲律宾经济发展的影响

一、促进经济增长

巨额的移民汇款使菲律宾经济受益良多，对推动菲律宾国内的消费需求起到了至关重要的作用，对于减轻菲律宾遭受金融危机的负面影响起到了很大的作用。移民汇款是菲律宾 GDP 的重要组成部分。菲律宾移民汇款从 1975 年的 1.03 亿美元增加到了 2005 年的 97.27 亿美元。同一时期，菲律宾移民汇款占出口收入的比例从 4.5% 增加到了 24.2%，移民汇款占 GDP 的比例也从 0.6% 增加到了 13.5%。[1]2010 年菲律宾移民汇款占 GDP 的比例为 10%，到 2014 年略有下降，为 8.5%。通过银行的移民汇款在 2010 年已达到 188 亿美元，与上年同期相比增长了 8.2%。[2]

与其他外资来源相比较，如 FDI、私人资本流动（PCF）和 ODA，移民汇款的重要性显然要大得多。移民汇款平均占 GDP 的 12.26%，PCF 仅占 GDP 的

---

[1]　International Monetary Fund, Philippines: Selected Issues. IMF Country Report No.13/103, 2013, http://www.imf.org/external/pubs/ft/scr/2013/cr13103.pdf.

[2]　Migration and Remittances Team, *Migration and Remittances: Recent Developments and Outlook*, Development Prospects Group, Migration and Development Brief, World Bank, April 13, 2015, p.8.

1.88%，而 FDI 也仅占 0.99%。[1] 以 2009 年为例，菲律宾移民汇款数额占 GDP 的 12%，是 FDI 数额的 10 倍多，是商业服务出口额的近 2 倍，是制造业出口额的 51%，是 ODA 的 63 倍多。[2]

移民汇款与 GDP 增长呈正相关关系，即移民汇款每增长 1%，GDP 将会增长 0.35% 左右。[3] 造成这种关系的原因主要在于移民汇款在菲律宾产生了重要的间接影响。大多数的移民汇款都用于私人消费，对 GDP 的增长产生积极的影响。移民汇款对菲律宾教育支出的间接影响也是积极的。教育支出的增加导致移民汇款流入增加，从而导致经济增长。此外，移民汇款对经济增长产生的积极影响还在于促进了人力资源开发。这一趋势在 Jongwanich "亚洲和太平洋发展中国家的工人汇款、经济增长和减贫" 的研究中曾经提及。[4]1997—1998 年亚洲金融危机期间，菲律宾比索价格暴跌，移民汇款的价值随之不断增加。菲律宾人用这些钱让儿童免于做童工，将他们送回学校，其中女孩受益比男孩更多。[5] 西联估计，流经该公司系统的资金有 30% 被花在了教育上。[6] 需要注意的是菲律宾 2011 年的消费支出占其 GDP 的 77.85%。因此，我们认为菲律宾是 "消费导向型增长"。在菲律宾，移民汇款被用于支付国际收支赤字，弥补了菲律宾出口逆差的 30%。[7]

① Tchantchane A., Rodrigues G., Fortes P.C., Impact of Remittance, Education and Investment on Growth in the Philippines,in Philippines, *Applied Econometrics and International Development*,Vol.13,No.1, 2013, pp.174–186.

② 李涛:《海外菲律宾人与菲律宾的社会经济发展》，社会科学文献出版社，2012 年，第 115—116 页。

③ Tchantchane A., Rodrigues G., Fortes P.C., Impact of Remittance, Education and Investment on Growth in the Philippines,in Philippines, *Applied Econometrics and International Development*,Vol.13,No.1, 2013, pp.174–186.

④ Jongwanich J., "Worker's Remittances, Economic Growth and Poverty in Developing Asia and Pacific Countries", UNESCAP Working Paper 07/01, Bangkok: Economic and Social Commission for Asia and Pacific, 2007.

⑤ Dean Yang, Claudia A.Martínez, "Remittances and Poverty in Migrants' Home Areas: Evidence from the Philippines", Caglar Ozden, Maurice Schiff(eds), *International Migration, Remittances and the Brain Drain*, New York: Palgrave MacMillan, 2005.

⑥ 高珮著:《海外汇款如何影响一国经济？》,《青年参考》2015 年 9 月 23 日。

⑦ Tchantchane A., Rodrigues G., Fortes P.C., Impact of Remittance, Education and Investment on Growth in the Philippines,in Philippines, *Applied Econometrics and International Development*,Vol.13,No.1, 2013, pp.174–186.

二、抵御金融危机冲击

菲律宾移民汇款具有逆周期的性质，这意味着经济不好的时候移民汇款就会增加（海外劳工移民增加汇款以帮助面临困难的家庭）。[①] 移民汇款曾几次将菲律宾国民经济从崩溃的边缘拉回来。过去 30 多年全球经济历经数次周期波动，移民汇款一直有力地支持了菲律宾国内金融市场。在亚洲金融危机之后，东南亚各国普遍遭受沉重打击，而菲律宾经济借助移民汇款的输血作用，只受到轻微的影响。尤其是 21 世纪初在全球经历金融危机之后，每年来自海外菲律宾人的移民汇款依然平均超过 170 亿美元。2009 年移民汇款依然强劲不衰，当年就已达到了 173 亿美元。[②] 菲律宾移民汇款 2011 年以来取得了持续的增长，2013 年达到 225 亿美元左右，同比增长 5%；2014 年又增长了 4.8% 左右。[③] 这对于维持菲律宾国际收支顺差占 GDP 2.5% 的水平非常有帮助。[④]2015 年前 8 个月移民汇款较上一年又增长了 4.1%，已经达到了 180 亿美元。[⑤] 移民汇款的逆势增长使得菲律宾金融机构始终维持正常经营，稳定了当地经济，使菲律宾避免了全球金融危机造成的严重冲击。

三、对减贫的影响

（一）对各地区贫困影响存在很大差别

1. 对城市贫困和农村贫困的影响存在很大差别

1985—2000 年，菲律宾城市贫困率由 33% 减少到了 20%，而同时农村贫困

[①]　Dean Yang, HwaJung Choi, "Are Remittances Insurance? Evidence from Rainfall Shocks in the Philippines", the World Bank Economic Review, Vol.21, No.2, pp.219-248.

[②]　International Monetary Fund, Philippines: Selected Issues. IMF Country Report No.13/103, 2013, http://www.imf.org/external/pubs/ft/scr/2013/cr13103.pdf.

[③]　《2014 年菲海外侨汇将继续发挥稳定菲律宾经济的作用》，中华人民共和国商务部官方网站，http://www.mofcom.gov.cn/.

[④]　《2014 年菲海外侨汇将继续发挥稳定菲律宾经济的作用》，中华人民共和国商务部官方网站，http://www.mofcom.gov.cn/.

[⑤]　Anna, "OFW personal remittances reach \$17.9 billion", Oct 15, 2015, OFWs-Earnings, Trade Union Congress of Phinlippines, http://tucp.org.ph/2015/10/ofw-personal-remittances-reach-17-9-billion/.

率也由 51% 减少到了 47%。[①] 人口的高增长致使贫困人口绝对数量并没有减少。这一时期城市贫困人口绝对数量的增加少于农村。因为农村农业收入所占的比例大，所以 1991—2000 年的数据显示多数地区的绝对贫困都减少了。

2. 对各地区之间贫困的影响差异较大

菲律宾各个地区大小和人口规模都不一样。大部分人口都集中在北部的吕宋岛，而多数的收入也流入这个地区。2003 年菲律宾贫困率最高的地区是米沙鄢群岛和棉兰老自治区（ARMM）。贫困率最低的地区是马尼拉都会区及其 2 个相邻区域（甲拉巴松和吕宋岛中部）。尽管马尼拉都会区的贫困率最低，其贫困人口数量仍然很大，因为其人数全国最多。1991—2003 年菲律宾有 3 个地区的贫困率没有下降，即比科尔、东米沙鄢和棉兰老自治区。这 3 个地区 2003 年的人均收入和移民汇款都很低。2003 年马尼拉都会区的人均移民汇款最高，其贫困率也出现了最大跌幅。通过比较地区间的贫困和移民汇款可以看出，相比米沙鄢群岛和棉兰老自治区，吕宋岛的贫困率也较低。

比科尔地区位于吕宋岛南部，贫困率较高，相比吕宋岛的其他地区，其人均收入、移民汇款要低得多。将人均移民汇款与贫困率进行比较，就可以看出这些变量之间存在明确的负相关关系，即贫困率高的地区人均移民汇款较低，而贫困率低的地区人均移民汇款较高。而在收入低的同时移民汇款也低的地区，贫困更为严重。棉兰老自治区就是人均移民汇款最低而贫困率最高的地区。

（二）减少了绝对贫困人数，却对相对贫困产生负面影响

贫困有绝对贫困和相对贫困之分。绝对贫困是指低于贫困线的收入状况（即每天 1 美元或 2 美元）。相对贫困是指社会个人或家庭低于社会平均收入水平一定程度时的生活状况。较富裕的家庭更有能力为家庭成员支付昂贵的移民费用，也更有能力为子女提供良好的教育，从而使他们在海外更容易就业，获得更高收入。因此，富裕群体获得的移民汇款更多。由此看来，移民汇款虽然促进了菲律宾绝对贫困人数的减少，但是分配明显不公平，促进了相对贫困的增加。

---

① Saul De Vries, "Mobilizing the Use of Remittances Towards Poverty Reduction And Economic and Social Development Through Government Initiatives: The Philippine Experience", Single‐Year Expert Meeting on Maxing The Remittances Development Impact, Geneva, 14–15 February, 2011.

四、对收入分配的影响

（一）分配状况

1. 基尼系数的发展变化

基尼系数可以用来衡量一个国家的收入分配状况。当一个国家的基尼系数增加时，就意味着该国的收入分配变得更加不公平；当基尼系数下降时，就意味着收入分配变得更加公平。1988 年菲律宾的基尼系数约为 0.45，表示其收入分配高度不公平。1997 年其基尼系数进一步上升至 0.49。[1]1988—1997 年，基尼系数的增加意味着菲律宾富裕阶层（占人口 10% 的最富有阶层）的收入大幅增加，而较低收入阶层的收入占总收入的比例进一步减少。在此期间菲律宾的经济依然获得一定增长，这表明在 1997 年以前其经济增长是不利于穷人的，收入差距被拉大了。

平均而言，1997—2003 年菲律宾的 GDP 基本没有增长，但这一时期的基尼系数却由 0.49 下降到了 0.47。[2]1997 年以后较低收入阶层在总收入中所占的比例急速增加，同时最高收入阶层所占的比例却大幅减少，表示在此期间收入不公平程度减轻了。2003 年占总人口 20% 的最富有阶层占总收入的 53%，而占总人口 50% 的最贫困阶层的收入仅占 19%。[3]这表明收入分配依旧高度不公平。从1987—2003 年的 GDP 增长和基尼系数之间的差异可以看出，GDP 的增长使收入分配更加公平。

2. 移民汇款自身的分配不公平

移民汇款也与其他收入一样呈不平衡分配状态。移民汇款数额的差别加剧了家庭收入不平等。1985—2000 年菲律宾家庭移民汇款的平均基尼系数最高，为

---

① Saul De Vries, "Mobilizing the Use of Remittances Towards Poverty Reduction And Economic and Social Development Through Government Initiatives: The Philippine Experience", Single‐Year Expert Meeting on Maxing The Remittances Development Impact, Geneva, 14–15 February, 2011.

② Saul De Vries, "Mobilizing the Use of Remittances Towards Poverty Reduction And Economic and Social Development Through Government Initiatives: The Philippine Experience", Single‐Year Expert Meeting on Maxing The Remittances Development Impact, Geneva, 14–15 February, 2011.

③ Saul De Vries, "Mobilizing the Use of Remittances Towards Poverty Reduction And Economic and Social Development Through Government Initiatives: The Philippine Experience", Single‐Year Expert Meeting on Maxing The Remittances Development Impact, Geneva, 14–15 February, 2011.

0.94，对全国 0.49 的基尼系数的贡献高达 11%。[①] 这一时期全国总的基尼系数从 0.50 下降至 0.48，但同一时期移民汇款的基尼系数基本上维持不变。然而，移民汇款的主力军一直都是中下收入阶层，包括蓝领技术工人、海员、家庭佣人、演艺人员和护士等。其中专业人士占 8% 左右，主要都是护士。[②]

如前所述，菲律宾收入分配高度不公。大部分人口获得小部分收入，而大部分收入却集中在少数富裕人口手中。与非移民家庭相比，移民家庭平均收入、储蓄和人力资本支出都更高。然而，有移民汇款的低收入家庭只占其全国家庭总数不到 10%。这就意味着，移民汇款使得菲律宾的收入差距进一步扩大。在最高收入阶层，移民家庭比例超过 35%。移民汇款能够使部分移民家庭进入更高一级的收入阶层。2000—2006 年最低收入阶层即最贫困家庭收入的比例减少了 4.8%—7.1%，[③] 这表明，移民汇款已经使得不少家庭摆脱了贫困。

3. 移民汇款是分配最不公平的外汇收入来源

非农业工资收入是菲律宾最重要的收入来源，占全国各个阶层收入的 50% 左右；其次是移民汇款和批发及零售收入。最大的几类收入来源分布都不均衡，主要集中于富有阶层。种植业和园艺等农业相关的收入是贫困阶层最重要的收入来源，而农业相关的收入分布更为均衡，却主要集中于贫困阶层。

移民汇款主要是让最富有的收入阶层受益，是分配最不公平的收入来源。收款家庭大多是收入较高的阶层。几乎一半的移民汇款流向了收入最高的 10% 的群体。最低收入家庭群体收款非常少，表明最贫困人口群体的移民和移民汇款都很少。人均移民汇款越多的地区收入分配越公平。菲律宾的高收入地区往往移民汇款也高，同时贫困率较低、城市化程度较高。菲律宾的大多数贫困人口生活在农村，而贫困的减少却多发生在城市。

①　Saul De Vries, "Mobilizing the Use of Remittances Towards Poverty Reduction And Economic and Social Development Through Government Initiatives: The Philippine Experience", Single‐Year Expert Meeting on Maxing The Remittances Development Impact, Geneva, 14–15 February, 2011.

②　Saul De Vries, "Mobilizing the Use of Remittances Towards Poverty Reduction And Economic and Social Development Through Government Initiatives: The Philippine Experience", Single‐Year Expert Meeting on Maxing The Remittances Development Impact, Geneva, 14–15 February, 2011.

③　Saul De Vries, "Mobilizing the Use of Remittances Towards Poverty Reduction And Economic and Social Development Through Government Initiatives: The Philippine Experience", Single‐Year Expert Meeting on Maxing The Remittances Development Impact, Geneva, 14–15 February, 2011.

（二）与菲律宾总收入的地区分配一致

1. 菲律宾各地区之间在收入、人口和贫困方面存在着较大差异

菲律宾人口的 50% 以上居住在吕宋岛，剩下的另一半人口由棉兰老自治区和米沙鄢群岛几乎各占一半。菲律宾被分为 17 个地区。各个地区之间的人均收入差异很大。人口较多的地区收入较高。地区间的人均收入也存在差异。

如前所述，菲律宾的富裕地区位于北部的吕宋岛，中等收入地区位于中部的米沙鄢群岛，大多数最贫困的地区位于南部的棉兰老自治区。其中，收入最高的地区也是人口最多的地区。约 25% 的收入集中在国家首都区（马尼拉都会区），包括马尼拉及其周边区域，是全国收入最高的地区。收入第二和第三高的地区是与首都地区相邻的甲拉巴松和吕宋岛中部。这些地区的人口占全国总人口的 37% 左右，但人均收入仍然较高。全国只有 5 个地区的人均收入高于全国平均水平，即首都地区、甲拉巴松、吕宋岛中部以及人口最少的民马罗巴（Mimaropa）地区和科迪勒拉（Cordillera）行政区。这 5 个区域均位于菲律宾北部。

剩下各个地区的人均收入分配更平衡。全国第二大城市宿务市位于收入第四高的地区——中部的米沙鄢群岛。2 个最贫困的地区，即棉兰老自治区和卡拉加地区，都位于菲律宾南部。将地区人均收入与地区人均移民汇款相比较，就可以看出，人均收入最高的地区也是人均移民汇款最多的地区，而人均收入最低的地区也是人均移民汇款最少的地区。

相较于人均地区收入，人均移民汇款更集中于北部地区。除了最贫困的棉兰老自治区外，非农业工资是其他所有地区最大的收入来源。在有明确人均非农业工资最高的 3 个地区，其移民汇款也更高。但人均非农业工资较低的一些地区移民汇款也较高。因此，移民汇款和非农业工资之间没有显示出明显的相关性，地区之间非农业工资的差异比移民汇款的差异要小一些。

2. 收入越高的地区移民汇款越多，反之亦然

菲律宾北部地区移民汇款最多，南部最少。菲律宾的贫困人口大多集中在农村地区，而移民汇款却集中在城市地区。贫困率高的地区移民汇款较少，而贫困率低的地区移民汇款更高。移民汇款对高收入地区的绝对贫困人口益处更大，而对低收入地区的绝对贫困人口益处很少或根本就没有益处。

（三）对农村城市化程度的影响

相对于农村地区而言，城市地区的农业收入在其总收入中所占的比例很低，其现代化程度更高。因此，对农业活动依赖性较低的区域的城市化程度、现代化程度比其他地区更高。与农业有关的收入包括来自于农场、种植业和园艺、畜禽养殖、渔业、林业与狩猎以及家庭基本生计活动收入等。

在菲律宾 3 个最富裕的地区（也是菲律宾 3 个城市化程度最高的地区），农业收入平均占总收入的 20% 左右。[①] 例如，中部的米沙鄢群岛是收入第四高的地区，也是农业收入比例第四低的地区。菲律宾收入较高的地区对农业收入的依赖性较低，城市化程度较高。通过比较区域之间的移民汇款和农业收入的差异，可以看得更清楚。农业收入最高的地区往往就是移民汇款最少的地区，如棉兰老自治区，也就是城市化程度最低的地区。相比其他地区，移民汇款最高的地区农业收入很低或只有平均水平，如首都地区、甲拉巴松和吕宋岛中部这 3 个地区。

第四节　菲律宾国际移民及移民汇款相关政策措施

菲律宾政府十分重视国际移民的积极作用，将其作为国家发展战略的重要内容并取得了显著的效果。除了对国际移民实施全方位保护外，菲律宾政府实施了 3 个方面的措施以促进移民汇款的增加及其有效利用。一是帮助和保护国际移民的就业；二是改善金融服务；三是签订国际双边协议。

一、帮助和保护国际移民就业

（一）加强国际移民的就地管理

在有菲律宾移民 2 万人以上的国家的使领馆设立劳务管理机构，由来自不同政府部门的人员组成，至少包括劳工专员、外交官员、福利官员、协调官员各一

---

① Saul De Vries, "Mobilizing the Use of Remittances Towards Poverty Reduction And Economic and Social Development Through Government Initiatives: The Philippine Experience", Single‐Year Expert Meeting on Maxing The Remittances Development Impact, Geneva, 14–15 February, 2011.

人，在问题较多的国家派驻律师和社会工作者。海外劳务管理机构保持 24 小时办公，并与外交部设立的 24 小时信息援助中心相联，以保证总部与各中心联络畅通。

（二）促进回国劳工再就业

1999 年 6 月菲律宾移民劳工部成立了再就业中心，促进回国劳工再就业。再就业中心通过与私营企业协调，为回国的菲律宾劳工开发谋生项目；与政府有关部门合作，建立计算机信息系统，将有特长的回国劳工的信息提供给国内所有公营或私营招工机构和雇主；为回国劳工提供定期的学习和求职机会。

（三）向处于困境中的海外菲律宾人提供法律援助

政府外派机构还负责散发一些小册子给海外劳工，提醒他们在国外生活和工作要注意的事项。对于有意出国工作的女性，政府规定她们必须年龄在 18 岁以上并有足够能力应付复杂环境。根据菲律宾女性在某些国家的家庭受虐待或骚扰的教训，政府还规定，去这些国家的女性只允许在公务人员或外交官家庭工作。理由有三：①这些家庭有经济来源保障，不拖欠佣人工资；②这类人员素质相对较高，不易发生虐待、侮辱佣人事件；③一旦出现问题，政府便于交涉。

菲律宾职工大会（TUCP）与各非政府组织及政府共同为移民劳工（包括女性家庭工人）提供更多保护。职工大会与非政府组织共同致力于女性移民工人的问题和权利，如拐卖问题。双方都是附属于菲律宾总统办公室的国家反贫困委员会下属的移民工人委员会的成员。职工大会在马尼拉设立移民劳工中心，向出国和回国的移民工人提供帮助。公职人员工会 PS—LINK 为准备到海外就业的人员提供预备课程，了解自己在目的国的权利和联系方法。

二、改善金融服务

（一）银行

正规渠道移民汇款显著增长的部分原因是金融部门效率的提高，以及更多的国际移民在转向高技术工作，即专业性工作及与服务业相关的工作。其中菲律宾央行（BSP）采取的措施就起到了十分重要的作用。第 7653 号共和国法案授权

BSP 具体执行关于通过正规渠道，如银行、私人汇款公司以及其他汇款代理人转移资金的金融法规。根据这项法律，海外菲律宾劳工和他们的家庭受到法律保护以免受欺诈交易，如高昂的汇款费和不准确的汇率。为了降低现金转移的费用，BSP 曾成功组织与银行及汇款代理商的对话。由于这些措施和创新性实践的结果，更多海外菲律宾人现在都通过正规渠道汇款。这种转变主要是成本、速度、银行和汇款公司服务等方面的改善，汇款人金融知识日益增长，"9·11"之后关闭了不受管制的非正规汇款业务，以及反洗钱局严格执行法律所规定的"了解你的客户"的相关条文（这一规定要求外币买卖双方填写及签署申请表格，并出示政府颁发的身份证明文件，其中就包括驾驶执照或社会保险证书）等。

金融危机后贷款增长仍然停滞不前，菲律宾移民汇款市场竞争十分激烈。菲律宾银行不断扩大业务并与外资银行形成了战略联盟，有效提升了竞争力。全国 10 家大银行中有 8 家通过自己的汇款中心或分支机构，或通过与其他机构建立战略合作伙伴关系，在美国建立了自己的汇款代理机构。菲律宾的首都银行和菲律宾国家银行（PNB）提供上门服务的便利，以获得竞争优势。其他几家银行也已通过将汇款服务与贷款和储蓄产品绑在一起的方式将银行服务推广到农村。

此外，银行通过采用移动电话系统、设立销售终端营业点以及支付医疗和学费等渠道拓展多元化的服务。如 GlobeTel 通信公司的"G—现金计划"使用短消息服务（SMS）来完成交易，再通过现金中心来支付收到的移民汇款。截至 2006 年 3 月，登记的"G—现金计划"用户有 130 万。2007 年，首都银行与互联网金融公司 Xoom.com 合作，允许其 OFW 客户通过互联网汇款。德奥罗银行（The Banco De Oro）通过加入菲律宾最大的零售企业集团之一的 SM 集团，允许移民汇款受益人在 SM 超级商场和大型超市领取汇款，以便于其客户可以立即使用这些资金在这些商店购物。PNB 在中国香港已与花旗银行和 7-11 连锁便利店建立合作关系，利用花旗银行的技术和 7-11 有众多分店的优势，使得 OFW 汇款更加方便。在中国香港，这种捆绑式结盟有效地将 480 家 7-11 分店绑定到 PNB 的 9 家汇款办事处，[1] 使得该地的菲律宾人汇款十分便利。

---

① Galias, Maria Regina Angela, "Pre-departure Programs for Migrant Filipinos: Enforcing Protective Mechanisms at Home", Paper presented at the Third Regional Migration and Remittances Peer-Assisted Learning Network (MIRPAL) Conference, 21–23 May 2012, Dushanbe, Tajikistan.

（二）小额信贷机构

小额信贷机构也早已进入了移民汇款市场，刺激了竞争，压低了汇款成本，增加了正规金融部门的参与份额。2010 年 7 月 22 日，菲律宾的小额信贷机构 Alalay SA Kaunlaran 公司（ASKI）通过 ASKI 国际有限公司推出其国际业务，[①]为移民及其家庭提供财务服务，并通过提供知识和技术援助与移民协会建立合作伙伴关系，以增强其资金转移的竞争力。ASKI 在新加坡设立了一个办事处，向菲律宾家政移民提供小额信贷服务，就是上述国际金融服务的重要内容之一，因为低技术职业的海外菲律宾人无法从事许多非金融活动（如价值观培训、业务发展、社会领导等）。另一种类似的小额信贷是 CARD-MRI，是菲律宾最大的小额信贷机构，2010 年底其客户接近 150 万。[②]CARD-MRI 已在中国香港设立办事处，并为当地的菲律宾家政移民提供小额信贷服务，包括金融知识讲座、小额贷款、储蓄与投资产品等。

（三）激励措施

菲律宾许多行之有效的金融激励措施（包括储蓄、投资设施和税收折扣）促进了正规移民汇款不断增加。1985 年以来，以激励为基础的 Balikbayan 计划鼓励海外菲律宾人回访家乡，作为认可他们对菲律宾经济重要贡献的一种方式。

三、签订双边协议

菲律宾政府还签署了一系列双边协议以促进正规移民汇款。2003 年 5 月菲律宾总统阿罗约访问美国期间，[③] 与美国政府签署了提供以下设施的双边协议：

---

① Rino David Paez, *Interrogating Policy Discourses on International Migration and Development in the Philippines: Demystifying Diaspora for Development, Public Policy and Management*, Institute of Social Studies, Hague, Netherlands, November, 2009, p.36.

② Imelda Nicolas, "Philippine Perspective on Migration: The Various Impacts of International Migration and the Role of the Philippine Diaspora in the Country's Development", A paper presented at the Second International Forum on Migration and Development, 26 November, 2012, Guadalajara, Mexico.

③ Rino David Paez, *Interrogating Policy Discourses on International Migration and Development in the Philippines: Demystifying Diaspora for Development, Public Policy and Management*, Institute of Social Studies, Hague, Netherlands, November, 2009, p.36.

①菲律宾银行与美联储双方共同建立自动付款和交流中心的直接系统；②由美国联邦存款保险公司启动延伸至海外的金融教育计划，培养海外菲律宾人（未加入别国国籍者）和美籍菲律宾人社区、银行家及其他汇款服务提供商、消费者的创新意识；③帮助菲律宾信用社和合作社与世界信用社理事会的国际汇款网络系统建立联系；④建立一个系统，利用美国和菲律宾的邮政系统与菲律宾乡村银行家协会合作，提供低成本的前端汇款渠道。亚洲开发银行还提供技术援助以增加移民汇款总量，通过改善监管环境来建立便捷的正规渠道。

第九章　经济发展对移民汇款的依赖性

——以塔吉克斯坦、吉尔吉斯斯坦、摩尔多瓦和黎巴嫩为例

经济发展以移民汇款为主要驱动力的国家（移民汇款占主要经济指标比例较大的国家）在一定程度上形成了对移民汇款的依赖性。移民汇款对这些国家的经济来说至关重要，甚至关乎其经济命脉。2020 年各国移民汇款占其 GDP 的比例：汤加 37.7%、黎巴嫩 32.2%、吉尔吉斯斯坦 29.4%、塔吉克斯坦 27.3%、摩尔多瓦 24.1%、尼泊尔 23.5%、洪都拉斯 23.5%%、海地 21.8%%、牙买加 21.2%、莱索托 20.6%、萨摩亚 18.7%。[①] 这些国家就是本章所谓的 "移民汇款依赖型国家"。

下面选取塔吉克斯坦、吉尔吉斯斯坦、摩尔多瓦和黎巴嫩等 4 个国家作为考察对象。

第一节　塔吉克斯坦、吉尔吉斯斯坦

一、移民汇款概况

本节首先考察移民汇款对独联体中 2 个最小和经济最落后（以人均收入为标准）的国家——塔吉克斯坦和吉尔吉斯斯坦经济发展的影响。在独联体国家中，塔吉克斯坦经济对移民汇款的依赖最严重，移民汇款约占其 GDP 的一半，2008年和 2012 年分别已达到了 52% 和 47%，同时也是全球第一；吉尔吉斯斯坦和摩尔多瓦的移民汇款占其 GDP 的比例分列独联体国家第二和第三（见图 9-1）。

---

① KNOMAD, "Resilience COVID–19 Crisis Through a Migration Lens", Migration and Development Brief 34, World Bank, May 2021, pp.6–34.

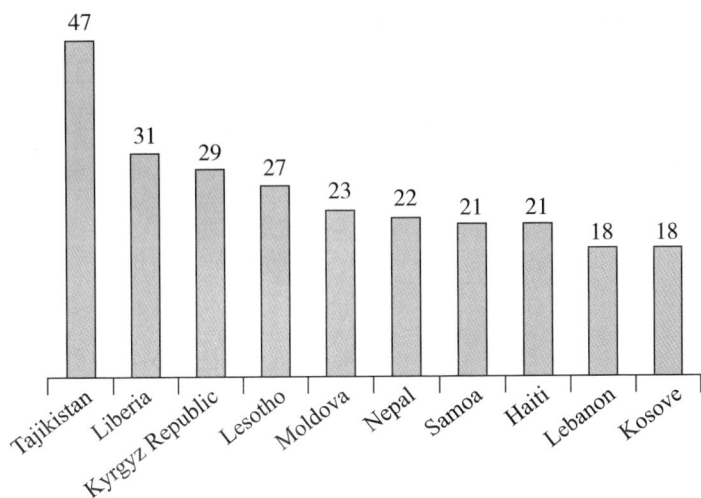

图 9-1　2012 年移民汇款占 GDP 的比例全球排名前十国家

资料来源：Gemechu Ayana Aga, Christian Eigen-Zucchi, Sonia Plaza and Ani Rudra Silwal, *Migration and Development Brief 20, Migration and remittances Unit*, Development Prospects Group, World Bank, April 19, 2013, p.2.

　　塔吉克斯坦和吉尔吉斯斯坦公民大量移民俄罗斯，主要驱动力在于两国和俄罗斯之间的收入差距悬殊。2008 年俄罗斯人均收入是塔吉克斯坦的 17 倍、吉尔吉斯斯坦的 12 倍。[1]两国移民的大多数都在建筑行业或服务行业工作。2000 年后，两国的汇款收入开始迅猛增长。2005—2008 年，两国汇款收入增加了 4 倍。[2]仅仅数年内，移民汇款已成为了塔吉克斯坦和吉尔吉斯斯坦经济的支柱。

　　20 世纪 90 年代初，塔吉克斯坦宣布独立，随即就陷入了一场内战。内战的后果之一就是大量的塔吉克人集体离境前往俄罗斯。内战期间约 120 万人成为境外难民或在国内流离失所。[3]20 世纪 90 年代，移民汇款一定程度上帮助国家抵

① Martin Brownbridge, Sudharshan Canagarajah, "Remittances and the Macroeconomic Impact of the Global Economic Crisis in the Kyrgyz Republic and Tajikistan", *China and Eurasia Forum Quarterly*, Vol.8, No.4, 2010, pp.3-9.

② Martin Brownbridge, Sudharshan Canagarajah, "Remittances and the Macroeconomic Impact of the Global Economic Crisis in the Kyrgyz Republic and Tajikistan", *China and Eurasia Forum Quarterly*, Vol.8, No.4, 2010, pp.3-9.

③ Richard Bedford, "Migration Polices, Practices and Cooperation Mechanisms in the Pacific", United Nations Expert Group Meeting on International Migration and Development in Asia and the Pacific, 2008-5-12.

御了危机。① 自 1991 年以来，海外劳务移民及汇款收入已经成为塔吉克斯坦经济生活的重要内容之一了。到 2005 年，塔吉克斯坦几乎家家都至少有一个家庭成员在国外务工。② 2002—2005 年每年有超过 62 万的季节性工人（约占成年人口总数的 18%）从塔吉克斯坦前往俄罗斯、乌兹别克斯坦、哈萨克斯坦和吉尔吉斯斯坦。流入塔吉克斯坦的移民汇款超过 80% 来源于俄罗斯。③

2008 年，俄罗斯经济遭受双重打击：一是世界原油价格暴跌；二是资本账户流向的逆转。由于外部冲击，国民收入减少以及平衡国际收支（BOP）的调整引发了一场严重的衰退。2007 年实际 GDP 增长了 8.1%，2008 年增速回落至 5.6%，2009 年甚至急剧下降到了 -9%。由于俄罗斯经济危机尚在持续，除了俄罗斯自身以外，其他独联体国家 2009 年收到的汇款减少了 25%。这种衰退通过 2 个方面严重影响了本地区的移民汇款（主要是从俄罗斯流向独联体其他经济体的移民汇款）：一是因为就业收缩，特别是对经济周期敏感的建筑业；二是因为 2008 年 3 月到 2009 年 3 月俄罗斯卢布对美元贬值 51%，移民汇款的美元价值相应就减少了。因此，2008 年最后一个季度吉尔吉斯斯坦和塔吉克斯坦移民汇款开始下降，下降趋势持续到 2009 年一整年。以美元计值，2009 年塔吉克斯坦移民汇款比 2008 年减少了 31%，而吉尔吉斯斯坦移民汇款减少了 20%（2009 年这 2 个国家移民汇款仍然高于 2007 年）。2014 年 1—12 月，吉尔吉斯斯坦移民汇款为 22.36 亿美元，较 2013 年的 22.68 亿美元略有减少。其中，21.68 亿美元来自在俄罗斯务工的劳工，占总额的 97%。此外，来自哈萨克斯坦和美国的移民汇款分别为 0.2 亿美元和 0.12 亿美元。④

以美元计算，2015 年前 4 个月吉尔吉斯斯坦移民汇款同比减少 37%。绝大多数的移民汇款是卢布，仅有 3% 是其他货币。如果以卢布计算，总汇款收入甚至还有所增长。造成这种按不同货币计算结果迥异的原因是 2014 年底俄罗斯卢布大幅贬值。尽管移民汇款同比大幅收缩，该国移民汇款的未来走势依然看好，

---

① Abdul-Ghaffar Mughal, "Migration, Remittances, and Living Standards in Tajikistan a Report Based on Khatlon Remittances and Living Standards Measurement Survey", September 2007, http://www.iom.tj/pubs/ Impact%20 of %20remittances%20in%20Khatlon%20by%20Mughal.pdf.

② Alexei Kireyev, "the Macroeconomics of Remittances: the Case of Tajikistan", *Working Paper No.06/2*, International Monetary Fund, 2006. http://www.imf.org/external/pubs/ft/wp/2006/wp0602.pdf.

③ Alexei Kireyev, "the Macroeconomics of Remittances: the Case of Tajikistan", *Working Paper No.06/2*, International Monetary Fund, 2006. http://www.imf.org/external/pubs/ft/wp/2006/wp0602.pdf.

④ 《吉尔吉斯斯坦侨汇收入锐减 37%》，亚欧网，2015 年 6 月 11 日，http://www.yaou.cn/news/.

随着吉尔吉斯斯坦加入欧亚经济联盟，外出务工人数将会比现在多得多。因此，预计移民汇款增长将会继续。[1]

根据官方公布的数据（见表9-1），1991—2005年塔吉克斯坦约492 400人离境，其中约412 800人（83.3%）在1991—1998年离开，这与塔吉克斯坦1992—1997年的武装冲突密切相关。到2005年，塔吉克斯坦几乎家家都有一人在国外务工。目前塔吉克斯坦的总人口约为750万，其中有超过100万人在海外打工，全国有超过半数的家庭都要依靠移民汇款收入维持生活。2012年有超过100万塔吉克斯坦公民在俄罗斯务工，几乎相当于这个中亚国家1/8的人口和一半的男性劳动力。[2] 移民汇款成为了该国贫困家庭的生命线。[3] 移民汇款对塔吉克斯坦GDP的贡献到目前为止是全球最大的。2011年塔吉克斯坦移民汇款同比增加了33.6%，达到了近30亿美元（约合人民币189亿元）。这一数字可谓创下了截至2012年塔吉克斯坦移民汇款的新高。相比较而言，30亿美元的移民汇款虽然不多，但已经占到了塔吉克斯坦2011年GDP的45.4%。与2008年相比，这一比例已经有所回落。当时塔吉克斯坦的移民汇款总额比2011年少近5亿美元，在GDP中占49%。[4] 2013年这一比例又在此基础上增加了，达到了53%。

表 9-1　1991—2005 年塔吉克斯坦国际移民

（单位：人）

年　份	入　境	离　境	国际移民净值
1991	20 000	48 600	28 600
1992	11 300	104 700	93 400
1993	12 000	86 300	74 300
1994	6 600	55 100	48 500
1995	5 500	45 300	39 800
1996	3 700	34 100	30 400
1997	3 300	21 100	17 800
1998	2 700	17 600	14 900
1999	1 800	14 700	12 900
2000	1 700	14 600	12 900

---

① 《吉尔吉斯斯坦侨汇收入锐减37%》，亚欧网，2015年6月11日，http://www.yaou.cn/news/.

② 《塔吉克斯坦欲成立国家形象中心》，国际在线，2012年1月1日，http://news.cntv.cn/.

③ 《2011年塔吉克斯坦海外侨汇收入创新高》，新浪财经，2012年1月28日，http://finance.sina.com/.

④ World Bank, *Migration and Development Brief April*, 2013.

（续表）

年　份	入　境	离　境	国际移民净值
2001	1 700	12 900	11 200
2002	1 400	12 000	10 600
2003	1 400	10 200	8 800
2004	1 100	7 900	6 800
2005	1 100	7 300	6 200

资料来源：Patricia Justino, Olga N Shemyakina, "Remittances and Labor Supply in Post-conflict Tajikistan", *IZA Journal of Labor & Development,* 2012, Vol.1, No.8, p. 2.

表 9-2　2008 年独联体国家移民汇款占 GDP 和进口的比例

国家	移民汇款（万美元）	占 GDP 的比例（%）	占进口的比例（%）
亚美尼亚	106 200	9	22
格鲁吉亚	73 200	6	12
吉尔吉斯斯坦	120 500	23	25
摩尔多瓦	189 700	31	39
塔吉克斯坦	267 000	52	94

资料来源：Martin Brownbridge, Sudharshan Canagarajah, "Remittances and the Macroeconomic Impact of the Global Economic Crisis in the Kyrgyz Republic and Tajikistan", *China and Eurasia Forum Quarterly*, Vol. 8, No. 4, 2010, p. 3.

二、移民汇款对塔吉克斯坦经济发展的影响

（一）缓解外部冲击，充当社会减震器

移民汇款对塔吉克斯坦的宏观经济产生了显著的积极影响。独联体国家移民汇款占 GDP 的比例相对较高，部分国家对移民汇款依赖度很高。移民汇款对家庭收入的显著贡献助长了消费热潮，反过来又带动了 GDP 的增长。上述吉尔吉斯斯坦、摩尔多瓦和塔吉克斯坦这 3 个国家 2008 年汇款占 GDP 的比例分别为 29%、23% 和 47%（见图 9-1）。其中，塔吉克斯坦长期以来一直是全球汇款占 GDP 比例最高的国家，2013 年是 53%。同时，消费热潮也导致进口增长和贸易赤字扩大。

移民汇款弥补了 20 世纪 90 年代国内动荡造成的损失。因为塔吉克斯坦的移

民汇款往往是逆周期的，在 1992—1997 年内战期间帮助很多人弥补了财政短缺，减轻了政府的整体压力。由于缺乏发达的社会保险制度和有效的国内劳动力市场，劳工移民和移民汇款是许多塔吉克人解决贫困的主要机制。在这个意义上，移民汇款已经成为了一种社会减震器。①

由于移民汇款对经济发展的影响主要通过消费的间接作用体现出来，即使汇款减少，在短期内也不会对经济造成太大的冲击。2008 年，由于移民汇款收入的减少，塔吉克斯坦和吉尔吉斯斯坦的 GDP 分别减少了 16% 和 5%。移民汇款减少给吉尔吉斯斯坦经济所带来的冲击使其出口占 GDP 的比例减少了 6%。塔吉克斯坦和吉尔吉斯斯坦的 GDP 增长率相比 2008 年分别减少了 6% 和 4.5%。与此同时，其他独联体国家（不包括俄罗斯）的 GDP 增长率平均下跌了 9.2%，仅有 -3.9%。与此相比，塔吉克斯坦和吉尔吉斯斯坦受金融危机影响是比较轻的。与其他低收入的独联体小国相比，这 2 个国家也毫不逊色。亚美尼亚、格鲁吉亚和摩尔多瓦这些小国都遭受了严重的经济衰退，2009 年 GDP 增长率分别为 -15.6%、-10% 和 -4%。

有 3 个方面的原因可以解释为什么汇款的急剧下降没有在吉尔吉斯斯坦和塔吉克斯坦引发经济衰退。①相比来自出口需求下降或出口价格下降的外部冲击，来自移民汇款的冲击并没有直接影响国内生产。其影响是间接的，主要是通过对非贸易消费品需求的影响来体现的。②以国内货币计价，本地货币即吉尔吉斯斯坦索姆和塔吉克斯坦索莫尼汇率的大幅贬值部分抵消了汇款和家庭可支配收入的实际价值的下降。③真实汇率的贬值，刺激消费者从进口需求转向非贸易消费品需求。私人消费需求下降大多都是对进口消费品需求的下降，因此使得国内非贸易品部门逃脱了衰退的命运。

总之，吉尔吉斯斯坦和塔吉克斯坦在全球金融危机的经验初步表明，至少通过实施支持宏观经济的政策，如汇率贬值等，移民汇款可能帮助收款国缓解外部冲击对国内经济的影响。

（二）推动消费和外贸

塔吉克斯坦移民汇款有助于推动消费、弥补贸易逆差和控制经常账户赤字。2004 年底，塔吉克斯坦人均国民总收入（GNI）为 342 美元，至少比其人均 GDP

---

① World Bank, *Global Economic Prospects 2006: Economic Implications of Migration and Remittances*, 2006.

（296 美元）高了 15%，且增长速度更快。移民汇款规模大小往往决定了其最终用途——消费或投资。每年在 1 000 美元以下的移民汇款往往主要花在了消费上面，如食品、服装和医疗保健。1 000—5 000 美元的移民汇款主要用于购买耐用品，如家具和汽车，用于房屋维修及装修，以及购买进口商品或投资小规模进口贸易。超过 5 000 美元的汇款则主要用于修建农村住宅，而超过 10 000 美元的汇款则往往用于投资城市公寓装修和较大规模的进口贸易。2004 年移民汇款占塔吉克斯坦 GDP 的比例为 19%，可以弥补 80% 的贸易赤字。[①]

（三）促进公共财政的增加

移民汇款刺激下的塔吉克斯坦进口增长带来了额外的收入来源，即进口税 VAT 和进口关税。2000—2004 年进口平均每年增长 15%。吉尔吉斯斯坦移民汇款占该国预算收入的 60%，这些移民主要在俄罗斯工作。[②] 由于国际移民缓解了失业问题，有助于相关的财政支出，因此可以被看作是减轻了政府的财政负担。此外，随之而来的移民汇款可以被视为为国内提供了一个社会安全网，否则就不得不由政府花费巨资来构建这一安全网。移民汇款同样有助于稳定汇率，甚至有助于汇率升值，维持甚至减少以当地货币对外债的政府支出。其他国家大量的移民汇款流动导致了汇率的不稳定，与以上这种经验有较大差异。

（四）加强银行系统，增强其竞争力

银行转账的规则简化后，收款家庭不需要通过银行活期存款账户来收款，但银行不得不互相竞争或与其他金融中介机构（如西联）竞争以争夺客户。然而，对许多塔吉克人来说，收款就代表他们首次接触银行服务。相关调查表明，96% 的受访者满意银行服务，但有 82% 的人仍然不准备将汇款存入银行（其中 62% 的人需要将汇款用于当前的家庭必需和商业交易）。[③] 尽管只有一小部分汇款存

---

① Martin Brownbridge, Sudharshan Canagarajah, "Remittances and the Macroeconomic Impact of the Global Economic Crisis in the Kyrgyz Republic and Tajikistan", *China and Eurasia Forum Quarterly*, Vol.8, No.4, 2010, pp.3–9.

② 《吉尔吉斯斯坦 60% 预算收入来自旅俄移民汇款》，俄新网，http://rusnews.cn/guojiyaowen/.

③ Martin Brownbridge, Sudharshan Canagarajah, "Remittances and the Macroeconomic Impact of the Global Economic Crisis in the Kyrgyz Republic and Tajikistan", *China and Eurasia Forum Quarterly*, Vol.8, No.4, 2010, pp.3–9.

进银行，依然有助于银行系统扩大对私有部门的贷款。随着越来越多的人信任银行的信用，金融中介规模逐渐增长，政府部门的债务负担将下降。更具体地说，移民汇款有助于巩固小额信贷机构的财务基础。这对引导移民汇款用于投资生产非常重要。

（五）减少贫困，促进人力资源能力建设

移民汇款主要用于消费，对减贫的影响是巨大的。2000—2003 年，塔吉克斯坦的贫困率从 81% 下降到了 60%。根据世界银行 2008 年的数据，塔吉克斯坦的绝对贫困从 2003 年的 72% 减少到了 2007 年的 53.5%，其中至少有一半要归功于移民汇款的增长。同样移民汇款也推动了吉尔吉斯斯坦贫困人口比例由 2003 年的 50% 减少至 2007 年的 35%。[①]

此外，两国收款家庭的子女通常会聘请家庭教师辅导，享有更好的教育。其家庭成员都会获得更好的医疗保健和其他个人服务。同时，劳工移民减少了当地劳动力供应，促进了私营部门工资的增长。移民汇款也提振了国内整体工资留存，因为从国外回归的塔吉克人期望更高的工资待遇。

第二节　摩尔多瓦

一、国际移民概况

根据世界银行的数据，2010 年摩尔多瓦移民遍布世界各地 50 多个国家和地区，大约有 770 500 人，占摩尔多瓦总人口约 22%，就业人口的 1/4 左右。[②] 近些年，移民已经成为摩尔多瓦一个极具争议和敏感的问题。作为苏联加盟共和国时（1940—1991 年），摩尔多瓦就参与了苏联内部各种形式的劳务移民。摩尔

[①] Martin Brownbridge, Sudharshan Canagarajah, "Remittances and the Macroeconomic Impact of the Global Economic Crisis in the Kyrgyz Republic and Tajikistan", *China and Eurasia Forum Quarterly*, Vol.8, No.4, 2010, pp.3–9.

[②] Alexandru Stratan, Marcel Chistruga, Victoria Clipa, Alexandru Fala, Viorica Septelici, "Development and Side Effects of Remittances in the CIS Countries: the Case of Republic of Moldova", *Carim-East Research Report* 2013/2.

多瓦在苏联内部的移民活动主要是人们到苏联的其他地区获取更高的收入，如西伯利亚和远东地区等。同时，其他苏联加盟共和国的居民以前也经常到摩尔多瓦参加国家的工业化进程。

摩尔多瓦大规模移民始于 20 世纪 90 年代中期。对于摩尔多瓦而言，移民是一个相对较新的现象，主要是受经济因素的驱使。这种在经济上引发的移民是商业性质的，目的是从国外采购货物再在摩尔多瓦市场出售。这时期的移民目的国主要有土耳其、波兰、俄罗斯、罗马尼亚和德国。20 世纪 90 年代初摩尔多瓦人移民的原因还包括民族关系的恶化和军事冲突的出现——1992 年爆发的德涅斯特战争（Transnistrian war）导致了人数多达 100 万的难民。[①] 摩尔多瓦的经济发展受到了以就业为目的的移民（季节性短期移民或长期移民）的影响。

21 世纪初签证制度的推出使得海关监管程序越来越复杂。因此，2000 年之后，在摩尔多瓦，劳务移民模式逐渐取代了商业移民模式，国内工资低、需求低迷，生活水平低，生活必需品缺乏，由此催生了劳务移民。2004 年 10—11 月，在国外侨民人数为 57.1 万，国内有移民倾向的人数为 69 万。[②]

二、移民汇款的主要特点

（一）增速快

在过去的 30 多年间，摩尔多瓦的汇款收入已经大幅增加。1998 年地区危机之后，摩尔多瓦的移民汇款开始快速增长。自此以后，尽管国民经济复苏，移民趋势却日益加剧，因此，其国际移民人数估计已经多达 59 万，占其经济活动人口的 30% 以上。移民汇款在这一时期迅猛增加，2001—2008 年增速达到了 33.2%—34.5%。移民汇款约占本国 GDP 的 20%—30%，其中汇款数额在 2008 年达到峰值（16.6 009 亿美元）。[③] 除 2009 年减少了 36% 以外，其他时间都在继

---

① 《摩尔多瓦侨汇数额剧增》，中国驻摩尔多瓦大使馆官方网站，2005 年 7 月 29 日，http://md.chinese-mbassy.org/.

② 《摩尔多瓦侨汇数额剧增》，中国驻摩尔多瓦大使馆官方网站，2005 年 7 月 29 日，http://md.chinese-mbassy.org/.

③ 《摩尔多瓦侨汇数额剧增》，中国驻摩尔多瓦大使馆官方网站，2005 年 7 月 29 日，http://md.chinese-mbassy.org/.

续增加，只是速度有所放慢。① 全球金融危机对摩尔多瓦的影响显著表现在移民汇款大幅减少。据称摩尔多瓦在外打工者大约有 100 万，每年汇回的外汇为 16 亿—18 亿美元，成为摩尔多瓦外汇的主要来源。摩尔多瓦人外出打工大都在俄罗斯、西欧各国、美国。欧美各国经济衰退导致摩尔多瓦在外打工者失业，纷纷回国。这不仅使摩尔多瓦外汇收入减少，而且增加了本国的工作压力。②

金融危机后摩尔多瓦移民汇款很快恢复增长，到 2013 年已达 16.09 亿美元（不包含德左地区），同比增长 7.7%；移民汇款来源前五名的国家占总额的 89.7%，分别是俄罗斯（68%）、意大利（9.3%）、以色列（6.3%）、美国（4.8%）和法国（1.3%）。摩尔多瓦移民汇款的主要货币分别是欧元（35.1%）、俄罗斯卢布（33.6%）和美元（31.1%）。2014 年，该国移民汇款 16.1 296 亿美元，同比增长 0.3%。其中，占比排名前七位的移民汇款来源国分别为俄罗斯（61.6%）、意大利（9.7%）、以色列（6.7%）、美国（5.4%）、英国（1.6%）、德国（1.5%）、法国（1.4%）。③

（二）总量小

相比本地区其他国家，摩尔多瓦移民汇款总量不算高。按名义价值衡量，本地区其他国家的移民汇款总量要高得多，如波兰（76.02 亿美元）、乌克兰（67.16 亿美元）、俄罗斯（56.666 亿美元）、罗马尼亚（37.5 亿美元）、塞尔维亚（37.188 亿美元）、塔吉克斯坦（26.805 亿美元）等。④

（三）来源集中

由于摩尔多瓦移民主要目的国是独联体国家（2010 年占其移民存量的

---

① 《摩尔多瓦今年上半年侨汇骤降 28.7%》，中国驻摩尔多瓦大使馆官方网站，2015 年 8 月 6 日，http://md.mofcom.gov.cn/.

② 《摩尔多瓦工程承包市场环境及劳务合作》，中华人民共和国商务部官方网站，2010 年 3 月 9 日，http://www.mofcom.gov.cn/.

③ 《摩尔多瓦工程承包市场环境及劳务合作》，中华人民共和国商务部官方网站，2010 年 3 月 9 日，http://www.mofcom.gov.cn/.

④ Alexandru Stratan, Marcel Chistruga, Victoria Clipa, Alexandru Fala, Viorica Septelici, "Development and Side Effects of Remittances in the CIS Countries: the Case of Republic of Moldova", *Carim-East Research Report* 2013/2.

60.3%），① 大多数汇款都来自这一地区。20 世纪 90 年代后期来自俄罗斯的移民汇款显著减少，其比例也相应地从 1996 年的 41%（3 600 万美元）迅速减少至 2000 年的 6%（1 080 万美元）；而同时来自其他国家的汇款都在增长。主要原因可能在于 20 世纪后期独联体家经历了严重的危机。但应该提到的是，当时摩尔多瓦汇款总量非常小，最多只有 2 亿美元。因此到了 2008 年，移民汇款主要来自其他独联体国家，而非俄罗斯。与此同时，2001—2008 年，来自俄罗斯的汇款不断增长，年平均增长率达到了 76%，超过汇款总额年平均增长率（34.6%）的 2 倍。即使在全球金融危机的情况下，来自俄罗斯的汇款也表现得更有弹性。来自俄罗斯的移民汇款 2009 年减少了 23.8%，而同期那些来自其他独联体国家的汇款减少幅度更是达到了 46.5%。② 来自俄罗斯的移民汇款很快在 2010 年就恢复了之前的增长趋势，而来自独联体国家的汇款仍在减少。这些趋势确定了摩尔多瓦汇款结构的彻底改变，即来自独联体国家的移民汇款占的比例超过了 50%——2011 年在 63.7% 左右，而其中 91.5% 来自俄罗斯联邦，6% 来自乌克兰。③ 这种结构性变化以及来自俄罗斯相对稳定的资本流入，主要是因为在刚刚过去的金融危机之中，西方发达国家遭受的打击比独联体国家更大。同时相比西欧各国，来自俄罗斯的汇款成本要低很多。21 世纪以来摩尔多瓦的汇款成本明显有所降低（见表 9-3）。

表 9-3　摩尔多瓦汇款成本

（单位：%）

时间	俄罗斯		意大利	
	汇款 200 美元	汇款 500 美元	汇款 200 美元	汇款 500 美元
MTO 平均				
2008 年一季度	2.73	2.37	—	—
2009 年一季度	2.17	2.17	—	—

① World Bank, *Migration and Remittances Fact book*, 2011.

② Alexandru Stratan, Marcel Chistruga, Victoria Clipa, Alexandru Fala, Viorica Septelici, "Development and Side Effects of Remittances in the CIS Countries: the Case of Republic of Moldova", *Carim-East Research Report* 2013/2.

③ Alexandru Stratan, Marcel Chistruga, Victoria Clipa, Alexandru Fala, Viorica Septelici, "Development and Side Effects of Remittances in the CIS Countries: the Case of Republic of Moldova", *Carim-East Research Report* 2013/2.

（续表）

时间	俄罗斯		意大利	
	汇款 200 美元	汇款 500 美元	汇款 200 美元	汇款 500 美元
2010 年一季度	2.6	2.34	9.44	5.96
2011 年一季度	2.29	2.09	9.66	6.48
2012 年一季度	2.14	1.97	8.72	5.28
银行平均				
2008 年一季度	—	—	—	—
2009 年一季度	—	—	—	—
2010 年一季度	—	—	5.4	2.16
2011 年一季度	—	—	4.73	1.94
2012 年一季度	—	—	5.4	2.19
总平均				
2008 年一季度	2.78	2.39	—	—
2009 年一季度	2.17	2.17	—	—
2010 年一季度	2.60	2.34	8.47	4.78
2011 年一季度	2.29	2.09	8.53	5.30
2012 年一季度	2.14	1.97	7.41	4.06

资料来源：World Bank, World Bank Remittance Price Database, http://remittanceprices.worldbank.org/Country-Corridors/to-Moldova/.

（四）以短期劳工汇款为主

摩尔多瓦的国际移民以短期劳工为主。就其来源国分布而言，58% 在俄罗斯，19% 在意大利，5% 在葡萄牙，其他在希腊、罗马尼亚、以色列、乌克兰、法国、西班牙。侨民在外国的平均工资：德国（1 300 美元）、以色列（998 美元）、意大利（934 美元）、葡萄牙（890 美元）、法国（781 美元）、土耳其（417 美元）、俄罗斯（372 美元）。[①]

相应地，摩尔多瓦的移民汇款结构也发生了显著变化。一方面体现在移民汇款是"工人报酬"，即主要由跨境和季节性劳工报酬构成。2011 年，仅这项就占了摩尔多瓦汇款总额的 55.8%（8.99 亿美元）。另一方面体现在该账户下记录的汇款绝大多数都来自独联体国家，更准确地说是来自俄罗斯，占了 73.9%。同

---

① 《摩尔多瓦侨汇数额剧增》，中国驻摩尔多瓦大使馆官方网站，2005 年 7 月 29 日，http://md.chinese-mbassy.org/.

时，境外居留时间超过 1 年的移民其汇款增加最显著，反映了移民倾向于在东道国合法居留，从而可以更多地通过正规渠道汇款回国。[1]

表 9-4　摩尔多瓦汇款收入的主要构成（金额）

（单位：百万美元）

类别	1996	2000	2005	2011
跨境劳工、季节工人和其他海外工人的报酬	84.0	125.0	520.0	899.0
个人转让	3.1	52.6	395.1	701.4
移民转移	0.1	1.0	5.2	11.3
总的个人汇款	87.2	178.6	920.3	1611.7

资料来源：National Bank of Moldova, http: //www.bnm.md/en/balance_of_payments. Development and Side Effects of Remittances in the CIS Countries: the Case of Republic of Moldova, CARIM– East RR 2013 / 25.

表 9-5　摩尔多瓦汇款收入的主要构成（比例）

（单位：%）

类别	1996	2000	2005	2011
跨境劳工、季节工人和其他海外工人的报酬	96.4	70.0	56.5	55.8
个人转让	3.5	29.4	42.9	43.5
移民转移	0.1	0.6	0.6	0.7
总的个人汇款	100.0	100.0	100.0	100.0

资料来源：National Bank of Moldova, http: //www.bnm.md/en/balance_of_payments. Development and Side Effects of Remittances in the CIS Countries: the Case of Republic of Moldova, CARIM– East RR 2013 / 25.

三、移民汇款对摩尔多瓦经济发展的影响

（一）对经济增长的影响

摩尔多瓦在移民汇款占 GDP 的比例和人均值这 2 个方面都在世界上位居前列。据摩尔多瓦国家银行（NBM）统计，2011 年其移民汇款达 16.11 亿美元，

---

[1]　M. Luecke & T. Omar Mahmoud, *Kiel Policy Brief International Labor Migration and Remittances Beyond the Crisis: Towards Development-friendly Migration Policies*, 2009.

占 GDP 的 23%。2010—2013 年，移民汇款占 GDP 的比例超过了 30%。[①]

（二）对外汇来源的影响

移民汇款已经成为摩尔多瓦最重要的外汇来源，其总值远远超过了 FDI 和 ODA。根据 2011 年的数据，移民汇款相当于摩尔多瓦出口总值的 72.5%，FDI 存量的 51% 左右。[②] 更重要的是，移民汇款对外部冲击具有相对刚性的特点，似乎可以减轻由其他易波动的外币所造成的负面影响。

（三）对经济增长模式的影响

近年来，移民汇款通过对消费的影响对促进摩尔多瓦的经济增长起到了显著的作用，促进了消费驱动型经济增长模式。事实上，摩尔多瓦 GDP 的增长主要是靠消费增长所带动的。严格来说这不是一个可持续的增长模式，因为它没有促进投资。而移民汇款增加了家庭可支配收入，反过来又维持了消费的高速增长。移民汇款的最大部分用于满足当下最基本的生活消费需求，其余部分用于购买房屋和土地。约 43.1% 的人将汇款用于吃饭和穿衣，18.2% 的人用于水电和物业费，17.2% 的人用于购置房产，15.3% 的人用于维修房子，12.8% 的人用于教育，12.5% 的人用于医疗，11.7% 的人用于还债，10.5% 的人用于农业生产。8.5% 的侨民把赚到的钱自己保管，16% 的人把钱存入银行。在国外打工的摩尔多瓦侨民中 24% 的人往家寄服装，16.3% 寄食品，11% 寄家用电器。[③]

摩尔多瓦收款家庭将移民汇款用于一些非贸易品（如服务和建筑）。移民家庭对建筑和服务需求的增加，导致了这 2 个行业的利润大幅增长。摩尔多瓦是汇款占 GDP 比例较高的国家，移民汇款增加了家庭可支配收入，因此也促进了消费增长和税收增长。在短期内，移民汇款对经济增长产生了积极影响。

综上所述，考虑到摩尔多瓦国际移民以短期劳工为主，以及俄罗斯经济波动，可以认为"摩尔多瓦的短期经济增长高度依赖移民汇款"。[④]

---

① 《摩尔多瓦 2013 年侨汇收入同比增长 7.7%》，中华人民共和国商务部官方网站，2014 年 2 月 24 日，http://md.mofcom.gov.cn/.

② World Bank, *Migration and Remittances Fact Book*, 2011.

③ 《摩尔多瓦侨汇数额剧增》，中国驻摩尔多瓦大使馆官方网站，2005 年 7 月 29 日，http://md.chineseembassy.org/.

④ IOM(International Organization for Mi-gration), *World Migration Report 2010*, Geneva, 2010, p.171.

（四）对投资和金融发展的影响

投资和资本积累是移民汇款影响经济增长的重要渠道。移民汇款对其收款国金融服务业的重要影响体现在 2 个方面：①汇款收入对金融服务业带来的压力一般会促进该行业的发展；②汇款收入会导致利率下降，减少宏观经济波动。[①] 在摩尔多瓦，移民汇款对金融服务业的影响并没有实现多少。第一，移民汇款被引导到投资领域的份额难以量化。第二，收款人的结构决定了他们更可能将汇款用于消费而不是投资。摩尔多瓦的贫困移民到独联体国家一般不会遇到多少障碍（路费很便宜，不要求入境签证）。在这种情况下，移民汇款增加但其边际投资效应不会增加。越贫困的家庭用于社会需求和消费的汇款就越多。第三，金融中介很落后。

移民汇款没有被引导到投资和资本积累中去，关键问题就在于摩尔多瓦的金融体系未能为经济实体部门提供金融资源。尽管摩尔多瓦商业环境所提供的投资机会有限，许多拥有一定资本、创业精神和愿意承担风险的移民或他们的家人都选择回国投资。投资的良好意愿、热情和一定量资本都激发了其创业激情。移民汇款通过储蓄和投资机制对经济增长产生的影响，取决于金融制度的发展水平。一方面，有效的金融制度可以引导汇款储蓄投向最有利可图的项目。另一方面，只要金融体系无法提供所需资金，移民汇款就可以通过消除流动性短缺以弥补金融制度的不足。不幸的是，由于摩尔多瓦的金融业和投资环境相对落后，移民重返摩尔多瓦投资的努力大都以失败告终。其结果往往就是许多摩尔多瓦人选择再次移民。

（五）对就业的影响

我们从失业率和兼职工作这 2 个方面分析汇款对摩尔多瓦劳动力市场的影响。收到汇款又不想全职工作的家庭成员，就只能在兼职工作或失业二者中选其一，由此就影响到了劳动力市场。

摩尔多瓦移民汇款的增长速度经历了非常不稳定的演变过程。2001—2008年在 33.2%—34.5% 振荡不止。同时，失业率的发展也不稳定，其中 2008 年达到了 4%。就业人口中兼职工作的比例大体上是下降趋势，2001—2011 年从

---

① Chami, Ralph, Dalia Hakura, Peter Montiel, "Remittances: An Automatic Stabilizer?", *IMF Working Paper 09/91*, International Monetary Fund, 2009.

14.2% 下降到了 7.3%。① 移民汇款对摩尔多瓦失业率的影响非常小。移民汇款增加 1% 意味着失业率降低 0.03%。投资才是失业率的主要影响因素。投资占 GDP 的比例增长 1%，会导致失业率降低 0.21%。移民汇款对兼职影响更大。移民汇款每增加 1%，兼职工作者占就业人口的比例就会增加 0.17%。其影响还通过投资体现出来，如果投资占 GDP 的比例上升 1%，则兼职工作者占就业人口的比例就将减少 0.25%。②

（六）对家庭收入的影响

平均有 41% 的摩尔多瓦移民家庭其汇款收入至少构成家庭收入的 65%，另外有 25% 的移民家庭其汇款收入构成家庭收入的 35%—65%。2011 年，每位居民的平均汇款收入为 452.7 美元，远远超过 272.3 美元的平均月薪。43.8% 的移民家庭把汇款当作收入主要来源，仅有 29% 的移民家庭以工资作为收入的主要来源，依靠养老金的仅有 13%。③

第三节　黎巴嫩

一、移民汇款概况

黎巴嫩国际移民遍布世界各地，其数量远远多于国内常住人口。黎巴嫩国内人口将近 400 万，而散布国外的移民超过 1 000 万。④ 黎巴嫩移民在海外大多从事商贸管理、律师、医生等职业，收入水平往往比一般劳工更高，也更稳定。由

① Alexandru Stratan, Marcel Chistruga, Victoria Clipa, Alexandru Fala, Viorica Septelici, "Development and Side Effects of Remittances in the CIS Countries: the Case of Republic of Moldova", *Carim-East Research Report* 2013/2.

② Alexandru Stratan, Marcel Chistruga, Victoria Clipa, Alexandru Fala, Viorica Septelici, "Development and Side Effects of Remittances in the CIS Countries: the Case of Republic of Moldova", *Carim-East Research Report* 2013/2.

③ Alexandru Stratan, Marcel Chistruga, Victoria Clipa, Alexandru Fala, Viorica Septelici, "Development and Side Effects of Remittances in the CIS Countries: the Case of Republic of Moldova", *Carim-East Research Report* 2013/2.

④ World Bank, *Migration and Development Brief April*, 2013.

于国际移民众多，大量移民汇款历来是黎巴嫩经济最主要的外汇来源，为国内银行提供了大量存款和收益，也对维持国内消费市场繁荣提供了重要的资金来源。

1998—2001 年，黎巴嫩国际移民向国内汇款达 65 亿美元，平均每年 16.3 亿美元，移民汇款平均年增长率为 24.2%。[1] 2005 年黎巴嫩移民汇款 49 亿美元，2006 年为 52 亿美元，2007 年为 57.7 亿美元。[2] 2008 年黎巴嫩移民汇款 60 亿美元，较 2007 年增长 4%。[3] 2008 年黎巴嫩移民汇款在全球、中东和北非地区、中上收入国家中的排名较 2007 年基本没变。黎巴嫩是全球第十八大移民汇款国，排在越南、塞尔维亚和黑山、乌克兰之前，印度尼西亚、摩洛哥和巴基斯坦之后；黎巴嫩移民汇款在中东和北非 12 国中位居第三，仅次于埃及（95 亿美元）和摩洛哥（67 亿美元）。[4] 此外，黎巴嫩移民汇款在 36 个中上收入国家中位列第四，排在罗马尼亚、波兰和墨西哥之后，塞尔维亚、黑山、巴西和俄罗斯之前。

2008 年黎巴嫩移民汇款占中东和北非地区移民汇款总额的 17.4%，占中上收入国家移民汇款总额的 7.6%，占发展中经济体移民汇款总额的 2.1%，占全球移民汇款总额的 1.6%。据世界银行评估，黎巴嫩移民汇款占其 2007 年 GDP 的 24.4%，排名全球第五，仅次于洪都拉斯、莱索托、摩尔多瓦和塔吉克斯坦，是中东和北非地区、中上收入国家中最高的。[5] 近年来黎巴嫩移民汇款始终保持较为稳定的增长态势。即使在 2009 年全球受金融危机影响最严重的时候仍实现了 5.6% 的增长，达 76 亿美元（人均 1 790 美元），占当年 GDP 的 21.7%，这一比例在阿拉伯国家中排名首位。[6] 2010 年移民汇款达 82 亿美元，同比 2009 年的 76 亿美元增长 7.9%，在全球排名第十三，在中东和北非地区排名第一。[7]

---

[1] World Bank, *Migration and Remittances Fact Book*, 2003. World Bank, *World Development Indicators*, 2004.

[2] World Bank, *Migration and Remittances Fact Book*, 2011.

[3] World Bank, *Migration and Remittances Fact Book*, 2011.World Bank, *World Development Indicators*, 2011.

[4] World Bank, *Migration and Remittances Fact Book*, 2011.World Bank, *World Development Indicators*, 2011. 塞尔维亚和黑山共和国，简称"塞黑"，2006 年后分为"塞尔维亚共和国"和"黑山共和国"。此处的"塞尔维亚和黑山"应为 2 个独立的国家。中东和北非 12 国分别是阿尔及利亚、埃及、卡塔尔、科威特、黎巴嫩、利比亚、毛里塔尼亚、摩洛哥、巴勒斯坦、叙利亚、苏丹、突尼斯。

[5] 《2008 年黎巴嫩侨汇增加，全球金融危机将导致其侨汇增速减缓》，中国驻黎巴嫩大使馆官方网站，2008 年 12 月 16 日，http://lb.mofcom.gov.cn/.

[6] World Bank, *Migration and Development Brief 12*, 2010.

[7] 《动而不乱——独特的黎巴嫩经济模式》，中华人民共和国商务部官方网站，2012 年 2 月 14 日，http://lb.mofcom.gov.cn/.

二、移民汇款对黎巴嫩经济发展的影响

（一）对 GDP、FDI 和外贸的影响

得益于黎巴嫩良好的语言环境和教育水平，黎巴嫩国际移民大多从事商业、经济、法律、管理类职业，较一般劳工收入更高，也更稳定。遍布全球各地的黎巴嫩国际移民源源不断地向黎巴嫩注入大量的移民汇款。这部分收入对黎巴嫩宏观经济的稳定起到了重要作用。

移民汇款已经成为黎巴嫩经济的重要组成部分，构成国家经济重要基础。充裕的移民汇款是黎巴嫩经济摆脱困境的输液剂。1970—1998 年，每年进入黎巴嫩的移民汇款金额平均占当年黎巴嫩 GDP 的 35%。同期，黎巴嫩移民汇款额是外贸出口额的 2.7 倍。黎巴嫩是以上 2 项指标全世界最高的国家之一。移民汇款与金融、旅游、对外贸易被认为是黎巴嫩经济的四大支柱产业。对于黎巴嫩这样的小国而言，2010 年 82 亿美元的汇款并非小数目。2010 年黎巴嫩吸收 FDI 总额约为 39 亿美元。截至 2009 年底，黎巴嫩除黄金以外的外汇储备总额也仅为258 亿美元。[①]

21 世纪头 10 年黎巴嫩移民汇款始终保持较为稳定的增长态势。即使在 2009 年全球受金融危机影响最严重的时候，黎巴嫩移民汇款仍实现了 5.6% 的增长。[②] 移民汇款对于维持黎巴嫩居民的消费水平，保障黎巴嫩经济稳定发展，以及抵御金融危机冲击发挥了积极作用。

（二）对经济发展模式的影响

1. 公共财政易受移民汇款来源国经济波动的影响

移民汇款是输出国经济波动向输入国经济传递的一个重要渠道。黎巴嫩公共财政易受其移民汇款输出国经济波动影响，这主要是其移民汇款来源相对集中所造成的。据 IMF 估算，黎巴嫩来自海湾国家和北美洲的移民汇款分别占其移民汇款总收入的 70% 和 10%。黎巴嫩移民汇款主要用于消费本土生产或进口的商品，而非用于投资，故移民汇款虽未被直接征税，但因其促进了私人消费需求而对黎巴嫩税收收入产生间接影响。2010 年，移民汇款来源国 GDP 增长了

---

① 《2010 年黎巴嫩侨汇收入预计达 82 亿美元》，新浪财经，2010 年 11 月 15 日，http://finance.sina.com/.

② 《2010 年黎巴嫩侨汇收入预计达 82 亿美元》，新浪财经，2010 年 11 月 15 日，http://finance.sina.com/.

3.88%，促进了黎巴嫩移民汇款增长 12.4%，也间接使黎巴嫩税收获得相当于其 GDP 0.23% 的增长。[①]

黎巴嫩是一个资源匮乏的国家。全球金融危机爆发后，黎巴嫩经济深受其害。黎巴嫩在国外的国际移民大多经商，金融危机使得黎巴嫩移民汇款减少，黎巴嫩金融业更是受到直接冲击。黎巴嫩曾是海湾国家和欧洲国家富人的度假胜地，金融危机使来黎巴嫩的游客人数锐减，旅游业也遭受重创。尽管没有像其他一些阿拉伯国家那样发生大规模抗议活动，中东地区动乱，特别是邻国叙利亚局势动荡加剧，对黎巴嫩经济来说无疑是雪上加霜。[②]

2. 以消费为主要特征的劳工出口型经济

移民汇款在很大程度上支撑着黎巴嫩的消费型经济模式，由此带来的巨大消费需求和服务行业的繁荣又有力地推动了黎巴嫩的对外贸易和旅游业的发展。大量对外移民也给黎巴嫩本国带来了诸如人才流失、经济对外依存度高等严重问题，就黎巴嫩目前的经济发展模式来说，移民汇款仍是其重要支柱之一。[③]然而，以移民汇款的形式进入黎巴嫩的巨额外汇对国民经济发展产生的负面影响远远大于正面影响。主要因为巨额移民汇款的绝大部分直接进入消费领域，有相当多的资金用于购置房地产，而对促进生产性投资没有明显的积极效应。黎巴嫩自然环境优越，文化氛围宽松，生活方式开放，再加上完备的购物、观光、疗养等配套设施，常年吸引着大量本国居民和外国游客在黎巴嫩消费。[④]移民汇款的特殊性（家庭消费、分散性等）使其很难形成有利于经济发展的投资基金。许多黎巴嫩家庭对子女进行培养教育的目的，就是将来送他们出国去挣钱。因此，拥有移民汇款的家庭大多把子女教育视为人力资源投资。而移民汇款自然就成为对家庭投资的回报，成为家庭收入的组成组分，并理所当然地首先用于家庭消费。[⑤]

2009 年黎巴嫩总消费 324.5 亿美元，占当年名义 GDP 的 92%。随后几年这

① 《动而不乱——独特的黎巴嫩经济模式》，中华人民共和国商务部官方网站，2012 年 2 月 14 日，http://lb.mofcom.gov.cn/.
② 刘顺：《中东局势动荡殃及黎巴嫩经济》，新华网，2011 年 5 月 9 日，http://news.xinhuanet.com/.
③ 《2010 年黎巴嫩侨汇收入预计达 82 亿美元》，新浪财经，2010 年 11 月 15 日，http://finance.sina.com/.
④ 《侨汇对黎巴嫩经济模式的影响》，中华人民共和国商务部官方网站，2004 年 1 月 12 日，http://www.mofcom.gov.cn/.
⑤ 《侨汇对黎巴嫩经济模式的影响》，中华人民共和国商务部官方网站，2004 年 1 月 12 日，http://www.mofcom.gov.cn/.

一比例虽略有下降，但依然保持在 90% 左右。[①] 黎巴嫩人乐观外向，追求高品质生活，热衷于各种社交活动，决定了黎巴嫩人民随性超前的消费理念。近年来贷款消费、信用消费逐渐成为热潮。截至 2011 年 9 月底，黎巴嫩共发行各类银行卡 177.8 万张，其中信用卡 42.86 万张，各类银行卡消费达 12.1 亿美元。[②]

　　由于相当多黎巴嫩家庭采取上述投资和消费模式，也就必然对国家经济发展模式产生显著影响，使国民经济带有劳工出口型经济的突出特点。不只黎巴嫩，实际上许多国家都有同样问题，大量国际移民使移民汇款成为国家外汇重要来源，甚至左右了该国本币汇率走势乃至经济政策走向，从而导致国民经济空心化和对外部资金的严重依赖，经济发展越来越失衡。国内经济发展停滞则进一步加剧了人才外流，最终使国民经济发展陷入恶性循环。实际上，约 20 年前，黎巴嫩就已经形成了移民汇款依赖型经济，陷入了上述恶性循环当中。[③]

第四节　移民汇款促进经济发展面临的主要挑战

一、移民活动不稳定的风险

　　上述这些国家的国际移民以短期季节性劳工移民为主，移民活动本身具有很强的不稳定性。虽然许多国家的汇款收入都是相对稳定的外部融资来源（比 FDI 和 ODA 更加稳定），但是国际移民本身并不是稳定的，因此汇款收入也具有不稳定的特性，是一个可变的影响因素。居住在国外的塔吉克人收入相对稳定，是塔吉克斯坦稳定的发展资金来源，但同时国际市场对季节性工人的需求本身并不总是稳定的，其收入也极不稳定。因此，其汇款也表现出高度的不稳定，容易受到政治和金融危机的影响。虽然其移民汇款具有逆周期的特性，但是绝非可靠、可持续的发展资金来源。这一点值得高度注意。

[①] 《动而不乱——独特的黎巴嫩经济模式》，中华人民共和国商务部官方网站，2012 年 2 月 14 日，http://lb.mofcom.gov.cn/.

[②] 《动而不乱——独特的黎巴嫩经济模式》，中华人民共和国商务部官方网站，2012 年 2 月 14 日，http://lb.mofcom.gov.cn/.

[③] 《侨汇对黎巴嫩经济模式的影响》，中华人民共和国商务部官方网站，2004 年 1 月 12 日，http://www.mofcom.gov.cn/.

二、严重的政治风险

（一）大国干预

这些国家战略位置极为重要，长期是美俄等大国争夺的目标。政局的不稳或将是未来中亚及独联体国家政局的一种常态，是影响移民汇款的重要威胁。例如：继格鲁吉亚的"玫瑰革命"和乌克兰的"橙色革命"之后，吉尔吉斯斯坦上演了"郁金香革命"。吉尔吉斯斯坦的政变比前两者要激烈、暴力得多。[①] 吉尔吉斯斯坦建国以来两次大的政局震荡都与美俄角力密切相关。美国人策划了搞掉阿卡耶夫政权的"郁金香革命"，俄罗斯则搞掉了阿卡耶夫的继任者巴基耶夫。从目前来看，相比于通过 NGO 进行软实力渗透的美国，俄罗斯在吉尔吉斯斯坦一家独大的迹象十分明显。一方面，俄罗斯为吉尔吉斯斯坦提供军事保护，成为其保持国内局势稳定的关键性外部力。[②] 另一方面，俄罗斯还通过在俄务工的吉尔吉斯人对吉尔吉斯斯坦国内政局施加影响。除此之外，吉尔吉斯斯坦北部发达地区亦深受俄语电视、报纸的影响。

随着世界金融危机向纵深发展，国际油价大幅下跌，美欧对俄罗斯不断加码制裁措施，俄罗斯经济陷入困境，卢布大幅贬值，并进而导致与俄罗斯经济有密切联系的独联体国家对俄贸易急剧缩水，经济大幅下滑，国内经济和社会状况恶化，老百姓生活非常困难。加之这些独联体国家的"通病"——腐败和寡头政治，民众对现政权的不满累积爆发，自发走上街头要求政府下台，政权极为不稳。2015 年 9 月 6 日，摩尔多瓦首都基希讷乌爆发大规模反政府游行，示威者要求总统下台、解散议会、提前举行议会选举、更换执法机关领导人等。当晚，示威者在基希讷乌市中央广场搭建起几十顶帐篷，有来自全国各地超过 10 万名民众参与游行，称将举行无限期抗议，直至"政权垮台"。[③] 这是摩尔多瓦独立以来规模最大的一次抗议活动。

---

① 徐海燕：《吉尔吉斯斯坦政府动荡简析——"郁金香革命"的再现？》，《陕西教育学院学报》2010 年第 3 期，第 33—37 页。

② 徐海燕：《吉尔吉斯斯坦政府动荡简析——"郁金香革命"的再现？》，《陕西教育学院学报》2010 年第 3 期，第 33—37 页。

③ 杨军：《摩尔多瓦爆发大规模反政府游行》，《中国青年报》2015 年 9 月 9 日。

（二）内部政局动荡

这些国家大多都面临内部政局动荡带来的政治风险。如吉尔吉斯斯坦有 84 个民族，其中吉尔吉斯族占 71%，乌兹别克族占 14.3%，俄罗斯族占 7.8%。[①] 吉尔吉斯斯坦多数居民信仰伊斯兰教，属于逊尼派，其余是东正教和天主教教徒。吉尔吉斯斯坦各地区与民族之间在国家的发展思路上存在重大差异。居住在费尔干纳盆地、阿赖山下的南方人与塔吉克族、乌兹别克族关系密切。居住在楚河谷地、伊塞克湖塔拉斯的北方人则与南西伯利亚民族相接近，主张与俄罗斯、哈萨克斯坦维系密切联系，从而保持国家的世俗化。

南北部族矛盾与吉尔吉斯—乌兹别克族裔冲突是吉尔吉斯斯坦难以消除的两大内部隐患。自吉尔吉斯斯坦建国以来，北部的工资和生活水平明显高于南部，而南部经济落后，地处极端势力活跃的费尔干纳盆地，自古以来奥什—贾拉拉巴德部族和北部的楚河—塔拉斯部族关系紧张，最终造成了南北对立的政治局面。

必须指出的是，近年来由于吉尔吉斯人大量去哈萨克斯坦、俄罗斯打工，其本地的工作机会多由来自乌兹别克斯坦的劳动者填补。大量乌兹别克斯坦青壮年的流入正在快速改变着吉尔吉斯斯坦一些地方的人口结构。随着俄罗斯因遭受欧美制裁而经济下滑，大量吉尔吉斯斯坦劳工可能会向吉尔吉斯斯坦回流，从而激化与乌兹别克斯坦劳工的矛盾。而乌兹别克斯坦作为中亚人口最多、军力最强的国家，对于吉尔吉斯斯坦的乌兹别克族已经表示出了高度关注。[②]

（三）地区动荡

黎巴嫩货物出口的 30% 依赖陆地运输。邻国叙利亚是目前黎巴嫩进入国际市场唯一的陆地运输通道。每年黎巴嫩叙利亚的转口贸易额达 2.4 亿美元。[③] 近些年来，叙利亚国内及周边局势紧张加剧，导致黎叙两国边境的交通量骤降

---

① 储殷、柴平一：《"一带一路"投资政治风险研究之吉尔吉斯斯坦》，中国网，2015 年 4 月 3 日，http://opinion.china.com/.

② 储殷、柴平一：《"一带一路"投资政治风险研究之吉尔吉斯斯坦》，中国网，2015 年 4 月 3 日，http://opinion.china.com/.

③ 《IMF 分析黎巴嫩经济易受其侨汇来源国经济波动影响》，2012 年 5 月 28 日，中华人民共和国商务部官方网站，http://lb.mofcom.gov.cn/.

75%，[①]造成贸易运输延误、过境人数下降，直接影响了黎巴嫩贸易、投资和旅游业的发展。如果危机持续下去，这种影响将进一步加剧。中东地区局势持续动荡使黎巴嫩旅游业和外国投资受到重创。据相关机构预测，2011 年黎巴嫩旅游收入占 GDP 的比例从 2010 年的 8.2% 下降到 7.8%，FDI 占 GDP 的比例从 2010 年的 13% 下降至 7.2%。[②]此外，黎巴嫩经济不景气的另一个重要原因就是长时间的无政府状态。由于受中东地区动乱的影响和国内派别之争，黎巴嫩自 2015 年1 月下旬以来一直在无政府状态下勉强运转，一些如电力、通信和供水等事关民生的公共服务部门存在的问题得不到及时解决。例如：目前黎巴嫩每天停电数小时，自来水是隔天供应，广大居民苦不堪言。

其他影响汇款收入的风险还包括水资源纠纷和生态危机。例如：由于上游国家（塔吉克斯坦、吉尔吉斯斯坦）与下游国家（乌兹别克斯坦、哈萨克斯坦）均为各自利益考虑，相互协商切实解决问题的前景也不甚明朗。

三、移民汇款来源过于集中的风险

就像墨西哥移民汇款严重依赖美国一样，独联体国家的移民汇款严重依赖俄罗斯。俄罗斯的经济表现决定了独联体国家移民汇款的多寡。因此，这些国家的汇款收入以及在此基础上形成的依赖型经济相对都比较脆弱。

进入 21 世纪，快速增长的移民汇款已成为独联体范围内较小和较穷国家经济一体化的重要渠道之一。几乎所有独联体国家的汇款多数都来自俄罗斯，俄罗斯的经济表现对独联体国家移民汇款的影响是致命的。由俄罗斯流出的移民汇款2008 年已增加到 2 500 万美元，其中 90% 都流向了其他独联体国家。独联体国家经济严重依赖来自俄罗斯的移民汇款，尤其是在家庭收入和国际收支方面。同时，作为传统上经济一体化主要渠道的贸易渠道，其重要性已经下降。

如前所述，全球金融危机造成俄罗斯经济严重衰退，由此引发国际汇款在2008 年下半年开始急剧下降。在俄罗斯经济危机下，吉尔吉斯斯坦、塔吉克斯坦、摩尔多瓦等国劳动力赴俄罗斯打工变得很困难，打工挣得的卢布也将大幅缩

① 《IMF 分析黎巴嫩经济易受其侨汇来源国经济波动影响》，2012 年 5 月 28 日，中华人民共和国商务部官方网站，http://lb.mofcom.gov.cn/.

② 刘顺：《中东局势动荡殃及黎巴嫩经济》，新华网，2011 年 5 月 9 日，http://news.xinhuanet.com/.

水。2015 年上半年，摩尔多瓦移民汇款为 5.4 781 亿美元，同比减少 2.2 036 亿美元，减幅为 28.7%。在上述移民汇款币种构成中，欧元、美元和俄罗斯卢布各占 41.1%，27.4% 和 24.5%。①

俄罗斯卢布危机对其南部邻国造成巨大威胁。这些国家的经济严重依赖赴俄罗斯工作的本国公民每年向国内汇回的数十亿美元。卢布贬值 50% 不仅令高加索及中亚地区国家移民汇款大幅下降，还使移民留在俄罗斯养家糊口的信心逐渐丧失。② 由于俄罗斯卢布走软，9 个严重依赖来自俄罗斯的移民汇款的国家 2015 年损失共计约 100 亿美元。这 9 个国家移民汇款占该国 GDP 的比例：亚美尼亚（21%）、格鲁吉亚（12%）、吉尔吉斯斯坦（31.5%）、摩尔多瓦（25%）、塔吉克斯坦（42%）、乌克兰（5.5%）、立陶宛（4.5%）、阿塞拜疆（2.5%）、乌兹别克斯坦（12%）。③

随着移民汇款减少，穆迪公司（Moody's Corporation）将摩尔多瓦国债及本币存款信用评级从 B2 平稳级调降至 B2 展望负面级，但维持该国 B3 主权信用评级及其他信用评级上限。该公司报告指出，下调主要因为该国政治不稳导致今后外援保障风险上升和不久前银行危机对政府收支平衡带来的负面影响；而维持该国信用评级则主要依据多方积极因素，如截至 2014 年底该国财税地位已加强，公共债务占 GDP 的 24.8%，在 B 类信用评级国家中属良性指标（平均占比为 48%），以及该国制度环境改善等。此外，考虑到受到俄罗斯经济滑坡及财政赤字占该国 GDP 的 5.3% 等因素的影响，穆迪公司将摩尔多瓦 2015 年经济增速预期下调至 1%，并预测 2016 年该国经济增速将回升至 3% 左右。④

---

① 《摩尔多瓦今年上半年侨汇骤降 28.7%》，中国驻摩尔多瓦大使馆官方网站，2015 年 8 月 6 日，http:// md.mofcom.gov.cn/.

② 程君秋：《英媒：卢布危机或致 9 个依靠侨汇国家损失百亿美元》，环球网，2015 年 1 月 19 日，http:// world.huanqiu.com/.

③ Migration and Remittances Team, *Migration and Remittances: Recent Developments and Outlook*, Development Prospects Group, Migration and Development Brief, World Bank, April 13, 2015, p.8.

④ 《穆迪调降摩尔多瓦国债评级》，中国驻摩尔多瓦大使馆官方网站，2015 年 8 月 6 日，http:// md.mofcom.gov.cn/.

第十章 结论

综合上面不同地区、不同国家的具体分析，本书得出以下几个基本结论。

一、移民方向不同，影响存在差异

"移民汇款与经济发展"在地区（国家）之间存在显著差异，首先体现在移民方向上。就国际移民方向而言，一些国家的国际移民以南—北移民为主导模式，而另一些国家则以分散移民或南—南移民为主导模式。国际移民方向不同，相关各国获益机会就会存在差别。为了更好地了解"移民汇款与经济发展"之间的联系，首先要了解国际移民的移民方向及其基本特点。

（一）南—北移民

南—北移民以欧盟国家或美国为主要移民目的国，移民输出国从国际移民中获益的潜力相对较大。南—北移民（如墨西哥—美国、中国—美国、尼日利亚—欧洲）国家具有国际移民带来的比较优势。这类移民往往也有历史关系的优势。与其他国家相比，他们能够从核心地区（欧盟、美国等）新增就业机会中获益。这与以南—南移民为主的国家形成鲜明对比。

这些移民输出国中，许多国家也是各自地区的南—南移民接收国。为了满足北方国家规定（接收和驱逐出境的政策）的要求，这些国家往往被迫对从邻国流入的移民采取更严格的政策。以墨西哥为例，应美国要求，有义务封锁其南部边界，采取行动限制从其南部边界非法入境的移民。这对地区内部移民产生了负面影响。塞内加尔也存在类似情况。为了符合欧盟有关合法移民的规定，该国也封锁了其边界，更加严格地防范邻近国家非法移民进入。

这些国家相当多的人口都移民到了国外。移民成为了国家经济发展的潜在资源。这些移民往往包括本国的精英阶层，其中还包括相当数量的跨国企业家。此类移民多数已经在东道国生活了或长或短的时间，甚至成功地融入了东道国，获得了相对比较好的投资机会。

越来越多的南—北移民国家（如中国、菲律宾和印度等）的政府正在推行积极的海外侨民政策，部分国家已成功引导移民汇款转为投资和捐赠（中国最为突出）；部分国家（如印度、菲律宾、巴基斯坦、孟加拉国等）已将国际移民及其汇款上升到国家发展战略层面，以使海外侨民在其国家发展中发挥更大的作用。然而，还有不少国家的政府对其国际移民的态度尚未明确，尚未制定明确的相关政策，如尼日利亚等非洲国家以及部分南太平洋岛国。

（二）南—南移民

南—南移民主要有 2 类：一类以海湾国家为主要移民目的国；另一类是由于国内出现社会紧张局势而临时移民到邻国的国际移民（许多还是来来回回的循环移民）。第一类受石油经济发展形势影响。海湾国家的经济状况主导着这类移民的发展。第二类通常受东道国（通常是邻国）政策影响较大。一方面，这类移民在东道国的经济境况大多都不太好，与前述国家相比，南—南移民赚取汇款往往要少得多，南—南汇款仅占发展中国家所有汇款收入的 18.2%。[①] 撒哈拉以南非洲国家虽然以区域内移民为主，但其移民汇款主要来自欧美发达国家。因此，南—南移民汇款对移民来源国经济发展的潜在影响相当有限。另一方面，这类移民本身不少由一些突发原因导致，移民活动本身具有极大的不稳定性，其汇款来源国本身经济也不稳定。因此，由此类移民所形成的移民汇款依赖型国家的经济非常脆弱，如部分独联体国家。

二、地区不同，影响存在差异

除此以外，基于区域特征的移民汇款的经济影响差别也是显著的。国际移民及汇款影响经济发展的机会也取决于地理位置。在全球范围内探索国际移民与经济发展之间的联系，要关注地理位置和区域特点差别的重要性。

允许移民获得完全居留权的国家（如美国和部分欧洲国家）和只接受短期移

---

① 　Ratha, Shaw, *"South-South Migration and Remittances"*, *World Bank Working Paper No. 102*, 2007.

民的国家（如海湾国家）之间就有很大差别。海湾国家和许多其他亚洲国家的外来移民融入当地的可能性很小。此外，人们是否可以从移民中受益将在很大程度上取决于输出地和目的地之间的距离，也取决于移民群体在其东道国是多数族群还是少数族群，以及移民在其母国的地位（国际移民在有些国家被视为英雄，而在另一些国家则被视为敌人）。

拉美与加勒比、亚洲和撒哈拉以南非洲等不同地区的移民及其汇款之间存在很大的差异（参见表 10-1）。不同地区和国家从移民及其汇款中受益机会的多寡或受益与否也存在很大差异。

汇款来源国与收款国之间的经济一体化程度也严重影响汇款的经济作用。在一体化程度相对较弱的情况下，移民汇款与收款国之间往往呈逆周期性，有较强的抵御危机、灾害等能力（如尼日利亚等撒哈拉以南非洲国家）；如果情况相反（如墨西哥），则呈亲周期性，其抵御危机和灾害的能力就比较弱。

在塔吉克斯坦、摩尔多瓦、黎巴嫩等国，移民汇款成为主要经济支柱，国家经济形成了"移民汇款依赖型经济发展模式"。在太平洋岛国则形成了"移民汇款—发展援助发展模式"。大量国际移民使移民汇款成为国家外汇重要来源，甚至左右了该国本币汇率走势，乃至经济政策走向，从而导致国民经济空心化，以及对外部资金的严重依赖，经济发展越来越失衡。国内经济发展的停滞则进一步加剧了人才外流，最终使国民经济发展陷入恶性循环。

表 10-1　拉美与加勒比、亚洲、非洲、太平洋岛国各地移民及其汇款的主要特点

特点	拉美与加勒比	亚洲	非洲	太平洋岛国
主要移民流向	南—北移民（以到美国的移民为主体）为主，还包括南—南移民和少量到欧洲的移民	以南—南移民为主（区域内部），还包括南—北移民（到美国和欧洲的移民）和到中东的移民	以南—南移民为主（区域内部），还包括南—北移民（到欧洲和美国的移民）和到中东的移民	区域内部发达国家（澳大利亚和新西兰），少量前往欧洲
区域内移民目的国	墨西哥、哥斯达黎加、阿根廷（邻国间移民）	日本、韩国、泰国（新兴工业化国家邻国间移民）。印度是本地区新的移民目的国	南非、尼日利亚、科特迪瓦、加纳（来自邻国）	澳大利亚、新西兰

（续表）

特点	拉美与加勒比	亚洲	非洲	太平洋岛国
区域外移民目的国	美国和加拿大（主要来自墨西哥和中美洲），欧洲（西班牙和意大利）	中东、美国、欧盟、英国	欧盟（法国、意大利、西班牙）、英国、中东和美国，中国是新的目的国	主要是美国
根本原因／移民诱导因素	积极的劳工招募以及推力因素（经济危机），区域一体化进程（NAFTA 等），美国在墨西哥和中美洲的投资	邻国劳工需求，积极的劳工招聘（拉力因素）和贫困（推力因素），路径依赖（殖民地关系和贸易关系）	贫困和经济危机（推力和拉力因素），劳工需求，路径依赖（殖民地关系和贸易关系）	邻国劳工需求，积极的劳工招聘（拉力因素）和贫困（推力因素），路径依赖（殖民地关系和贸易关系）
机构设置（目标区域）	（美国）同化／融合（熔炉），美国的"泛"移民身份	（亚洲范围内）临时劳动合同，没有永久居留或家庭团聚的可能性	非洲内部区域一体化（西非国家经济共同体、非洲南部发展共同体等）背景下的循环移民	临时劳动合同，部分永久居留或家庭团聚
社会问题	无证移民，缺乏劳工权益，美国的仇外心理	无证移民，无劳工权益，人口贩运／偷渡，艾滋病，歧视，离散家庭	无证移民，无劳工权益，人口贩运／偷渡，艾滋病，人才流失，歧视和排外主义（南非、博茨瓦纳、科特迪瓦），移民中转脆弱（北非）	无证移民，无劳工权益
移民／HTA 的角色	与墨西哥政府有直接而密切的关系（通过 HTA），很强的游说能力（美国），3×1 配套计划（公私合作伙伴关系），在母国的直接投资	一部分精心组织的（跨国）企业家，政府的海外侨民项目，如何吸引投资的讨论	分散（往往没有组织性），政府的海外侨民项目，有关如何增加汇款和更好地利用海外侨民资源讨论	分散（往往没有组织性）

（续表）

特点	拉美与加勒比	亚洲	非洲	太平洋岛国
政府在移民管理中的角色	边境管控，移民与政府之间的谈判，以及3×1配套计划（公私营部门间的合作关系）	边境管控，以临时短期移民为主，收集数据	边境管控，迁移合作伙伴/移民管理，共同发展（欧洲）	以临时短期移民为主
主要汇款来源	北美洲（主要是美国）	中东地区石油国家、亚洲新型工业国家和欧美主要发达国家。	欧美主要发达国家	澳大利亚和新西兰
汇款动机	以利他型为主	中国以投资为主的利己型汇款逐渐成为主流，以投资为目的的汇款在印度也日益增加，其他国家（地区）以利他型为主	以利他型为主	以利他型为主
汇款用途	基本用于生活需求和社区公共建设（慈善）	多数国家基本用于生活需求和社区公共建设（慈善），但中国的移民汇款已经成功转为投资，印度也在逐渐转为投资	基本上用于满足生活需求	基本上用于满足生活需求

资料来源：作者根据相关文献整理而成。

　　综上所述，基于各个地区的不同特点，"移民汇款与经济发展"基本形成了6种不同的模式：

　　第一种是以塔吉克斯坦、摩尔多瓦、黎巴嫩等国为代表的"移民汇款依赖型经济发展模式"（移民汇款成为国家经济重要支柱，高度依赖移民汇款，经济脆弱）。

　　第二种是以太平洋岛国为代表的"移民汇款—发展援助发展模式"（国际移

民及其汇款尚未被上升到国家战略层面，缺乏有效政策措施，移民及其汇款、外援和政府结合的模式，高度依赖移民汇款，高度依赖发展援助，不具有持续性）。

第三种是以中国为代表的"投资促进型发展模式"（最成功的由移民汇款转为投资和捐赠的发展模式）。

第四种是以印度、菲律宾、巴基斯坦、孟加拉国为代表的"国家战略型发展模式"（将国际移民及其汇款上升到国家战略最为成功的模式）。

第五种是以墨西哥为代表的"亲周期型发展模式"（移民汇款抵御危机和灾害的能力较弱，集体汇款最成功的模式）。

第六种是以尼日利亚为代表的"救助型发展模式"（政府对国际移民的态度尚未明确，尚未制定明确的相关政策，移民汇款最大的功能体现在自然灾害救助和家庭贫困救助方面）。

参考文献

［1］ 丁志杰，杨伟，黄昊.境外汇款是热钱吗？基于中国的实证分析［J］.金融研究，2008（12）：126—134.

［2］ 国际移民组织，联合国移民机构.2020世界移民报告［M］.中国华侨华人研究所编译，内部资料，2020.

［3］ 郭梁.东南亚华人经济简史［M］.北京：经济科学出版社，1998.

［4］ 李涛.海外菲律宾人与菲律宾的社会经济发展［M］.北京：社会科学文献出版社，2012.

［5］ 李涛.印度侨汇的地位、作用及发展前景［J］.国际资料信息，2008（10）：23—27.

［6］ 林勇.国际侨汇对移民来源国经济发展的影响——国外学术观点综述［J］.华侨华人历史研究，2011（2）：64—76.

［7］ 林勇.海外华商资源与我国企业海外投资战略浅析［J］.国际贸易问题，2006（2）：71—74.

［8］ 林勇.移民汇款对经济增长促进作用的实证检验——基于中国数据的分析［J］.亚太经济，2017（5）：137—142.

［9］ 路阳.菲律宾政府的海外菲律宾人政策探析［J］.华侨华人历史研究，2014（3）：11—19.

［10］ 梅新育.防止侨汇变"热钱"［J］.大经贸，2009（8）：8—14.

［11］ 山岸猛.新阶段的海外移民汇款与新移民（下）［J］.司韦，译.南洋资料译丛，2008（2）：74—79.

［12］ 秦永红，胡兰.国际劳工移民在南亚国家反贫困中的作用［J］.南亚研究季刊，2010（4）：53—58.

［13］ 童元昭.群岛之洋：人类学的大洋洲研究［M］.北京：商务印书馆，2009.

［14］ 王敏云.巧借移民汇款度经济衰退［N］.国际金融报，2009-04-22.

［15］ 徐海燕.吉尔吉斯斯坦政府动荡简析——"郁金香革命"的再现？［J］.陕西教育学院学报，2010（3）：33—37.

［16］ 袁丁，陈丽园，钟运荣.民国政府对侨汇的管制［M］.广州：广东人民出版社，2014.

［17］ 张洁，林勇.移民汇款的减贫效应——基于发展中国家的实证检验［J］.亚太经济，2019（6）：37—44.

［18］ 张宇.移民汇款对母国经济增长影响的研究［D］.厦门大学硕士学位论文，2014.

［19］ Adeagbo Oluwafemi, Ayansola O. Ayandibu. Impact of Remittances on Development in Nigeria: Challenges and Prospects［J］. Sociology Soc Anth, 2014, 5(3): 311–318.

［20］ Adebayo Adedokun. Forecasting Remittances as a Major Source of Foreign Income to

Nigeria: Evidence from ARIMA Model［J］. European Journal of Humanities and Social Sciences, 2013, 24(1): 1256–1257.

［21］ Aggarwal, Reena, Asli Demirgüç–Kunt, Maria Soledad Martinez Peria. Do Workers' Remittances Promote Financial Development?［J］. Policy Research Working Paper 3957, Washington, DC: World Bank, 2006.

［22］ Ahlburg DA. Migration, Remittances, and the Distribution of Income: Evidence from the Pacific［J］. Asian and Pacific Migration Journal, 1995(4): 157–167.

［23］ Anum Nisar, Saira Tufail. An Analysis of Relationship between Remittances and Inflation in Pakistan, Zagreb［J］. International Review of Economics & Business, 2013, 16(2): 19–38.

［24］ Clemens, Michael, Lant Pritchett. Income Per Natural: Measuring Development As If People Mattered More Than Places［J］. Population and Development Review, 2008, 34(3): 395–434.

［25］ Dean Yang, Claudia A. Martínez. Remittances and Poverty in Migrants' Home Areas: Evidence from the Philippines［A］. Caglar Ozden, Maurice Schiff, eds. International Migration, Remittances, and the Brain Drain［C］. New York: Palgrave MacMillan, 2005.

［26］ Dean Yang, HwaJung Choi. Are Remittances Insurance? Evidence from Rainfall Shocks in the Philippines［J］. the World Bank Economic Review, 2014, 21(2): 219–248.

［27］ Devkota Bhimsen, Van Teijlingen Edwin. Understanding Effects of Armed Conflict on Health Outcomes: the Case of Nepal［J］. Conflict and Health, 2010, 4(1): 1–8.

［28］ Fayissa, Nsiah. The Impact of Remittances on Economic Growth and Development in Africa［J］. American Economist, 2010, 14(4): 807–818.

［29］ Gupta, Sanjeev, Catherine A. Pattillo, Smita Wagh. Impact of Remittances on Poverty and Financial Development in Sub–Saharan Africa［J］. World Development, 2009, 37(1): 104–115.

［30］ Jean–Paul Azam, Flore Gubert, Migrant Remittances and Economic Development in Africa: A Review of Evidence［D］. University of Toulouse(ARQADE and IDEI) and Institut Universitaire de France, 2005.

［31］ John Gibson, Halahingano Rohorua, Steven Stillman, David McKenzie. Information Flows and Migration: Recent Survey Evidence from the South Pacific［J］. Asian and Pacific Migration Journal, 2010, 19(3): 401–420.

［32］ Jorge Eduardo Mendoza Cota. Are Remittances a Stabilizing Factor in the Mexican Economy?［J］. Econo Quantum, 2011, 9(1): 86–87.

［33］ Karina Córdova. Collective Remittances in Mexico: Their Effect on the Labor Market for Males［D］. University of Arizona, 2009.

［34］ Lucas, Robert E. B. , Oded Stark. Motivations to Remit: Evidence from Botswana［J］. Journal of Political Economy, 1985, 93(5): 901－918.

［35］ Mahendra Reddy, Padma Lal. State Land Transfer in Fiji : Issues and Implications［J］. Pacific Economic Bulletin, 2002, 17(1): 146–153.

［36］ Marcos Valdivia lópez, Fernando lozano Ascencio. A Spatial Approach to the Link between

Remittances and Regional Growth in Mexico［J］. Migraciones Internacionales, 2010, 5(3): 16–17.

［37］ Martin Brownbridge, Sudharshan Canagarajah. Remittances and the Macroeconomic Impact of the Global Economic Crisis in the Kyrgyz Republic and Tajikistan［J］. China and Eurasia Forum Quarterly, 2010, 8(4): 3–9.

［38］ Mundaca, B. G. Remittances, Financial Market Development, and Economic Growth: The Case of Latin America and the Caribbean［J］. Review of Development Economics, 2009, 13(2): 288–303.

［39］ Nagarajan, Subha. Migration, Remittances, and Household Health: Evidence from South Africa［D］. Department of Economics, George Washington University, 2009.

［40］ Nic Maclellan, Peter Mares. Remittances and Labour Mobility in the Pacific, A Working Paper on Seasonal Work Programs in Australia for Pacific Islanders［M］. Pacific Labour and Australian Horticulture Project Institute for Social Research Swinburne University of Technology, 2005.

［41］ Noman, Abdullah M. Uddin, Gazi S. Remittances and Banking Sector Development in South Asia［J］. The International Journal of Banking and Finance, 2011, 8(4): 47–66.

［42］ O. R. Iheke. the Effect of Remittances on the Nigerian Economy［J］. International Journal of Development and Sustainability, 2012(2): 615–616.

［43］ Odoziobodo Severus Ifeanyi. Africa and Her Diasporas: Building Global Partnerships for Development(A Case Study of Nigeria)［J］. International Journal Of Scientific & Technology Research, 2013, 2(9): 185–187.

［44］ Phillip Connor, D'Vera Cohn, Ana Gonzalez–Barrera. Changing Patterns of Global Migration and Remittances, More Migrants in U. S. and Other Wealthy Countries, More Money to Middle–Income Countries［M］. Pew Research Centre, 2013.

［45］ Ratha, Shaw. South–South Migration and Remittances［J］. World Bank Working Paper, No. 102, 2007.

［46］ Raúl Delgado Wise and Humberto Marquez. Migration and Development in Mexico: Toward a New Analytical Approach［J］. the Journal of Latino–Latin American Studies, 2007, 2(3): 101–119.

［47］ Richard Adams, JR. Remittances, Investment and Rural Asset Accumulation in Pakistan［J］. Economic Development and Cultural Change, 1998, 47(1): 155–173.

［48］ Richard P. C. Brown, John Cornell. Migration, Remittances and the South Pacific: towards Investment against Vulnerability［A］. Judith Shaw. Remittances, Microfinance and Development: Building the Links, Volume 1: a Global View［C］. The Foundation for Development Cooperation, 2005.

［49］ Richard P. C. Brown. Migrants' Remittances, Savings and Investment in the South Pacific［J］. International Labour Review, 1994, 133(3): 183–189.

［50］ Rino David Paez. Interrogating Policy Discourses on International Migration and Development in the Philippines: Demystifying Diaspora for Development, Public Policy and

Management [D]. Institute of Social Studies, The Hague, The Netherlands, 2009.

[51] Rodríguez, H. Tendencias recientes de la migración de mexicanos a Estados Unidos, Seminario Problemas y Desafíos de la Migración y el Desarrollo en América [J]. Red Internacional de Migración y Desarrollo, Cuernavaca, 2005.

[52] Sergio Castello, Chris Boike. Microfinance and Small Economies: Leveraging Remittances in Latin America and the Caribbean [J]. Journal of Business and Economics, 2011, 2(5): 371–381.

[53] Sola Akinrinade, Olukoya Ogen. Historicising the Nigerian Diaspora: Nigerian Migrants and Homeland Relations [J]. Turkish Journal of Politics, 2011, 2(2): 32–48.

[54] State Bank of Pakistan. Handbook of Statistics on the Pakistani Economy 2010 [R]. Karachi: Statistics and Data Warehouse Department, State Bank of Pakistan, 2011.

[55] T. K. Jayaraman, Chee-Keong Choong, Ronald Kumar. Role of Remittances in Economic Development: An Empirical Study of World's Two Most Remittances Dependent Pacific Island Economies [J]. MPRA Paper, No. 33197, 2011.

[56] Tchantchane, A., Rodrigues, G., Fortes, P. C. Impact of Remittance, Education and Investment on Growth in the Philippines, in Philippines [J]. Applied Econometrics and International Development, 2013, 13(1): 174–186.

[57] Udo Kock, Yan Sun. Remittances in Pakistan: Why They Have Gone Up and Why They Are Not Coming Down [J]. the Pakistan Development Review, 2011, 50(3): 189–208.

[58] Yéro Baldé. Migrants' Remittances and Economic Growth in Sub-Saharan Africa, Laboratoire d'Analyse et de Prospective Economique(LAPE)[D]. Université de Limoges, France, 2009.

[59] Yohanna Cerna. Do Remittances Improve the Standard of Living in African Countries? [J]. Discovery, Georgia State Honors College Undergraduate Research Journal, 2013, 1(1): 65–66.